中原城市群多中心网络化发展模式研究

华北水利水电大学　肖哲涛　郝丽君　著

中国水利水电出版社
www.waterpub.com.cn
· 北京 ·

内 容 提 要

本书将视角定位在“一带一路”倡议和黄河流域高质量发展战略背景下中原城市群多中心网络化发展模式研究上，运用相关交叉学科，分析研究中原城市群多中心网络化发展模式的相关问题。全书分析城市群空间研究的相关理论，在对中原城市群空间格局进行了评价分析的基础上，研究中原城市群多中心网络化格局和发展模式，讨论中原城市群空间格局优化，对中原城市群中心城市郑州市进行实证研究，构建郑州中心城市的网络化发展模式，以期能指导中原城市群其他城市的发展。

本书有效结合理论研究和实证分析，有机衔接系统论述和重点探讨，既可供经济发展、自然资源、生态环境、城乡建设等政府部门以及相关研究机构、企业人员参考，也可作为高等学校经济类、规划类、环境类、地理类等专业学生的参考用书。

图书在版编目（CIP）数据

中原城市群多中心网络化发展模式研究 / 华北水利水电大学，肖哲涛，郝丽君著. -- 北京 : 中国水利水电出版社，2020.8
ISBN 978-7-5170-8765-6

Ⅰ. ①中… Ⅱ. ①华… ②肖… ③郝… Ⅲ. ①城市群一发展模式一研究一河南 Ⅳ. ①F299.276.1

中国版本图书馆CIP数据核字(2020)第150314号

书　名	**中原城市群多中心网络化发展模式研究** ZHONGYUAN CHENGSHIQUN DUOZHONGXIN WANGLUOHUA FAZHAN MOSHI YANJIU
作　者	华北水利水电大学　肖哲涛　郝丽君　著
出版发行	中国水利水电出版社 （北京市海淀区玉渊潭南路1号D座　100038） 网址：www.waterpub.com.cn E-mail：sales@waterpub.com.cn 电话：(010) 68367658（营销中心）
经　售	北京科水图书销售中心（零售） 电话：(010) 88383994、63202643、68545874 全国各地新华书店和相关出版物销售网点
排　版	中国水利水电出版社微机排版中心
印　刷	天津嘉恒印务有限公司
规　格	170mm×240mm　16开本　12.75印张　250千字
版　次	2020年8月第1版　2020年8月第1次印刷
定　价	**65.00**元

作 者 简 介

肖哲涛，汉族，博士，副教授，华北水利水电大学硕士生导师，河南省绿色建筑专家组成员，专业方向为城市规划、景观设计。主要承担城市规划毕业设计、城镇总体规划、城市规划与设计、城市规划管理与法规等课程教学，获得河南省教学成果奖一等奖1项和多次校级教学质量优秀奖。指导学生获得全国高等学校城乡规划专业指导委员会城市设计竞赛二等奖、三等奖各1次，佳作奖多次。主持参与省厅级科研项目10余项，发表著作1部，SCI、EI及中文核心论文多篇。主持参与城镇总体规划、城市设计和乡村规划等多项工程项目实践。

郝丽君，汉族，工学博士，副教授，华北水利水电大学硕士生导师，河南省绿色建筑专家组成员，专业方向为风景园林景观设计、建筑设计及理论。主要承担风景园林环境设计类课程与实践教学，获得河南省教学成果奖一等奖1项和多次校级教学质量优秀奖，主持完成包括河南省高等教育教学改革重点项目在内的教学改革项目和科研项目20余项，通过省部级鉴定项目6项，发表SSCI、SCI、EI和中文核心论文共计20余篇，出版专著2部。

本书获得的基金支持

◆华北水利水电大学高层次人才启动项目“城市绿道空间构建与规划策略研究——以郑州为例（201722）”；

◆华北水利水电大学高层次人才启动项目“绿道与城市空间耦合的规划设计模型研究——以郑州市为例（201548）”；

◆河南省高等学校青年骨干教师培养计划“基于‘一带一路’的中原城市群空间演变研究及规划应对（2017GGJS076）”；

◆河南省高等学校重点科研项目“基于大数据的郑州绿地生态网络格局创新研究（18B560005）”；

◆河南省教育厅人文社会科学项目“城市标识系统艺术设计创新研究——以兰考为例（2019-ZZJH-575）”；

◆河南省重点研发与推广专项科技攻关项目“基于MSPA的城市绿地生态网络构建及其生态修复研究（192102310282）”；

◆河南省教育厅人文社会科学项目“城市绿地网络及其生态修复机制研究（2020-ZDJH-205）”；

◆2019年国家自然基金项目“东北杨树农田防护林碳储量遥感估算（31971723）”；

◆河南科技智库调研课题“河南乡村产业振兴与空间规划协同研究（HNKJZK-2020-25C）”；

◆河南省哲学社会科学规划项目“乡村振兴战略下河南乡土景观保护与发展研究”。

前言

新时期，“一带一路”、中部崛起、“黄河流域生态保护和高质量发展”促使中原城市群进入一个发展的快车道，成为黄河经济带上升空间最大、最具有发展潜力的城市群。中原城市群以河南省为主体，包括周边安徽、山东、河北和山西的部分地区，以河南省省会郑州为中心城市，既是“推动区域互动合作和产业集聚发展”的“一带一路”内陆开放型建设高地，又是中部崛起和黄河经济带发展重大国家战略践行城市。本书将视角定位在“一带一路”和黄河流域高质量发展战略背景下中原城市群多中心网络化发展模式研究上，运用相关交叉学科，分析研究中原城市群多中心网络化发展模式的相关问题。全书遵循从理论研究到实践研究，从一般研究到具体研究的方法。首先剖析城市群的基本问题，在系统研究我国成熟城市群建设的基础上，结合与之对应的相关理论、相关的各种统计数据和资料，分析中原城市群出现的具体问题，以期能在理论和实践上对现有中原城市群的问题提供一种解决思路，并在系统研究的视角下，结合社会学等理论进行补充、发展、创新、完善，读者对中原城市群多中心网络化发展模式的认识更加清晰，为中原城市群的可持续发展研究提供理论和实证支持。本书主要内容如下：

（1）本书分析了城市群空间研究的相关理论，主要是在对城市群相关概念辨析的基础上，梳理城市群空间研究的结构理论、组织理论和规划理论，研究国内外城市群的相关案例，对案例进行归纳总结。以城市群空间研究相关理论为基础，聚焦中原城市群的空间演化，梳理中原城市群范围、发展现状和发展战略等基本情况，从历史文明、近代发展和规划建设3个角度阐述中原城市群的形成和演变，进而，分析中原城市群空间发展基础，研究中原城市群空间布局和空间发展路径、体系等。

（2）本书对中原城市群空间格局进行了评价分析，通过城市人口演变过程、城市首位度、人口规模与位序变化对中原城市群城镇人口演化趋势进行分析研究；通过中原城市群核心城市的GDP时序演变，人均GDP与城市空间结构演变，第二、三产业与城市群空间结构演变，社会发展演变，人口与产业空间演变来分析中原城市群整体发展态势，构建中原城市群积聚—碎化指数和经济集聚力模型，分析中原城市群的碎化指数、均匀度指数，总结归纳中原城市群的极核发展趋势。

（3）本书研究了中原城市群多中心网络化格局和发展模式。通过中原城市群中河南省的产业集聚区现状分析，推演中原城市群基于三大产业空间结构演进和基于人均GDP空间结构演进分析的多中心空间格局；解析基于高速铁路、城际轻轨、高速公路和国道的交通网络多中心中原城市群空间格局，同时，研究基于互联网络的中原城市群多中心空间格局。

（4）本书在分析中原城市群发展现状、研究中原城市群多中心网络格局的基础上，讨论中原城市群空间格局优化。具体分3个部分：一是以多核网络化空间模式构建导向、空间布局基础、空间发展基础3个方面来构建分析中原城市群多核网络；二是提出中原城市群多核网络化空间优化策略，同时，强调中原城市群在“一带一路”和“黄河流域生态保护和高质量发展”战略下应该重视多核网络化空间生态建设；三是构建中原城市群多核网络化空间作用的组织机制，具体从区域合作、产业协作、基础设施建设、生态环境保护4个方面展开。

（5）本书对中原城市群中心城市郑州进行了实证研究，以郑州市域为研究范围，分析其网络化发展演变，通过对郑州各区市人口演化、经济发展空间演化和社会发展演化3个层次的剖析，构建郑州中心城市的网络化发展模式，以期能指导中原城市群中其他城市的发展。

感谢华北水利水电大学邓荣鑫副教授对本书GIS软件使用及分析的指导，感谢研究生赵东辉、田云露、张琬莹、王若辰、贾丽莎、郝称意对相关基础数据的梳理统计，感谢本科生尹磊对相关图纸的绘制，感谢河南大学史雅娟博士学位论文对本书部分研究方法与推演思路的启示。

作者

2020年3月

目录

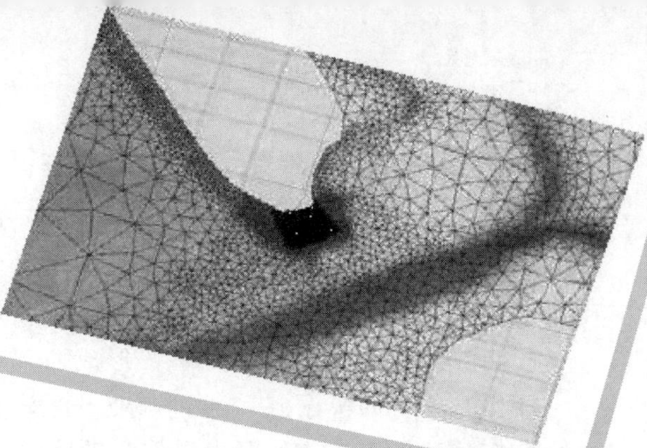

第1章

绪　论

党的十九大报告指出，城市区域发展是以城市群为主体，构建大中小城市和小城镇协调发展的新型城镇格局，新时期，京津冀、长三角、粤港澳大湾区已经是汇聚区域生产要素、带动区域经济增长的重要阵地。区域协作在城际间不断加强，传统意义上的“超大城市”“一线城市”（北京、上海、广州等）也要依靠周边的城市群进行资源整合，增加区域辐射效应，方能赢得全国乃至全球范围内的城市竞争。因此，研究新一线城市郑州和中原城市群，实现中原城市群的高质量发展和其内部大中小城市的协调共赢，不仅有助于中部崛起，提升中原城市群自身竞争力，促进中原城市群内各城市的经济社会可持续发展，而且对于提振国内区域发展的整体需求，最终实现经济发展方式转型，具有重要的战略意义。

1.1 研究背景

1. 国家区域发展的宏观背景

区域发展一直受到党中央、国务院的高度重视，纵观中华人民共和国成立以来的区域经济和社会发展战略部署，不难发现，重视区域经济和社会发展、立足发挥各地区比较优势和缩小区域发展差距是党中央、国务院制定系列重大决策部署的出发点和落脚点，基于此的统筹推进西部开发、东北振兴、中部崛起和东部率先发展战略，已经在中国区域发展中彰显了战略优势，中国区域发展取得了举世瞩目的成就。党的十八大以来，“一带一路”建设、京津冀协同发展、长江经济带发展、粤港澳大湾区建设等相继推出，国家层面的区域战略稳步推进，东部、中部、西部各区域板块在发展中融合互动，在发展中协调增持，形成了区域协调发展的新格局。

通过区域发展，中国区域经济已经迈上新的历史台阶，区域差异日趋缩小，已经逐步走向区域协调发展的可持续之路。在区域发展宏观背景中，东部地区率先发展，处于勇立潮头的引领地位；西部地区依托丰富的自然资源和能源资源优势，多措并举，形成西部大开发新格局；东北老工业基地通过深化改革，加快振兴；通过产业升级转移、交通一体化、生态环境保护等的合作互动，京津冀地区也得到突破性发展，区域整体实力和竞争力明显增强；长江经济带发展的各项工作不断推进，生态优先、绿色发展理念深入人心；共享共赢，粤港澳大湾区建设规划迈出实质性步伐；开放先导，"一带一路"倡议取得积极成果；同时，中部崛起也取得重要进展。国家对中部地区提出"一中心、四区"新的战略定位，即全国重要先进制造业中心、全国新型城镇化重点区、全国现代农业发展核心区、全国生态文明建设示范区、全方位开放重要支撑区，为中原城市群的发展提供了坚强的宏观背景。

2. 中部崛起的历史使命

相对东部和西部而言，中部崛起是中原城市群和郑州都市圈高质量快速发展的重要契机。中部崛起之前，我国区域发展政策多在东部沿海城市，为了兼顾区域平衡，先是西部大开发，而后才是中部崛起，2019 年 5 月 21 日，召开的"推动中部地区崛起工作座谈会"上，强调中部城市在崛起中要注重制造业的高质量发展，提高科技创新，优化中部城乡发展中营商环境，承接东部和国际新型产业布局和转移，把握"一带一路"合作，扩大对外贸易交流，在城乡建设中坚持绿色发展，注重生态保护和修复，建设美丽中部，做好民生工作，完善政策措施和工作机制，加大对中部地区崛起的支持力度，研究提出促进中部地区高质量发展的政策举措，加强统筹协调。

对于中原城市群而言，就是发展郑州、开封、新乡、焦作、许昌五城联动整合发展的大都市圈，作为新的增长极，互联互通基础设施，深化五城的产业分工合作，加强城市、区域的生态环境同治共保，共建共享大都市圈公共服务设施，推动城乡统筹协调发展。在深度融合优化区域发展的基础上，将洛阳建设成为中原城市群副中心城市，通过交通网络连接中原城市群其他城市❶。通过郑州和洛阳双核联动发展，积极建设"郑洛双城经济圈"，打造中国"第五极"❷。

---

❶ 2020 年 3 月 27 日，河南省委省政府高规格召开"加快洛阳副中心城市建设工作推进会"专题会议，这标志着中原城市群中的河南省郑州市、洛阳市"双中心"战略正式确立，不再是过往一味地强化郑州"单中心"。

❷ 目前国家的"四极"中，南方有 3 个（长三角、粤港澳大湾区、成渝），北方仅有 1 个（京津冀）；东部有 3 个（长三角、粤港澳大湾区、京津冀），西部有 1 个（成渝），中部为 0 个；长江经济带有 2 个（长三角、成渝），黄河流域为 0 个。

3. 黄河流域生态保护与高质量发展的战略牵引

2019 年 9 月 18 日，在郑州召开的黄河流域生态保护和高质量发展座谈会上提出："黄河流域生态保护和高质量发展，同京津冀协同发展、长江经济带发展、粤港澳大湾区建设、长三角一体化发展一样，是重大国家战略。"

黄河流域经济高质量发展，沿线城市快速崛起，才能真正使我国北方经济"平衡南北方，协同东中西"，促进我国整体经济高质量发展。城市群是黄河流域高质量发展的重要载体和平台，重新梳理中原城市群多中心网络化发展模式，分析其中的发展规律，对中原城市群的高质量发展进行预测研判，在国家区域发展层面贡献新的担当和创新智慧成为了一个亟待解决的命题。

中原城市群沿黄地区是黄河流经区域内地形地貌特征最为特殊的区域，如何在全流域中率先破解流域资源性缺水与经济发展需求的矛盾，守住"绿水青山"、收获"金山银山"？通过黄河流域生态保护与高质量发展的战略牵引，做好大规划——抓实，构建"金字塔"政策体系，积极对接国家战略，站位国家区域经济布局，着力构建中原城市群黄河流域生态保护和高质量发展规划为"塔尖"、重点领域专项规划为"塔腰"、关键环节专项政策为"塔基"的"金字塔"规划政策体系。建好大平台——抓细，郑洛"双引擎"协同发力，一方面兼顾"治"与"建"、建好黄河生态保护示范区，另一方面突出"魂"与"源"、建好黄河历史文化主地标。两者协同发力，共同建好国家高质量发展区域增长极。干好大项目——抓落地，率先建成岸绿景美的生态长廊，实施沿黄生态廊道试点示范、规划建设沿黄湿地公园群、推进重要支流水环境综合治理、加强黄河防洪安全防范治理、开展深度节水控水行动、构建黄河历史文化主地标体系、推进黄河文化与大运河文化融合发展、实施黄河文化遗产系统保护等八大标志性项目，其中首要实施郑州段、开封段、三门峡段、新乡平原示范区段生态廊道示范工程，率先建成岸绿景美的生态长廊。

1.2 研 究 意 义

1.2.1 理论意义

由于目前我国大多数城市群均处于集聚发展阶段，城市群空间演变的理论体系尚不完整，空间发展格局相关的理论体系亟待探索和完善。尤其是中原城市群，相关研究虽已开展，但仍有研究短板，呈现诸多问题，有待专家学者的持续研究探讨。中原城市群在中部崛起的新时期，如何"换道超车"，超越其他城市群而快速发展，走出一条适合中原城市群城际各城市优化发展的创新性多中心网络化发展模式，这本身就具有相对较高的理论创新价值，本书的研究成果将为中原城市群多中心网络化发展提供有益的理论支撑。

1.2.2 现实意义

在“一带一路”倡议、黄河流域生态保护和高质量发展战略指引下，中原城市群的建设必将进入一个高速发展的时期，中原城市群城际之间需要整合现状，优化协作，区域分工合作，增强整体竞争实力，走网络化发展的道路。因此，在中原城市群建设的快速发展期，探索中原城市群多中心网络化发展的科学合理模式，特别是探索大都市圈核心带动、城际城市多中心网络分工协作、空间网络化发展模式具有重要的现实意义。中原城市群多中心网络化发展必将为中部崛起各城市发展重大战略课题提供有益措施和优化建议。

1.3 研究内容与方法

1.3.1 研究内容

研究内容分为以下 4 个部分：

（1）第一部分是对城市群相关理论与实践案例的研究，通过对国内外城市群概念的辨析，了解城市群的基本特征；通过对城市群发展模式理论的梳理，了解城市群发展的演进模式；通过对于国内外城市群案例的研究，总结城市群发展的基本特点。

（2）第二部分是基于产业分析的多中心网络化空间格局研究，从产业集聚区、产业空间演变、经济联系强度、人均 GDP 空间结构、交通网络等多个角度进行分析，确立中原城市群多核网络化发展格局与模式。

（3）第三部分是在前面大量数据分析的基础上进行的中原城市群空间格局优化和机制研究，以构建导向、布局基础为前提，进行格局优化与生态建设研究，并进行组织机制探讨，以期对中原城市群的整体发展和具体问题提供一些有意义的参考。

（4）第四部分是对中原城市群中心城市郑州市的实证研究，以郑州市域为研究范围，对其进行人口、经济、社会 3 个层次的分析，其中分析郑州各区人口演化趋势时从各区人口演变过程、人口规模与位序变化、城镇化率 3 个角度进行研究。分析郑州各区经济发展空间演化时从各区 GDP 时序演变分析、人均 GDP 与郑州空间结构演变分析、三大产业与郑州空间结构演变分析 3 个方面进行分析。分析郑州各区社会发展演化时从居民生活水平分析、文化与交通发展分析、社会保障分析、创新发展分析、对外开放发展分析 5 个方面进行分析。

经过多方面的对比研究，总体而言，郑州市中心城市在中原城市群的发展中具有较强的牵引带动作用，洛阳市副中心城市在中原城市群的发展中具有一定的带动发展作用，相对来说具有一定的地域局限性，因此在中原城市群的尺度范围内，增加多个极核城市显得尤为必要，多点多核的网络格局更有助于整体的全面提升，经过多方对比可以看出，从北向南邯郸市、新乡市、许昌市、南阳市发展较快，从东向西洛阳市、周口市、商丘市、淮北市发展基础较好，以郑州为核心，其周围新乡市、许昌市、焦作市、开封市、济源市等城市已经形成较大的经济核心——郑州大都市区及联动扩散区域，由此，多个层级、多个圈层的发展将更有效地促进中原城市群整体的发展。

1.3.2 研究方法

1. 文献资料收集法

文献研究是将文件资料记载的信息进行分析、总结的研究方法，主要通过两种方式收集研究资料，一个是直接的，如观察法；另一个是间接法，是从现有的相关文件及档案中收集所需资料。收集文献时应注意，对于图书、资料及原始记录等文献应选择重要的和确实可用的资料，去粗求精，分门别类进行组织与摘录和分析研究。

2. 比较法

本书的文献总结归纳时采用分类对比的方法，找出城市群建设中的共同点和个性化问题，为中原城市群的发展定位与规划需求提供思路。另外，在分析历史背景和现状的过程中也采用对比法对各类调查结果与数据进行对比分析。

3. 案例研究法

对已有的案例文献资料进行分析与总结，找出其可取之处；通过多个案例的对比研究，找出共性与特例，对今后的研究工作会起到很好的指导作用。本书通过对比研究国内外的城市群建设案例，探讨绿道规划的发展模式，以期对中原城市群空间演变和规划应对有所启示。

4. RS 与 GIS 技术分析法

通过遥感技术获取地面信息，利用 GIS 技术对郑州的地表空间特征进行解译、读取与分析，为研究提供准确的地理信息，结合景观分析软件 FRAGSTATS 3.3，对郑州生态空间网络进行景观评估，从量化角度对书中的方案给予数据支撑，提高方案的合理性与实践性。

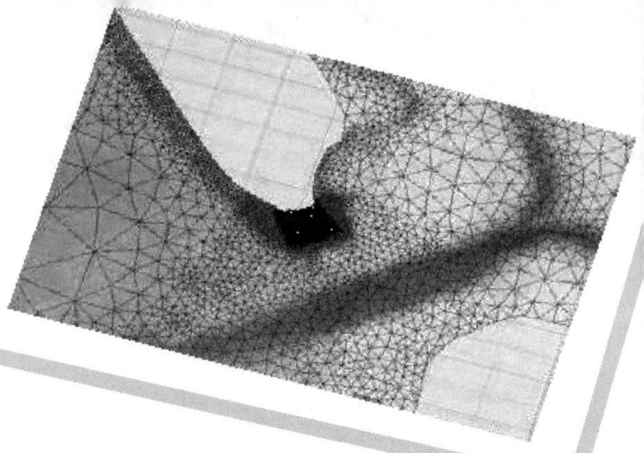

第2章

城市群发展模式研究

2.1 城市群相关概念

2.1.1 国外关于城市群的概念

1961年，法国地理、经济学家戈特曼在他的著作《城市群：城市化的美国东北海岸》中第一次提出了城市群的概念，具体是指人口规模在2500万以上和人口密度超过250人/km^{2}的特大城市。日本用“都市圈”（都市群）来表示同一概念，日文的“都市圈”即英文Metropolitan Coordinating Region的含义，北美地区用Metropolitan Area表达，中文译作“大都会”或“都会区”，在概念上和“都市圈”“城市圈”表示的意义相同或相近。

从概念的起源看，城市群是从大城市演化而来的。戈特曼首次以Megalopolis为城市群命名，其重要意义在于揭示出当今城市从传统的单体城市向城市共同体转型发展的新模式与新形态。进一步说，Megalopolis既是传统大城市概念的进一步延展，也是人类城市发展的当代模式与最新形态，其最突出的特征在于：这种新型大都市不再是单体城市而是一个城市共同体。就此而言，也可以说“大都市就是城市群”。

2.1.2 国内关于城市群的概念

我国学者对城市群的概念也有不同的界定和认知，基本的特征趋于一致，城市群是工业化、城市化进程中，城市发展到成熟阶段的最高空间组织形式，区域空间形态的高级现象，能够产生巨大的集聚经济效益，是国民经济快速发展、现代化水平不断提高的标志之一。

城市群是在城镇化过程中，在特定的城镇化水平较高的地域空间里，依托发达的交通、通信等基础设施网络，由若干个密集分布的不同等级的城市及其腹地通过空间相互作用而形成的城市—区域系统。城市群的出现是生产力发展、生产要素逐步优化组合的产物，每个城市群一般以一个或两个（有少数的城市群是多核心的例外）经济比较发达、具有较强辐射带动功能的中心城市为核心，依托一定的自然环境和交通条件，由若干个空间距离较近、经济联系密切、功能互补、等级有序的周边城市共同组成。发展城市群可在更大范围内实现资源的优化配置，增强辐射带动作用，同时促进城市群内部各城市自身的发展。

2.1.3 概念辨析

常见的与城市群混淆的概念是都市圈，城市群和都市圈具有不同的含义，根据国家发展和改革委《关于培育发展现代化都市圈的指导意见》，都市圈是指围绕某一个中心城市（即超大或特大城市）的城镇化形态。城市群是由若干个都市圈构成的广域城镇化形态，其内部应该包含若干个中心城市。在体量和层级上，都市圈要低于城市群的概念。

2.2 城市群发展模式相关理论研究

2.2.1 空间结构要素组成

1. 城市群空间构成要素

城市群的空间构成主体是城市，而城市依据不同的城市定位和规划可以分为中心城市、核心城市以及其他城市，城市与城市之间依托经济和交通等关系进行交流，形成空间流进而发展成网络。

（1）群核：是城市群的核心城市，在城市群里发挥带动和辐射作用，具有较高的经济发展程度或者发展优势。

（2）群集：是城市群核心城市周围的外围空间或者腹地空间。

（3）群网：是核心城市与其他城市之间有形或者无形的网络联系，包含有交通体系的网络和产业发展之间的交互联系等。

2. 城市群空间形态

（1）单中心结构：城市群中有一个中心城市，在城市规模、区位与经济发展方面都具有较为突出的带动作用。

（2）多中心结构：城市群中有两个或者多个中心城市，这几个中心城市在城市规模、经济发展等方面相差不多，在城市群的不同地域空间能够起到较为突出的带动作用。

（3）轴线结构：城市群发展过程中的优势发展经济带，依托城镇空间交通轴线扩展出的产业合作发展的城市带。

（4）网络结构：城市群中多个等级规模的中心城市协同发展、相互协同构成网络化发展的经济网络。

2.2.2 空间结构发展模式

城市群的发展经历初始、发展、稳定和成熟4个阶段，在不同的阶段其发展模式也不尽相同，从最初的增长极开发模式，发展至后来的点轴开发模式、点轴群发展模式，再发展至网络发展模式。结合国内外城市群研究的成果可以得出，城市群发展模式存在核心城市带动和多中心共同带动的发展模式，而早期发展起来的沿海城市群发展模式的基本特征为以经济产业空间集聚为牵引，在空间发展模式上表现为从点轴发展到网络联动发展。

1. 点轴开发理论

我国经济地理学家陆大道在城市群发展理论领域提出"点轴开发"理论，点是指城市群内中心城市，轴是连接各个点状中心城市的线状基础设施。点具有增长极的带动作用，轴是进行密集经济发展积聚活动的联络线。随着城市群发展建设，魏后凯提出"网络开发"模式，即点与点之间通过交通线等联系形成线性经济联系线，多条线性经济联系线随着经济的发展进一步互相交织形成经济网络。

2. 双核模式理论

双核城市是在城市群中以中心城市和另一个副中心城市为主组成的一种新的城市群空间结构模式，其中副中心城市具有经济发展的某些特点或优势，如陆玉麒教授提出的区域中心城市和港口城市双核模式理论，一方面在区位上港口城市与中心城市形成功能互补，中心城市为港口城市提供经济支撑与发展动力，港口城市在交通运输上为中心城市提供更为便捷的联系平台。国内外典型的双核模式案例很多，如欧洲的鹿特丹—伊斯堡，美国的华盛顿—巴尔的摩、德国的莱茵—鲁尔、英国伦敦—伯明翰、日本的东京—横滨、韩国的汉城—仁川、中国的北京—天津、济南—青岛、杭州—宁波、成都—重庆等。双核结构模式是对点轴模式的发展，也是利用区位优势进行的有效组合模式。

3. 网络模式

城市群内各个城市的交流不仅通过交通流进行，伴随着网络信息化的快速发展，信息流也成为城市间经济交流的重要手段，这种可以跨越空间、时区的交流方式正在起到重要的作用，因此随着中心城市的不断带动、周边城市不同层级的经济交流增多、交通与网络联系增强，网络化空间模式出现。

随着城市群发展到快速发展阶段，城市群内部出现多等级规模的城市体系，多个具有不同等级性的中心开始出现，相互之间的交通与信息交流使得经济发展出现网络化特征，多中心网络化模式出现。

2.2.3 空间结构模式演进

城市群空间结构模式演进随着城市群的发展状态不断变化。①在城市群起步发展阶段，城市群中心城市的极核牵引作用有限，其他城市基本处于独自发展状态，城市群各个城市的分工协作相对较弱，中心城市基础设施建设有很大提升，这个时期的城市群发展模式为单核心放射模式；②在城市群快速发展阶段，城市化水平快速提高，中心城市集聚功能增强，对周边城市的经济扩散趋于明显，基础设施建设在城市群范围内布局，中心城市与周围重点城市形成点轴发展状态；③在城市群稳定发展阶段，城镇体系趋于完善，中心城市的扩散能力更为显著，与临近城市形成圈层发展模式，城市群内各个城市的分工协作趋于稳定并快速发展，多个经济较为发达的城市承担极点作用，基础设施建设呈现网络化布局发展趋势；④在城市群成熟发展阶段，城市化水平高，基础设施建设网络化特征明显，城市群各个城市已建立稳定合理的分工与协作关系，中心城市与各个不同级别的次中心城市及其他城市之间建立多层级网络关系，带动城市群的整体高质量发展。

城市群的发展在初期以较为发达的中心城市作为增长极点，随着中心城市对周边城市的辐射与经济联系增多，形成点轴发展模式，随着中心城市的辐射能力外溢，与周围城市形成圈层模式，而随着经济交流的进一步加强和城市群内各个城市的发展，多个次中心城市涌现，以中心城市与各个次中心城市作为极点，形成多个极点的经济网状联系，最终形成城市群的网络化整体发展。从演进发展看，城市群发展空间形态发展包含单核心放射模式、双核牵引模式、核心—圈层模式、多中心网络化模式等多种形态。

2.3 城市群案例

2.3.1 国外城市群案例

1. 美国东北部大西洋沿岸城市群

美国东北部大西洋沿岸城市群是世界六大城市群之一，面积约占美国本土面积的五分之一，跨越美国东北部十个州，中心城市是纽约、波士顿、费城、巴尔的摩和华盛顿，此外还包含 40 个中小城市。美国东北部大西洋沿岸城市群的城镇化率超过 75%，主导产业是制造业和金融业，其中制造业产值达到全国的30%以上，中心城市纽约是国际金融中心，而波士顿郊区的128号公路因为麻省理工学院、哈佛大学等诸多高校学子的聚集并创办了大量的高科技企业与研究院所，被誉为“美国东海岸的硅谷”。

美国东北部大西洋沿岸城市群的城市分工非常明确，各不相同，却又有着紧密的相互协作，以中心城市为例，纽约作为核心城市，是世界经济和国际金融枢纽城市之一，华尔街云集了众多世界闻名的金融机构，如纽约交易所、美联储、高盛等，也聚集了来自世界各地的高素质的人才，资本优势非常明显。波士顿作为整个城市群中历史最悠久的城市，主要产业包含金融业、高科技研发、教育及商贸等。华盛顿作为美国的首都，利用政治中心的辐射力，带动了旅游业的大力发展，一些标志性建筑（如白宫、联合国总会及五角大楼等）每年吸引大量的游客参观游览，此外，巴尔的摩的航运业与矿产业，费城的国防、航空与电子产业等产业优势，使得美国东北部大西洋沿岸城市群区域内的产业分布呈现多元和互补的格局，而区域内很多城市的发展都借助了纽约的资本优势，在这个世界金融中心的辐射带动下，形成了自己各自的产业亮点。而城市群内众多城市功能多样化产生的综合效应，远远大于单个城市功能的简单相加。由此，美国东北部大西洋沿岸城市群形成了以纽约为核心，融合多核心功能城市，集金融业、高科技产业、重工业及交通带发展的大型城市群带，这种强调区域合作的规划大力增强中心城市的实力和地位，在发挥中心城市的先导性与创新性的同时，周围地区的城市利用自身产业优势也获得了良好的发展契机，扩大了全球背景下的地区竞争力。

2. 北美五大湖城市群

北美五大湖城市群以地理位置命名，五大湖分别是地处北美洲中部分布在美国与加拿大之间的五个湖——伊利湖、苏必利尔湖、安大略湖、密歇根湖和休伦湖。而中心城市为美国的芝加哥、底特律、克利夫兰和匹兹堡及加拿大的多伦多和蒙特利尔。这些城市分布于五大湖沿岸，以芝加哥-底特律-多伦多-蒙特利尔为轴线。中心城市芝加哥是“摩天大楼的故乡”，其主要产业包含交通运输业、旅游业、金融业等，被评为美国发展最均衡的经济体，享誉世界的芝加哥学派、美国最大的商业中心区和最大的期货市场之一，都是芝加哥城的城市标签。北美五大湖城市群是世界六大城市群之一，其主要产业是金融业、制造业，尤其是匹兹堡和底特律及周围地区，素有“钢铁城”和“汽车城”之美誉。历史上的匹兹堡，依靠丰富的烟煤和铁矿石资源，再加上便利的水上运输条件，一度在钢铁业处于世界领先地位，但伴随着环境污染，20世纪70年代，匹兹堡开始进行城市产业结构转型，引进新兴产业，发展生物技术、医疗、机器人制造、计算机技术以及金融、教育和旅游业。21世纪，在大力进行城市基础建设、改善投资环境的基础上，匹兹堡完成从工业重镇到高科技之城，从重工业到工商业的城市经济转型，这种重视环境和生态保护的做法为中国很多工业城市提供了借鉴。底特律一度是五大湖区仅次于芝加哥的第二大工业城市，世界著名的汽车城，市内有福特、通用、克莱斯勒和阿美利加 4 家美国最大的汽车制造公司的总部及其所属企业，五大湖沿岸丰富的资源和充足的水源为北美五大湖城市群的发展奠定了天然的基础，规模宏大的北美内河航道网为城市群的建设、贸易发展与文化交流发挥了重要作用。

3. 日本太平洋沿岸城市群

日本太平洋沿岸城市群由东京都市圈、名古屋都市圈和大阪都市圈 3 个大都市圈组成，也包含日本太平洋沿岸其他城市。主要产业有金融、信息技术、汽车制造、造船等，是日本经济最发达的地带。在日本基础设施方面，东海道新干线连接城市群沿岸各个城市，中央新干线联通三大城市圈，形成连接网络，是日本经济发展的动脉。日本太平洋沿岸城市群水网交错，内海、河流湖泊与经济发展的关系也非常密切，促使沿岸渔业、养殖业与现代工业大力发展。

4. 英伦城市群

伴随着泰晤士河航运发展，英伦城市群得到了快速发展，伦敦及其商业区成为世界金融中心之一，此外，作为世界六大城市群中发展最早、地域面积最小，城市密度最大的城市群，以伦敦为核心、伦敦-利物浦为轴线的城市群带还包含了众多的核心城市，如以纺织业闻名的曼彻斯特、以纺织机械重镇闻名的利兹，以及伯明翰和谢菲尔德等大城市和众多的小城镇，这些城市沿着交通干线轴向发展，也是英国产业革命后的经济核心区和产业密集区。英伦城市群的各个城市产业分工明确，相互协作，呈现优势互补、联动发展的态势，尤其是在一体化建设方面，城市联盟促进了交通一体化建设加快了物流节奏，便利的交通运输条件使城市群区域内各个城市的经济联系不断增强，沿海城市与内陆城市的商品流通和商贸服务业发展迅速，极大促进了交通枢纽城市（如利物浦、伯明翰）的迅速发展。

值得一提的是泰晤士河经历了河流污染与整治更新，作为城市化起步最早的地区，伴随着城镇化的实现，工业革命带给泰昭士河的不仅是经济的繁荣，还有环境的污染，泰晤士河一度成为污浊不堪的臭河，通过 20 多年的整治，采取修建地下水道、实施污水监控、严格排污管理、私有化水的供给和管理等措施，使得泰晤士河成为世界上最洁净的城市水道之一，这一点值得正处在城市化进程中的广大城市借鉴与学习。

5. 欧洲西北部城市群

欧洲西北部城市群是全球最大的跨国城市群，也是世界六大城市群之一，由法国的大巴黎地区城市群、德国的莱因—鲁尔城市群、荷兰—比利城市群构成。核心城市是巴黎和阿姆斯特丹，主要城市还包括鹿特丹、海牙、安特卫普、布鲁塞尔、科隆等。欧洲西北部城市群经济非常发达，是继纽约和东京之后的第三大世界经济体。产业配置上，德国的莱因—鲁尔城市群是工矿业中心，法国的大巴黎地区城市群优势明显，产业部门齐全，除金融、保险、商业、旅游等产业外，奢侈品生产也是一个特色产业，包括生产贵重金属器具、瓷器、服装和皮革制品等。此外，作为世界文化艺术之都，巴黎还建有发达的公共交通系统，地铁和公交全覆盖，更建有便捷的高铁设施和通达的高速公路，巴黎到阿姆斯特丹和伦敦、布鲁塞尔等地仅需一小时，成为欧洲最重要的交通中心之一。

在欧洲西北部城市群的发展中，随着《巴黎大区总体规划》的实施，巴黎的城市改造摆脱了工业化带来的环境污染问题，其主要特点是：①强调城市之间的均衡发展，合理竞争，区域内的中心城市之间保持协调发展；②是将区域内划分为3种空间——建设空间、农业空间和自然空间，空间相互协调，均衡发展；③明确政府不干预规划的具体内容，仅负责和决策重大项目的协调。

2.3.2 国内城市群案例

1. 长江三角洲城市群

长江三角洲城市群简称为长三角城市群，是六大世界级城市群之一，位于中国东部，中心城市是上海，包括江苏省、浙江省、安徽省共27个中心城市，全域面积35.8万km^2，是“一带一路”与长江经济带的重要交汇地带，城市群内包含有超大城市——上海，特大城市——南京、杭州，I型大城市——合肥、苏州，同城化发展南京都市圈、杭州都市圈、合肥都市圈、苏锡常都市圈、宁波都市圈五大都市圈，分别大力发展金融、研发、物流等现代服务业方面，在装备制造、信息技术、生物制药、汽车、新材料等高端制造业关键领域勇于创新，拥有全面的交通网络体系，港口、机场、高铁、高速公路等交通网络完善，《长江三角洲城市群发展规划》中规划将长三角城市群建成最具经济活力的资源配置中心、具有全球影响力的科技创新高地、全球重要的现代服务业和先进制造业中心、亚太地区重要国际门户、全国新一轮改革开放排头兵、美丽中国建设示范区。

空间格局上，促进形成网络化空间格局。发挥上海龙头带动的核心作用和区域中心城市的辐射带动作用，依托交通运输网络，培育形成多级多类发展轴线，推动南京都市圈、杭州都市圈、合肥都市圈、苏锡常都市圈、宁波都市圈的同城化发展，强化沿海发展带、沿江发展带、沪宁合杭甬发展带、沪杭金发展带的聚合发展，构建“一核五圈四带”的网络化空间格局。

2. 京津冀城市群

京津冀城市群的核心城市为北京市、天津市，包含河北省石家庄市、秦皇岛市、张家口市、邯郸市等13个城市和河南省的安阳市。城市群的定位是中国的政治、文化中心，北方经济的重要核心区。城市群内有北京大学、清华大学、天津大学等多个知名高校，有长城、故宫等多个著名景点，城市群的建立是以北京作为中心城市，目标是建设以首都为核心的世界级城市群。2017年4月，河北雄安新区设立，成为中国（河北）自由贸易试验区组成部分，另一方面，对疏解北京市非首都功能，调整地区空间结构，发展创新驱动具有重大作用。城市群的产业发展以北京市和天津市作为双增长极，支持中关村科技创新资源，将北京发展为中国的“硅谷”、世界的“文化产业中心”。借助天津港口资源优势，大力发展天津市成为中国资金输往海外和外国资金进入中国的中转站，建立首都经济圈便捷高效的交通联系。

目前，京津冀城市群的发展需要解决两大问题，一是提高京津冀城市群经济发展整体水平，二是提升北京市、天津市等核心城市对区域发展的辐射带动作用。因此，在京津冀城市群发展的功能定位中，将京津冀整体定位为“以首都为核心的世界级城市群、区域整体协同发展改革指导区、全国创新驱动经济增长新引擎、生态修复环境改善示范区”，其中北京市的功能定位是全国政治中心、文化中心、国际交往中心、科技创新中心；天津市的功能定位是全国先进制造研发基地、北方国际航运核心区、金融创新运营示范区、改革开放先行区；河北省的功能定位是全国现代商贸物流重要基地、产业转型升级试验区、新型城镇化与城乡统筹示范区、京津冀生态环境支撑区。

区域空间格局上，构建“一核、双城、三轴、四区、多节点、两翼”的空间格局。其中：一核为北京市；双城为北京市、天津市；三轴为京津发展轴、京保石发展轴、京唐秦发展轴；四区为中部核心功能区、东部滨海发展区、南部功能拓展区和西北部生态涵养区；多节点指包括石家庄市、唐山市、保定市、邯郸市等区域中心城市和张家口市、承德市、廊坊市、秦皇岛市、沧州市、邢台市、衡水市、定州市、辛集市、安阳市等重要节点城市；两翼为北京通州城市副中心和河北雄安新区。

3. 粤港澳大湾区

粤港澳大湾区位于中国南部，中心城市是香港、澳门、广州市、深圳市，区域范围包含香港、澳门两个特别行政区和广东省9个珠三角城市，是中国开放程度最高、经济活力最强的区域之一。2019年2月18日，中共中央、国务院印发《粤港澳大湾区发展规划纲要》，根据规划纲要，粤港澳大湾区不仅要成功充满活力的世界级城市群、国际科技创新中心、“一带一路”建设的重要支撑、内地与港澳深度合作示范区，还要提供宜居宜业宜游的优质生活圈，成为高质量发展的典范。

空间布局上，分为3个层次。一是极点带动，构建轴带支撑网络化空间格局。发挥香港-深圳、广州-佛山、澳门-珠海强强联合的引领带动作用，深化港深、澳珠合作，加快广佛同城化建设，提升整体实力和全球影响力，引领粤港澳大湾区深度参与国际合作。依托高速铁路、城际铁路和高等级公路为主体的快速交通网络与港口群和机场群，构建区域经济发展轴带，形成主要城市间高效连接的网络化空间格局。二是完善城市群和城镇发展体系。优化提升香港、澳门、广州、深圳中心城市的辐射带动作用。建设重要节点城市。支持珠海市、佛山市、惠州市、东莞市、中山市、江门市、肇庆市等城市充分发挥自身优势，深化改革创新，增强城市综合实力，形成特色鲜明、功能互补、具有竞争力的重要节点城市。增强发展的协调性，强化与中心城市的互动合作，带动周边特色城镇发展，共同提升城市群发展质量。发展特色城镇。建设智慧小镇，开展智能技术应用试验等创新模式，提升城镇功能。促进城乡融合发展。推动珠三角九市城乡一体化发展，提高城乡基础设施一体化水平，改善城乡人居环境。三是辐射带动泛珠三角区域发展。构建以粤港澳大湾区为龙头，以珠江-西江经济带为腹地，带动中南、西南地区发展，辐射东南亚、南亚的重要经济支撑带，依托高速铁路、干线铁路和高速公路等交通通道，发挥粤港澳大湾区辐射和引领作用。

4. *成渝城市群*

成渝城市群位于中国西南内陆，中心城市是成都市、重庆市，范围包括四川省15个城市、重庆市大部分地区和开州、云阳的部分地区，总面积为18.5万km^2。成渝城市群人力资源丰富，创新创业环境较好，是西部地区人口最密集、产业基础最雄厚、创新能力最强、开放程度最高的地区。依托较为雄厚的电子信息、装备制造和金融等产业，成渝城市群是西部经济基础最好、经济实力最强的区域之一，依靠成都、重庆的双城建设，形成高质量的重要增长极。

空间格局上，发挥成都和重庆双核带动功能，重点建设成渝发展主轴、沿长江和成德绵乐城市带，促进川南、南遂广、达万城镇密集区加快发展，提高空间利用效率，构建“一轴两带、双核三区”空间发展格局。

一轴：打造成渝发展主轴，依托高速公路、城际轨道交通以及相应的基础设施建设，推动沿线城市发展，大力发展先进制造业和现代服务业。

两带：一是优化成德绵乐城市带，依托综合运输通道和沿线产业基础，构建电子信息、装备制造、航空航天、科技服务、商贸物流等特色产业集聚带。二是培育沿江城市带，在大力建设和依托长江黄金水道及沿江高速公路、铁路的基础上，发挥沿江区位和港口优势，建设临港产业、特色产业和现代物流基地。

双核：成都市和重庆市。增强成都市西部地区重要的经济中心、科技中心、文创中心、对外交往中心和综合交通枢纽功能，强化重庆市大都市区西部开发开放战略支撑和长江经济带西部中心枢纽载体功能，充分发挥长江上游地区经济中心、金融中心、商贸物流中心、科技创新中心、航运中心的作用。

三区：培育川南城镇密集区、南遂广城镇密集区、达万城镇密集区。

5. 长江中游城市群

长江中游城市群以武汉为中心城市，承东启西、连接南北，是长江经济带重要组成部分。由 3 个城市群——武汉城市圈、环长株潭城市群、环鄱阳湖城市群共同组成。地域范围包括湖北省、湖南省、江西省部分城市和抚州市、吉安市的部分县区。根据《长江中游城市群发展规划》，长江中游城市群未来将在城乡统筹发展、基础设施互联互通、产业协调发展、共建生态文明、公共服务共用、深化对外开放六大方面重点建设。空间布局上强化武汉市、长沙市、南昌市的中心城市地位，充分发挥武汉市科教优势和产业优势，强化辐射引领作用，推动长沙市与株洲市、湘潭市一体化发展，整合三大城市群——武汉城市圈、环长株潭城市群、环鄱阳湖城市群的优势产业，把武汉城市圈建设为全国重要的综合交通运输枢纽、先进制造业和高技术产业基地、中部地区现代服务业中心，把环鄱阳湖城市群建设成为大湖流域生态人居环境建设示范区和低碳经济创新发展示范区，把环长株潭城市群建设成为全国“两型”社会建设示范区和现代化生态型城市群。

2.3.3 案例总结

结合国内外的城市群建设与发展案例，从国外城市群、国内城市群、国外城市群与国内城市群比较 3 个方面分析，总结基本特征如下：

1. 国外城市群基本特征

（1）城市群内各个中心城市分工明确，相互协作，以核心城市的带动作为基本发展模式。

（2）城市群的发展依托有利的自然资源，例如河流、矿产，在此基础上完成经济结构转型，大力发展高科技产业、金融业以及第三产业。

（3）交通体系的建立至关重要，是经济发展的基础设施和经济动脉。

2. 国内城市群发展特征

（1）城市群的发展以良好的自然条件和资源条件为前提，在现有区位条件下，大力发展交通基础设施建设，多数城市群在确立核心城市的前提下，有明显沿交通轴线发展的趋势。

（2）国内城市群的空间结构主要以双核带动为主，存在单核牵引、多核带动等多种情况，沿轴线发展产业建设，进而形成产业片区；带动城市的发展，发展带结构普遍，网络化产业布局正在形成。

（3）注重生态发展，国内城市群在大力发展产业经济的同时，应注重环境发展，这是构建城市群生态安全基底的保障。

3. 国外城市群与国内城市群比较

（1）在首位城市的带动作用方面，国外城市群的中心城市发展相对成熟，经济规模与影响力较高，因此应该大力加强首位城市的经济实力以发展其辐射带动作用。

（2）国外城市群在产业分工与协作方面有序协调，产业体系完善，国内城市群在产业定位方面应结合自身资源优势，错位发展，避免同质化现象，更有利于城市群统筹长远发展。

（3）国内城市群将生态建设提到了重要的高度，我国推进可持续发展的理念，构建产业发展与生态环保共同进步的城市群，大力发展高科技产业，为城市群的经济转型提供内侧驱动。

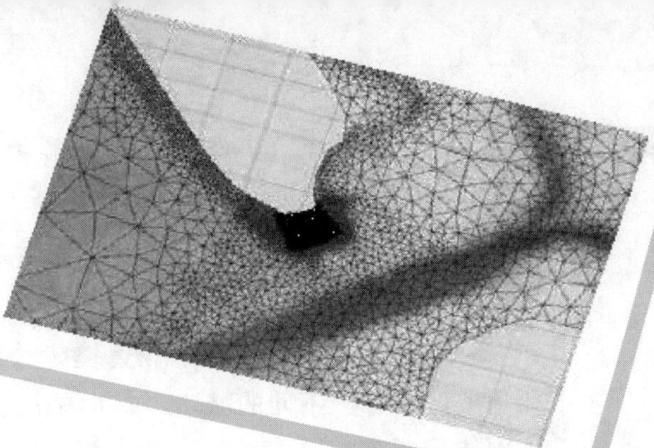

第3章

中原城市群多中心网络化发展模式研究

3.1 基于产业分析的多中心空间格局研究

3.1.1 中原城市群产业集聚区现状

1. 产业集聚区现状

产业集聚区是以若干特色主导产业为支撑，产业集聚特征明显，产业和城市融合发展，产业结构合理，充分吸纳就业，以经济功能为主的功能区。产业集聚区的基本内涵主要是“四集一转”，即企业（项目）集中布局、产业集群发展、资源集约利用、功能集合构建、促进农村人口向城镇转移。鉴于产业集聚区资料收集的问题，目前根据河南省统计年鉴与其他省份统计年鉴可以看到，中原城市群河南区域共有181个集聚区，本次研究以河南省为研究范围，进行产业集聚区的相关研究与梳理。

河南省长期以来以农业为基础，随着城市化进程的加速，为适应我国经济发展的大背景以及产业结构调整的新形势，河南省及时进行产业调整并在全省范围布局，结合不同城市的产业资源与产业基础，进行产业植入，建立以工业产业为主导的产业集聚区，自2008年规划建设以来，产业集聚区在10年的发展中产业结构不断优化、总量规模不断壮大。据2018年《河南省统计年鉴》资料显示，181个产业集聚区的分布为：郑州市13个，开封市8个，洛阳市18个，平顶山市10个，安阳市8个，鹤壁市4个，新乡市12个，焦作市8个，濮阳市9个，许昌市10个，漯河市7个，三门峡市7个，南阳市16个，商丘市11个，信阳市15个，周口市11个，驻马店市12个，济源市2

个（表3.1）。其中含有多个国家级产业集聚区，包括郑州高新技术产业集聚区、郑州经济技术产业集聚区、郑州航空港产业聚居区、洛阳高新技术产业集聚区、洛阳工业产业集聚区、洛阳经济技术产业集聚区、许昌经济技术产业集聚区、漯河经济技术产业集聚区、开封经济技术产业集聚区等，这些产业集聚区分布于不同的城市，借助中原城市群快速发展的交通网络体系和互联网体系的支撑，多点分布，多核发力，共同协调，对中原城市群的产业集聚区发展起到引领和带动作用。

表3.1　2017年中原城市群产业集聚区产业发展情况表

序号	城市	集聚区名称	面积/km²	主导产业	2017年年末从业人员期末人数/人	规模以上工业主营业务收入		固定资产投资完成额	
						数值/亿元	排序	数值/亿元	排序
1	郑州市	郑州高新技术产业集聚区	60.3	电子信息、光机电一体化、生物医药、新能源	41727	450.91	26	268.44	10
2		郑州经济技术产业集聚区	55.63	汽车及零部件、装备制造、电子信息铝加工	76373	1094.56	3	447.53	2
3		郑州航空港产业集聚区	138	食品饮料、仓储物流、生物医药、印刷包装	315414	2991.67	1	682.03	1
4		郑州市白沙产业集聚区	29.4	电子信息、新材料、生物医药	5240	35.98	174	293.74	8
5		郑州市中牟汽车产业集聚区	22.27	汽车整车制造业、汽车零部件制造业	25686	279.89	79	124.00	64
6		郑州上街装备产业集聚区	6.3	装备制造业	5551	146.84	135	43.60	164
7		郑州马寨产业集聚区	11.8	食品加工和食品机械制造	15046	182.05	117	60.11	144
8		巩义市产业集聚区	13.3	铝加工	26712	659.48	13	121.64	69
9		巩义市豫联产业集聚区	12.1	铝电联营及铝的精深加工业	26123	396.76	42	121.47	70
10		新郑新港产业集聚区	12.8	电子工业和粮油储运与加工	25181	355.84	55	99.12	96
11		新密市产业集聚区	7.6	服装	23348	331.80	65	103.81	91

续表

序号	城市	集聚区名称	面积/km²	主导产业	2017年年末从业人员期末人数/人	规模以上工业主营业务收入		固定资产投资完成额	
						数值/亿元	排序	数值/亿元	排序
12	郑州市	登封市产业集聚区	9.7	铝品加工制造业和装备制造业	22626	254.94	87	99.48	94
13	郑州市	荥阳市产业集聚区	10	现代装备制造业	26887	385.38	46	100.88	92
14	开封市	开封汴西产业集聚区	121	食品、机械、汽车零部件	22438	251.30	91	256.01	11
15	开封市	开封黄龙产业集聚区	14.23	食品	86238	434.29	28	163.28	41
16	开封市	开封汴东产业集聚区	7.93	重工业	8656	64.44	164	29.61	172
17	开封市	尉氏县产业集聚区	18.8	纺织业、农副产品加工	53462	426.46	32	240.20	13
18	开封市	杞县产业集聚区	19	农副产品加工、棉纺织服装业	39498	193.78	112	164.21	39
19	开封市	开封市精细化工产业集聚区	15.3	光伏、精细化工	11004	113.01	148	34.58	169
20	开封市	通许县产业集聚区	9.4	机电和纺织业	24179	192.53	113	121.20	71
21	开封市	兰考县产业集聚区	14.5	机械、食品	35663	320.79	67	164.45	37
22	洛阳市	洛阳高新技术产业集聚区	25.3	硅电子材料产业、新材料产业	23800	316.25	69	138.29	55
23	洛阳市	洛阳工业产业集聚区	20.8	先进装备制造业、食品工业、有色金属及新材料产业	10848	195.37	110	63.50	140
24	洛阳市	洛阳经济技术产业集聚区	12.9	商贸和物流业	162	5.63	181	20.43	176
25	洛阳市	洛阳市伊滨产业集聚区	50.1	装备制造业和新材料产业	11174	112.80	150	77.64	124
26	洛阳市	洛阳市洛龙产业集聚区	21.9	先进装备制造，硅光电光伏，新材料	19064	141.74	137	99.36	95
27	洛阳市	洛阳市洛新产业集聚区	9.7	机械加工，重型装备制造，新材料	24425	432.08	29	158.45	44

续表

序号	城市	集聚区名称	面积/km^2	主导产业	2017年年末从业人员期末人数/人	规模以上工业主营业务收入 数值/亿元	规模以上工业主营业务收入 排序	固定资产投资完成额 数值/亿元	固定资产投资完成额 排序
28	洛阳市	洛阳市石化产业集聚区	13.3	石油化工产业、化纤纺织产业、精细化工以及新能源和化学新材料产业	6319	416.68	37	32.50	170
29	洛阳市	洛阳市先进制造业集聚区	14.9	专用设备制造业、电器机械及器材制造业（重型机械及装配加工）、新兴技术产业、现代服务业	28337	399.08	40	113.20	82
30	洛阳市	洛宁县产业集聚区	7.5	轻工制造，农副产品深加工	39488	303.95	71	118.63	76
31	洛阳市	宜阳县产业集聚区	12	铸造和机械加工为主的重型装备配套产业、硅材料生产产业、精细化工产业和相应的配套产业	32195	301.11	73	172.22	31
32	洛阳市	新安县产业集聚区	17.8	能源铝产业、铝精深加工产业和以镁合金、钛合金等为主的新材料产业	32073	702.42	11	181.43	25
33	洛阳市	栾川县产业集聚区	5.7	钼钨深加工产业为主导	7793	250.48	92	114.60	81
34	洛阳市	孟津县华阳产业集聚区	8.5	电力能源、化工、光伏材料和机械制造	21499	252.06	89	167.10	35
35	洛阳市	汝阳县产业集聚区	8.9	新型建材，特种钢材，煤化工	16508	55.64	169	72.09	131
36	洛阳市	嵩县产业集聚区	7.7	饭坡产业园规划以黄金、萤石等本地矿产品精深加工为主导产业；田湖产业园规划以矿山机械设备制造、农产品加工设备制造、旅游商品生产为主导产业	8090	109.43	152	79.32	121

续表

序号	城市	集聚区名称	面积/km²	主导产业	2017年年末从业人员期末人数/人	规模以上工业主营业务收入		固定资产投资完成额	
						数值/亿元	排序	数值/亿元	排序
37	洛阳市	伊川县产业集聚区	6	铝的精深加工产业和服务产业	18070	382.28	47	174.88	30
38	洛阳市	偃师市产业集聚区	7.2	三轮摩托车产业	31995	454.03	25	140.79	52
39	洛阳市	洛阳空港产业集聚区	12.86	装备制造业	9499	239.07	99	82.29	117
40	平顶山市	平顶山高新技术产业集聚区	27.38	机电装备、新材料制造	18353	347.40	61	42.82	165
41	平顶山市	平顶山平新产业集聚区	15.65	节能环保新材料的研发制造业，现代服务业为辅	3197	14.14	179	58.74	149
42	平顶山市	平顶山化工产业集聚区	15.88	化工	8017	107.51	154	61.57	142
43	平顶山市	平顶山市石龙产业集聚区	5.1	精细化工（煤化工）	5148	58.47	167	11.25	179
44	平顶山市	郏县产业集聚区	13	机械制造、医药、物流业	28487	240.48	96	93.21	101
45	平顶山市	汝州市产业集聚区	17.99	冶金、铸造、建材产业和煤化工	27606	339.86	63	118.68	75
46	平顶山市	叶县产业集聚区	9.79	盐化工下游产业，农产品加工和摩托车装备制造业	12495	205.28	108	97.82	98
47	平顶山市	宝丰县产业集聚区	7.2	轻纺、现代制造、物流	19509	248.76	94	91.42	103
48	平顶山市	舞钢市产业集聚区	10.9	以高新技术为先导，以钢铁产业为主，机械制造、纺织服装为辅	19984	213.65	106	77.24	126
49	平顶山市	鲁山县产业集聚区	5.79	冶金、建材、轻工和仓储物流	15673	127.55	141	72.98	130
50	安阳市	安阳高新技术产业集聚区	23.88	以先进装备制造业、电子信息（含光伏产业）为主导，以物流业为补充	14955	115.44	146	137.98	56

续表

序号	城市	集聚区名称	面积/km^2	主导产业	2017年年末从业人员期末人数/人	规模以上工业主营业务收入		固定资产投资完成额	
						数值/亿元	排序	数值/亿元	排序
51	安阳市	安阳市产业集聚区	17.4	钢铁加工和机械制造为主导，现代物流业为辅助	3675	139.53	138	65.06	137
52	安阳市	安阳市纺织产业集聚区	9.2	纺织、服装及纺织轻型装备制造业	1394	21.54	177	46.90	161
53	安阳市	安阳县产业集聚区	19.53	以钢铁和焦化产业为主导，以焦化深加工、装备制造、新型建材等产业为支撑	13769	256.74	86	51.12	159
54	安阳市	滑县产业集聚区	15	以农副食品加工、服装加工为主，辅助产业为光伏高科、机械制造、物流商贸	11536	168.07	126	90.90	104
55	安阳市	林州市产业集聚区	33.68	装备制造、汽车零部件加工	38594	701.17	12	353.38	3
56	安阳市	汤阴县产业集聚区	17.2	现代食品产业、医药产业、商贸物流产业和城市服务业	16289	427.68	30	57.80	152
57	安阳市	内黄县产业集聚区	11	农副产品加工、机械制造	21610	253.40	88	77.99	122
58	鹤壁市	鹤壁市鹤淇产业集聚区	25	光伏产业、先进制造业、食品产业等	38001	348.74	60	111.34	85
59	鹤壁市	鹤壁市宝山循环经济产业集聚区	17	煤盐化工、金属镁等有色金属、建材等产业	41047	351.11	59	112.06	83
60	鹤壁市	鹤壁市金山产业集聚区	12.4	镁产业、汽车零部件、光机电	14989	239.92	97	163.77	40
61	鹤壁市	浚县产业集聚区	9	食品、生物医药	40103	372.71	51	109.25	88
62	新乡市	新乡高新技术产业集聚区	29.9	电子电器、生物新医药	32041	397.38	41	54.24	155
63	新乡市	新乡工业产业集聚区	22.8	汽车及装备制造、食品加工、环保产业	28688	443.21	27	199.76	19

续表

序号	城市	集聚区名称	面积/km²	主导产业	2017年年末从业人员期末人数/人	规模以上工业主营业务收入		固定资产投资完成额	
						数值/亿元	排序	数值/亿元	排序
64	新乡市	新乡经济技术集聚区	20	以振动机械工业园以振动机械为先导；龙泉工业园以精细化工、医药、电子、电器为主；小冀工业园以高附加值、低污染一类工业为主	21325	222.89	104	83.39	116
65	新乡市	新乡电源产业集聚区	7.4	电源及其延伸产品制造业	5679	67.02	163	76.86	127
66	新乡市	新乡市新东产业集聚区	9.4	现代物流服务业、特色装备制造业	5145	37.09	173	58.85	148
67	新乡市	长垣县产业集聚区	28	起重机械及配件业、防腐、汽车及零部件业	32247	520.09	18	167.01	36
68	新乡市	原阳县产业集聚区	10.5	以建设现代化工业新城为目标，规划发展汽车零部件加工、农副产品深加工	13188	150.45	132	114.66	80
69	新乡市	获嘉县产业集聚区	7.95	煤化工、农机及汽车配件制造	16031	179.19	120	87.83	108
70	新乡市	封丘县产业集聚区	5.6	食品加工业、纺织服装业和生物医药制造业	4130	71.72	161	54.48	154
71	新乡市	卫辉市产业集聚区	5.8	以交通运输设备制造业为主，同时发展新型建材、光伏产业	4650	63.80	165	57.89	151
72	新乡市	延津县产业集聚区	5.18	食品加工	13355	108.01	153	58.91	147
73	新乡市	辉县市产业集聚区	12.37	机械装备、汽车及零部件	33972	427.12	31	86.36	111
74	焦作市	焦作经济技术产业集聚区	26.3	装备制造；生物科技；新能源新材料	33524	421.02	36	180.82	27
75	焦作市	焦作市工业产业集聚区	51.8	西部工业区：化工、机械制造、汽车零部件，万方工业区：铝工业、医药化工农副产品深加工	28474	386.42	45	87.86	107

续表

序号	城市	集聚区名称	面积/km²	主导产业	2017年年末从业人员期末人数/人	规模以上工业主营业务收入		固定资产投资完成额	
						数值/亿元	排序	数值/亿元	排序
76	焦作市	武陟县产业集聚区	16.42	食品、造纸、纸制品、装备	81233	794.46	7	321.05	6
77	焦作市	温县产业集聚区	8.69	汽车零配件、医药、食品、制鞋	49655	647.80	14	243.41	12
78	焦作市	孟州市产业集聚区	11.7	汽车零配件为主的机械制造业基地、服装皮革加工业基地、医药化工业基地	82505	931.69	6	351.77	4
79	焦作市	沁阳市沁北产业集聚区	15.8	能源化工、有色金属及加工	37202	703.46	10	337.73	5
80	焦作市	修武县产业集聚区	5.56	食品加工、装备制造业、纺织业	24680	355.73	56	132.07	59
81	焦作市	博爱县产业集聚区	11	汽车零部件、装备制造、食品加工	29301	520.65	17	119.18	74
82	濮阳市	濮阳经济技术产业集聚区	18	化工、装备制造和高新技术产业	11806	250.44	93	64.27	139
83	濮阳市	濮阳市产业集聚区	35.95	化工业（包括石油天然气化工、煤化工、盐化工、精细化工）和装备制造业	3696	88.69	157	61.74	141
84	濮阳市	濮阳市濮东产业集聚区	19.25	原能机械装备制造、现代商贸物流业、高新科技产业、综合服务业	21467	197.50	109	122.31	68
85	濮阳市	南乐县产业集聚区	6.5	食品加工业	19118	274.63	81	160.51	42
86	濮阳市	清丰县产业集聚区	9.38	食品加工、家具制造	25230	369.09	52	209.47	16
87	濮阳市	台前县产业集聚区	12	羽绒及其制品加工	8164	112.98	149	57.73	153
88	濮阳市	濮阳县产业集聚区	7.8	以电光源、医用新材料产业为主导，配套发展生活居住、金融商贸、现代物流等现代服务业	19952	281.85	77	182.50	23

续表

序号	城市	集聚区名称	面积/km²	主导产业	2017年年末从业人员期末人数/人	规模以上工业主营业务收入		固定资产投资完成额	
						数值/亿元	排序	数值/亿元	排序
89	濮阳市	范县产业集聚区	11	以电光源、医用新材料产业为主导，配套发展生活居住、金融商贸、现代物流等现代服务业	14860	478.29	22	124.52	63
90	濮阳市	濮阳市化工产业集聚区	19.5	石油化工、天然气化工、煤化工、专用化学品、化工新材料	8549	180.47	118	51.42	158
91	许昌市	许昌经济技术产业集聚区	16	发制品、机电装备、烟草机械制造	17780	173.65	123	53.95	156
92	许昌市	许昌魏都产业集聚区	19	轻纺、汽贸物流、机械加工	18727	220.87	105	143.09	51
93	许昌市	许昌尚集产业集聚区	8.6	发制品、汽车零部件制造、轻纺	37077	382.12	48	181.67	24
94	许昌市	中原电气谷核心区	13.9	电力装备制造	3744	132.18	139	95.72	99
95	许昌市	长葛市产业集聚区	14	食品加工、商贸物流、机械制造	95385	1291.40	2	296.19	7
96	许昌市	鄢陵县产业集聚区	7.34	纺织、食品加工	25569	394.50	43	148.90	49
97	许昌市	襄城县产业集聚区	13	服装制鞋业、一次性卫生用品制造、机电设备制造	14520	149.94	133	191.28	20
98	许昌市	禹州市产业集聚区	20	装备制造、食品加工、医药加工	82901	1040.91	4	270.08	9
99	许昌市	长葛市大周再生金属循环产业集聚区	11.62	废旧金属的回收、加工、销售	26287	717.52	9	71.22	134
100	许昌市	襄城县循环经济产业集聚区	13.5	煤化工、新材料产业	14434	271.35	83	38.73	167
101	漯河市	漯河经济技术产业集聚区	24.2	食品加工	48092	933.48	5	168.96	34
102	漯河市	漯河市沙澧产业集聚区	12.59	现代商贸物流、冶金阀门和精品纺织	31976	239.55	98	109.78	87

续表

序号	城市	集聚区名称	面积/km²	主导产业	2017年年末从业人员期末人数/人	规模以上工业主营业务收入		固定资产投资完成额	
						数值/亿元	排序	数值/亿元	排序
103	漯河市	漯河市东城产业集聚区	4.05	机械制造、包装材料、生物医药	43071	346.39	62	125.22	61
104	漯河市	漯河淞江产业集聚区	8.6	食品工业、配套新特包装、仓储物流，集生产、生活、物流、科技开发为一体	23341	295.04	75	153.65	47
105	漯河市	舞阳县产业集聚区	3.23	盐化工及相关产业	37745	424.06	34	170.33	33
106	漯河市	临颍县产业集聚区	16.56	食品加工、服装纺织	40569	559.98	16	223.02	15
107	漯河市	临颍县杜曲现代家居产业集聚区	9.9	家具制造和实木家具材料	15442	188.81	115	3.94	181
108	三门峡市	三门峡经济技术产业集聚区	10.85	装备制造、医药	1718	74.85	158	26.94	174
109	三门峡市	三门峡产业集聚区	31.73	铝精加工、照明、装备	13028	421.09	35	205.93	17
110	三门峡市	义马市煤化工产业集聚区	12.48	煤化工及其下游产品	47606	354.71	58	111.53	84
111	三门峡市	卢氏县产业集聚区	3.95	金属加工、农副产品加工	3292	58.19	168	29.92	171
112	三门峡市	渑池县产业集聚区	18.77	煤化工、铝冶炼及深加工	16243	305.03	70	199.88	18
113	三门峡市	灵宝市产业集聚区	13.83	金、铜、铅、锌等有色金属采掘、冶炼和精深加工及硫铁化工	31268	483.61	21	189.15	22
114	三门峡市	陕县产业集聚区	9.88	煤化工、盐化工、精细化工	4390	42.94	172	86.93	110
115	南阳市	南阳高新技术产业集聚区	15.68	机电装备、超硬材料	14417	74.49	159	122.98	67
116	南阳市	南阳市新能源产业集聚区	23.81	生物能源、光电光伏、新能源装备	23596	123.22	143	132.54	58
117	南阳市	南阳光电产业集聚区	30	光电、仓储、物流	10078	74.11	160	100.18	93

续表

序号	城市	集聚区名称	面积/km²	主导产业	2017年年末从业人员期末人数/人	规模以上工业主营业务收入		固定资产投资完成额	
						数值/亿元	排序	数值/亿元	排序
118	南阳市	邓州市产业集聚区	15	棉纺、食品加工、林板纸一体化	28064	318.00	68	158.31	45
119		新野县产业集聚区	13	棉纺织	30778	242.74	95	155.30	46
120		淅川县产业集聚区	16.7	新材料和化学工业、新能源、医药和机械制造	22447	194.05	111	88.51	106
121		内乡县产业集聚区	11	汽车零部件加工、机械加工、食品加工、冶金建材、造纸印刷为一体	25025	210.86	107	160.07	43
122		唐河县产业集聚区	15	机电电子、农副产品加工、新能源	35073	223.13	103	123.92	65
123		桐柏县产业集聚区	7.9	新型化学材料制造业、机械加工、农副产品加工业	7076	53.27	171	120.69	72
124		镇平县产业集聚区	16.4	针纺织产业、机械电子制造业	23647	160.98	130	146.92	50
125		西峡县产业集聚区	20.2	中药制药、汽车配件、钢铁及冶金辅助材料	25030	238.61	100	164.40	38
126		社旗县产业集聚区	12.35	食品、纺织服装、高新技术产业	17243	172.36	124	85.38	114
127		南召县产业集聚区	6.83	柞蚕加工产业和辛夷加工产	5272	70.93	162	60.62	143
128		方城县产业集聚区	13.68	新能源、农副产品加工	12720	177.41	121	85.95	112
129		南阳化工产业集聚区	12.67	重点发展化工产业	12189	53.99	170	16.88	177
130		桐柏县安棚化工产业集聚区	26.41	碱硝化工	2474	27.13	176	12.96	178

续表

序号	城市	集聚区名称	面积/km²	主导产业	2017 年年末从业人员期末人数/人	规模以上工业主营业务收入		固定资产投资完成额	
						数值/亿元	排序	数值/亿元	排序
131	商丘市	商丘经济技术产业集聚区	26.86	机电装备制造业、新能源产业、新材料产业	20426	127.02	142	127.57	60
132		豫东综合物流集聚区	10	物流、仓储	1637	12.23	180	45.12	163
133		商丘市梁园产业集聚区	13.6	以铝材循环加工、农副产品精深加工产业为主导，物流仓储、汽车商贸、医药医械产业为辅助	21679	251.76	90	104.46	90
134		商丘市睢阳产业集聚区	10.54	纺织服装、生态化工、高新技术	39417	273.13	82	138.77	54
135		永城市产业集聚区	19.04	煤、铝精深加工和装备制造业	58125	573.92	15	226.22	14
136		民权县产业集聚区	15.88	机械电器制造产业、食品加工产业	33251	355.30	57	177.75	29
137		夏邑县产业集聚区	10.4	纺织服装、装备制造、农副产品加工	55599	362.46	53	171.04	32
138		虞城县产业集聚区	10.4	食品加工业、纺织服装业和五金电子业	47347	475.37	23	179.48	28
139		柘城县产业集聚区	13.96	以轻工业为主，机械制造高新技术产业、农副产品加工、医药制品为特色，服装加工、新材料和物流等为辅助	40524	278.38	80	115.71	79
140		宁陵县产业集聚区	9.7	农副产品加工业、家居产品制造业和金属制品加工	15693	264.01	85	71.74	132
141		睢县产业集聚区	8.86	纸制品加工、农副产品加工、特钢产品加工	57796	287.61	76	180.89	26

续表

序号	城市	集聚区名称	面积/km^2	主导产业	2017年年末从业人员期末人数/人	规模以上工业主营业务收入		固定资产投资完成额	
						数值/亿元	排序	数值/亿元	排序
142	信阳市	信阳市产业集聚区	37.7	机电类产品加工为主的装备制造业	7013	97.72	155	108.54	89
143		潢川经济技术产业集聚区	12.9	仓储物流业、食品加工、建材业	4421	29.11	175	24.07	175
144		信阳市平桥产业集聚区	11.4	机械装备和新型建材	29122	182.18	116	59.34	145
145		信阳市上天梯产业集聚区	9.6	非金属矿产品的深加工业；以保温砂浆为主的保温建材产业	22866	113.37	147	10.49	180
146		信阳金牛物流产业集聚区	9.86	仓储物流业及配套的食品加工业、高新技术产业	8994	117.19	145	52.38	157
147		信阳明港产业集聚区	8.68	冶金下游产品、建材、机械产业、物流房地产	21748	267.16	84	37.29	168
148		固始县史河湾产业集聚区	4.4	竹木加工、食品加工	9798	63.65	166	80.50	119
149		固始县产业集聚区	14.5	特色食品加工、轻纺	12548	95.42	156	97.86	97
150		光山县官渡河产业集聚区	9.3	以羽绒服装加工和以茶业为主的农副产品深加工（暂定）	21117	110.58	151	42.48	166
151		新县产业集聚区	9	医药制造业、农副产品加工业	22260	179.20	119	71.29	133
152		罗山县产业集聚区	8.51	化工和轻工机械	25035	174.48	122	95.40	100
153		淮滨县产业集聚区	7.9	轻工纺织为主，副食品加工为特色	31905	131.54	140	111.13	86
154		商城县产业集聚区	9	农副产品加工	17110	168.92	125	85.07	115
155		潢川县产业集聚区	10.6	食品加工	18126	153.07	131	77.95	123
156		息县产业集聚区	9	农副产品加工业和相关制造业、商贸物流产业和服务业	22823	167.99	127	69.26	136

续表

序号	城市	集聚区名称	面积/km^2	主导产业	2017年年末从业人员期末人数/人	规模以上工业主营业务收入		固定资产投资完成额	
						数值/亿元	排序	数值/亿元	排序
157	周口市	周口经济技术产业集聚区	34	农副产品深加工、医药化工、机械制造	27446	399.45	39	64.63	138
158		周口市川汇产业集聚区	6.5	机械制造业、高技术产业	9115	121.50	144	59.34	145
159		项城市产业集聚区	12.72	农副产品精深加工和纺织服装	36789	414.79	38	123.29	66
160		淮阳县产业集聚区	10	食品加工和塑料加工	40026	375.97	50	45.92	162
161		扶沟县产业集聚区	8.7	纺织、机械和食品	21887	297.86	74	87.13	109
162		鹿邑县产业集聚区	8.48	尾毛深加工产业、物流业	26815	387.79	44	139.09	53
163		郸城县产业集聚区	11.34	食品制造、医药制造	39095	425.54	33	77.37	125
164		西华县产业集聚区	4.6	食品加工	23177	226.39	101	49.88	160
165		沈丘县产业集聚区	10.3	聚酯网、农副产品加工、机械制造业	40236	508.73	19	149.46	48
166		太康县产业集聚区	8.5	通用制造业、生物医药	55007	486.65	20	136.72	57
167		商水县产业集聚区	8	纺织工业	29379	280.10	78	74.03	129
168	驻马店市	驻马店经济技术产业集聚区	17.82	农副产品加工和机械制造	1233	14.68	178	28.40	173
169		驻马店装备产业集聚区	21	机械装备制造、农副产品加工	19246	189.65	114	120.56	73
170		驻马店市产业集聚区	24	煤化工和医药产业	18820	360.23	54	80.78	118
171		遂平县产业集聚区	10	食品加工、农副产品	23639	301.37	72	124.64	62
172		新蔡县产业集聚区	11.09	农副产品深加工、机械电子制造	14215	164.37	129	89.39	105

续表

序号	城市	集聚区名称	面积/km²	主导产业	2017年年末从业人员期末人数/人	规模以上工业主营业务收入		固定资产投资完成额	
						数值/亿元	排序	数值/亿元	排序
173	驻马店市	正阳县产业集聚区	11	食品加工、轻纺服装、化工、铸造	18362	148.46	134	70.44	135
174		汝南县产业集聚区	11.1	食品加工、装备制造业、纺织业	23303	224.77	102	58.53	150
175		西平县产业集聚区	11.08	机械制造业、以电力设备制造为重点，发展食品机械制造业	18085	167.25	128	80.46	120
176		泌阳县产业集聚区	12.8	农副食品加工业、石材加工业	37690	328.03	66	117.60	77
177		平舆县产业集聚区	8.17	重点发展食品工业医药化工工业，辅助发展建筑防水、毛纺绣品，兼顾仓储物流、商港	30828	379.01	49	85.44	113
178		确山县产业集聚区	11.6	建筑材料业、机械电子业	14246	146.18	136	75.73	128
179		上蔡县产业集聚区	11.11	轻工、化工、粮食加工	38678	338.04	64	116.45	78
180	济源市	济源市玉川产业集聚区	11.58	新能源、能源和有色金属深加工	15464	465.38	24	92.07	102
181		济源市虎岭产业集聚区	8.1	煤化工、装备制造业	54094	747.43	8	190.97	21
合计			2862		4715278	54744.95		21689.73	

结合中原城市群4个发展轴带建设，以五大主要产业（装备制造、汽车制造、新型材料制造、电子制造、食品制造）为主导，形成千亿级优势产业集群品牌和新兴产业集群是今后的发展目标。着重在新能源、新材料、节能环保、生物等方面进行先导产业引导，适应推进产业集聚区的二次创业。2018年郑州市有11家开发区、集聚区入选国家开发区目录，进一步说明产业集聚正快速提升发展的趋势，此外在2018年的产业集聚区考核评比中，河南省评选出郑州经济技术产业集聚区、郑州航空港产业聚居区为五星级产业集聚区，郑州高新技术产业集聚区等8个产业集聚区为三星级产业集聚区，开

封黄龙产业集聚区等48个二星级产业集聚区和郑州中牟汽车产业集聚区等54个一星级产业集聚区，进一步说明了产业集聚区在经济建设方面积极的产业带动作用。

2. 产业集聚空间分布特征

河南省产业集聚区在空间分布呈现多点网络式发展，本书对18个城市的产业集聚区进行逐一梳理，并对比规模以上工业主营业务收入，了解产业集聚区的具体发展状态。

(1) 郑州市产业集聚区13个，主导产业涉及面广，在电子信息、生物医药、新能源、汽车及零部件、仓储物流、印刷包装、新材料、装备制造业、食品加工和食品机械制造、粮油储运与加工、服装、铝品加工制造业、装备制造业等多个方面均有建设，2017年规模以上工业主营业务收入超过千亿的产业集聚区有2个，排名在前50名的集聚区有6个。

(2) 开封市产业集聚区8个，其中，2017年规模以上工业主营业务收入排名在前50名的集聚区有2个。空间格局上以汴西产业集聚区为主导，以汴东产业集聚区和开封市精细化工产业集聚区、尉氏县、通许县、杞县和兰考县产业集聚区等作为支撑，主导产业涉及现代装备制造业、汽车及汽车零部件制造业、电子信息业、现代服务业、机械设备制造、电子和新能源、商贸物流、食品、农产品加工、服装等，大力发展高科技含量的新兴产业（如电子商务产业）。

(3) 洛阳市产业集聚区18个，其中，2017年规模以上工业主营业务收入排名在前50名的集聚区有6个，作为中原城市群副中心城市在产业集聚区方面发展迅速，主导产业包含信息技术、硅电子材料产业、新材料产业、先进装备制造业、食品工业、有色金属及新材料产业、商贸和物流业、硅光电光伏、机械加工、重型装备制造、石油化工产业、化纤纺织产业、精细化工以及新能源和化学新材料产业、新兴技术产业、现代服务业、农副产品深加工、煤化工、农产品加工设备制造、旅游商品生产、三轮摩托车产业、旅游等多项产业，部分产业集聚区存在产业相似或者趋同的现象。

(4) 平顶山产业集聚区10个，涉及主导产业有机电装备、新材料制造、节能环保新材料的研发制造业、现代服务业、精细化工（煤化工）、机械制造、医药、冶金、铸造、建材产业、煤化工、盐化工下游产业、农产品加工、摩托车装备制造业、轻纺、钢铁产业、纺织服装、轻工、仓储物流业等。

(5) 新乡市产业集聚区有12个，涉及产业包含电子电器、生物新医药、起重机械及配件业、防腐、汽车及零部件业、机械装备、食品加工、汽车及装备制造、食品加工、环保产业等。2017年共有新乡高新技术产业集聚区、新乡工业产业集聚区、长垣县产业集聚区、辉县市产业集聚区4个集聚区年营业收入均在河南产业集聚区的前 50 名。

（6）焦作市产业集聚区有 8 个，其中有 7 个产业集聚区年业务收入在河南省的集聚产业区前 50 名，产业集聚区发展水平整体较高，主导产业包含装备制造、生物科技、新能源新材料、化工、机械制造、汽车零部件、铝工业、农副产品、食品加工、造纸、服装皮革加工业、医药化工业、能源化工、有色金属及加工、纺织业等。

（7）许昌市产业集聚区有 10 个，其中有 2 个产业集聚区年业务收入超过千亿元以上，有 5 个产业集聚区在河南省的集聚产业区前 50 名，主导产业有汽车零部件制造、轻纺、食品加工、商贸物流、机械制造、装备制造、医药加工、纺织、废旧金属的回收、加工、销售、煤化工、新材料产业等。

（8）漯河市产业集聚区有 7 个，其中，2017 年规模以上工业主营业务收入排名在前 50 名的集聚区有 3 个。主导产业包含食品加工、服装纺织、盐化工及相关产业、机械制造、包装材料、生物医药、配套新特包装、仓储物流、现代商贸物流、冶金阀门、家具制造、实木家具材料等。

（9）济源市产业集聚区有 2 个，2017 年规模以上工业主营业务收入排名分别为第 8 位和第 24 位，主要产业包含新能源、能源和有色金属深加工、煤化工、装备制造业。

（10）鹤壁市产业集聚区有 4 个，主导产业有光伏产业、先进制造业、食品产业、煤盐化工、建材、镁产业、汽车零部件、光机电、食品、生物医药等。

（11）商丘市产业集聚区有 11 个，其中，2017 年规模以上工业主营业务收入排名在前 50 名的集聚区有 2 个。主导产业有煤、铝精深加工和装备制造业、食品加工业、纺织服装业、五金电子业、机械电器制造产业、农副产品加工、生态化工、高新技术、物流仓储等。

（12）周口市产业集聚区有 11 个，2017 年规模以上工业主营业务收入排名在前 50 名的集聚区有 7 个，具有相对较高的集聚区发展水平。主导产业包含农副产品深加工、医药化工、机械制造、食品加工、塑料加工、通用制造业、生物医药、纺织工业、高技术产业、物流业、纺织工业等。

（13）三门峡产业集聚区有 7 个，其中有 2 个产业集聚区年业务收入在河南省的集聚产业区前 50 名，主导产业有铝精加工、照明、装备制造、煤化工及其下游产品、医药、金属加工、农副产品加工、铝冶炼及深加工、有色金属采掘、冶炼和精深加工及硫铁化工等。

（14）南阳市产业集聚区有 16 个，主导产业有食品加工、棉纺织、新材料和化学工业、新能源、医药和机械制造、汽车零部件加工、机械加工、冶金建材、造纸印刷、中药制药、钢铁及冶金辅助材料、机电电子、农副产品加工等。

（15）信阳市产业集聚区有 15 个，主导产业有装备制造业、仓储物流业、食品加工、建材业、新型建材、冶金下游产品、机械产业、房地产、医药制造业、农副产品加工业、商贸物流产业、服务业、羽绒服装加工、以茶业为主的农副产品深加工等。

（16）驻马店市产业集聚区有 12 个，2017 年规模以上工业主营业务收入排名在前 50 名的集聚区有 1 个，主导产业包含煤化工、医药产业、装备制造业、纺织业、农副食品加工业、石材加工业、食品工业、医药化工工业、建筑材料业、机械电子业、粮食加工等。

（17）安阳市有 8 个产业集聚区，其中，2017 年规模以上工业主营业务收入排名在前 50 名的集聚区有 2 个，主导产业包含装备制造业、电子信息（含光伏产业）、物流业、钢铁加工、机械制造、服装及纺织轻型装备制造业、新型建材、农副食品加工、汽车零部件加工、现代食品产业、医药产业、商贸物流产业、城市服务业、农副产品加工。

（18）濮阳市产业集聚区有 9 个，其中 2017 年产业集聚区年业务收入在河南省集聚产业区前 50 名的有 1 个，主要产业有食品加工、家具制造、化工、装备制造、高新技术产业、原能机械装备制造、现代商贸物流业、高新科技产业、综合服务业、羽绒及其制品加工、金融商贸、现代物流、医用新材料产业等。

综合以上分析可以看出，在河南区域，中原城市群产业集聚区呈现以下特点：第一，在多年的产业集聚区发展中，多个城市的发展取得较大进步，郑州市、许昌市的 2017 年规模以上工业主营业务收入超过千亿的产业集聚区均有 2 个，郑州市产业集聚区数量排名在前 50 名的有 6 个，许昌市产业集聚区数量排名在前 50 名的有 5 个；第二，在产业集聚区发展的进程中，排名在前 50 名的集聚区分布较密的城市分别为，洛阳市（6 个）、焦作市（7 个）、周口市（7 个）、新乡市（4 个），这 4 个城市与郑州市、许昌市的集聚区个数总和占到前 50 排名城市的 90%，是产业集聚区的中坚力量；第三，产业集聚区在经济发展过程中依靠产业分工进行协调与合作，在产业汇总过程中，出现部分产业集聚区在产业上的同质现象，产业趋同不利于产业集聚区的良性发展，所以应开展产业协调与专业化分工，使得产业集聚区的发展更为有机互补。

总之，通过分析中原城市群各个城市的产业集聚区，可以看到多个城市均出现较好的发展，郑州市、许昌市、洛阳市、焦作市、南阳市，周口市、信阳市、新乡市这 8 个城市在空间上呈现多点多极网络化发展的趋势，这对于产业发展具有重要的意义。

3.1.2 基于三大产业空间结构演进分析多中心空间格局

1. 2018 年中原城市群三大产业结构分析

(1) 城市产业占 GDP 比重。

2018 年中国三大产业占 GDP 比值分别为第一产业 4.4%，第二产业 38.9%，第三产业 56.5%，以中国三大产业的数值作为参考进行中原城市群的三大产业分析，可以看出，产业集聚区的大量建设有效地提升了中原城市群二、三产业的发展速度，为了更为直观地对比分析三大产业的结构配比，采集中原城市群 2018 年第一产业、第二产业、第三产业数据，得出中原城市群在三大产业结构示意图（图 3.1～图 3.3）。

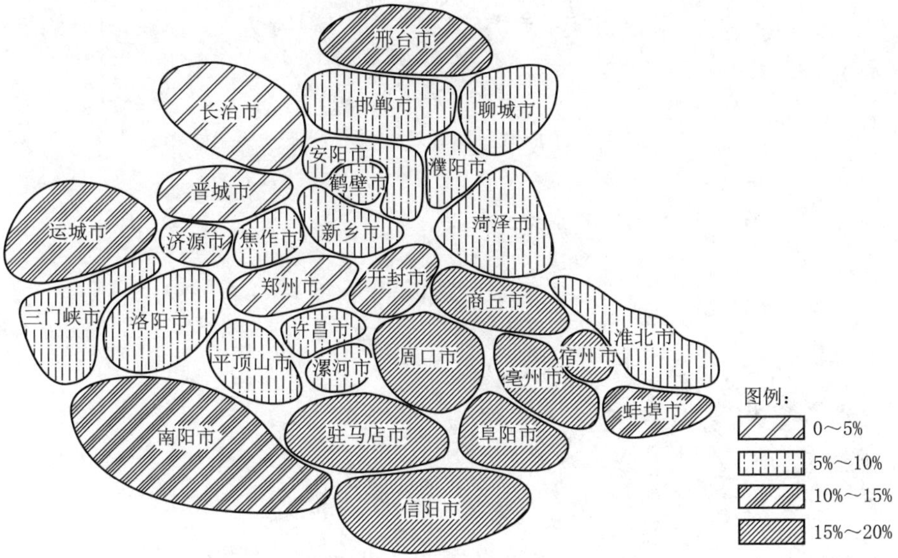

图 3.1 2018 年中原城市群各城市第一产业结构示意图

如图 3.1 所示，2018 年中原城市群第一产业产值位于第一梯队的城市有信阳市、阜阳市、驻马店市、周口市、亳州市、商丘市、宿州市，区位上位于中原城市群的中南部区域，尤其是南部底端的信阳市、阜阳市，均是第一产业的重要城市。位于第二梯队的城市有南阳市、运城市、邢台市、开封市、蚌埠市。相比较而言，第一产业产值比重<5%的梯队城市有郑州市、济源市、晋城市、长治市。总体来说，第一产业比值超过全国第一产业比值 4.4% 的城市共有 26 个，占中原城市群城市数量的 87%，说明中原城市群作为农业主力的作用凸显，这也是符合我国的规划战略部署，为全国的经济发展奠定稳定的基础。

图 3.2　2018 年中原城市群各城市第二产业结构示意图

图 3.3　2018 年中原城市群各城市第三产业结构示意图

如图 3.2 所示，在第二产业比值方面，2018 年中原城市群的 30 个城市中第二产业比值超过全国比值的城市有 25 个，此外，亳州市第二产业比值为 38.9%，与全国第二产值比值相同。第二产业比值处于第一梯队的城市有济源市、鹤壁市、漯河市，均是面积较小、第一产业相对较少的城市。第二产业比值处于第二梯队的城市有长治市、晋城市、三门峡市、许昌市、焦作市、聊城市、濮阳市、菏泽市、淮北市共 9 个城市，除了许昌市，这些城市分布于中原城市群东西两侧的边缘地带。整体来看，中原城市群第二产业的发展增速较快，中部大部分地区处于产业提升与转型阶段，产业集聚区的建设及科技创新的引导有效拉动了中原城市群的经济发展。

如图 3.3 所示，随着互联网信息技术的大力引进和科学技术的提升，伴随对外开放步伐的加快，中原城市群各个城市在第三产业方面的发展有很大的提高，但是由于之前的基础相对薄弱，所以在全国范围内还处于较为落后的状态。2018 年，中原城市群内部处于第一梯队的城市是中心城市郑州市和洛阳市，均超过 50%。而第二梯队的城市数量全面提升，分别是邢台市、邯郸市、安阳市、新乡市、开封市、平顶山市等位于郑州市和洛阳市周围的 14 个城市。整体来看，中原城市群第三产业比值位于前列的城市有郑州市、洛阳市、运城市、开封市、宿州市、邢台市、邯郸市、安阳市。

另外，通过对比第二产业与第三产业的结构图，可以看出城市的产业在空间上具有耦合性，第二产业比值较高的城市其第三产业比值相对较小，这也显示了目前中原城市群的大部分城市的经济发展正处于结构分化与转型过程中。

(2) 城市第二产业占城市群 GDP 比重。

图 3.4 为 2018 年中原城市群第二产业分布示意图。在分析每个城市的产业结构比值后，再以中原城市群为范围视角，对比各个城市在中原城市群的

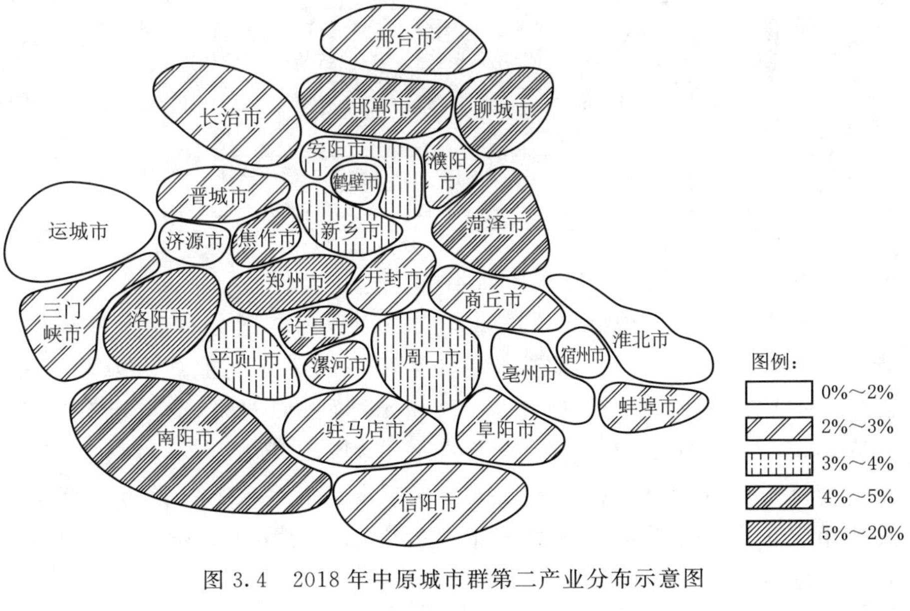

图 3.4　2018 年中原城市群第二产业分布示意图

产业比值与经济贡献。通过分析图可以清晰地看到，中心城市郑州市与洛阳市位于最高等级；第二梯队城市按照从高到低的顺序是许昌市、菏泽市、邯郸市、聊城市、南阳市、焦作市；第三梯队城市包含周口市、新乡市、安阳市、平顶山市。可以看到，第一梯队、第二梯队与第三梯队的城市在空间上处于以郑州和洛阳为中心的西南——东北的城市带上，这些城市占中原城市群的 40%，表 3.2 深入分析了这些城市（12 个）的产业分工。

表 3.2　中原城市群第二产业节点城市产业分工情况表

城市	产业分工
郑州市	新材料产业、生物及医药产业、现代食品制造业、家居和品牌服装制造业、汽车及装备制造业、铝及铝精深加工业
洛阳市	先进装备制造、新材料、高端石油化工、新能源、生物医药
许昌市	装备制造、能源电力、食品加工、电力电子、超硬材料、发制品、烟草等
菏泽市	高端化工、生物医药、机电设备制造、新能源新材料、现代农副产品加工
邯郸市	精品钢材、装备制造、食品加工、新材料、新能源、生物健康
聊城市	新材料、高端装备制造、新能源汽车、医养健康、有色金属及金属深加工、绿色化工、纺织服装、电气机械、医药制造、仪器仪表等先进制造业
南阳市	先进装备制造、汽车及零部件、光电电子信息、生物能源、新材料、石油化工、电力、燃气及水的生产和供应业
焦作市	绿色食品、新能源汽车、新材料、康养、电子信息、生物医药、新材料、新能源及高端装备制造
周口市	食品加工、纺织服装、生物医药、装备制造、新型建材
新乡市	化工、造纸、建材、能源四大传统产业，装备制造、食品加工、纺织服装、现代家居、电池与电动车、生物与新医药
安阳市	新能源汽车及零部件、高端装备制造、精品钢及深加工、钢铁、煤化工、装备制造、纺织
平顶山市	尼龙新材料产业、盐化工以及 PC 产业、新能源储能产业、特钢加工基地以及高端制造业、煤焦油深加工产业、碳新材料产业以及健康食品加工业

（3）城市第三产业占城市群 GDP 比重。

总体来看，中原城市群各个城市在第三产业的空间分布上相对离散化，尚未形成聚集性的片区。中部郑州市和洛阳市的第三产业产值最高，位于第二梯队的城市有邯郸市、南阳市、聊城市；而第三梯队的城市有平顶山市、安阳市、新乡市、许昌市、商丘市、信阳市、周口市、驻马店市、邢台市、菏泽市，其中排位在前的城市有安阳市、新乡市、许昌市、菏泽市、驻马店市等，大部分分布于中原城市群的中部南北带上，存在一定的空间专业化（图 3.5）。

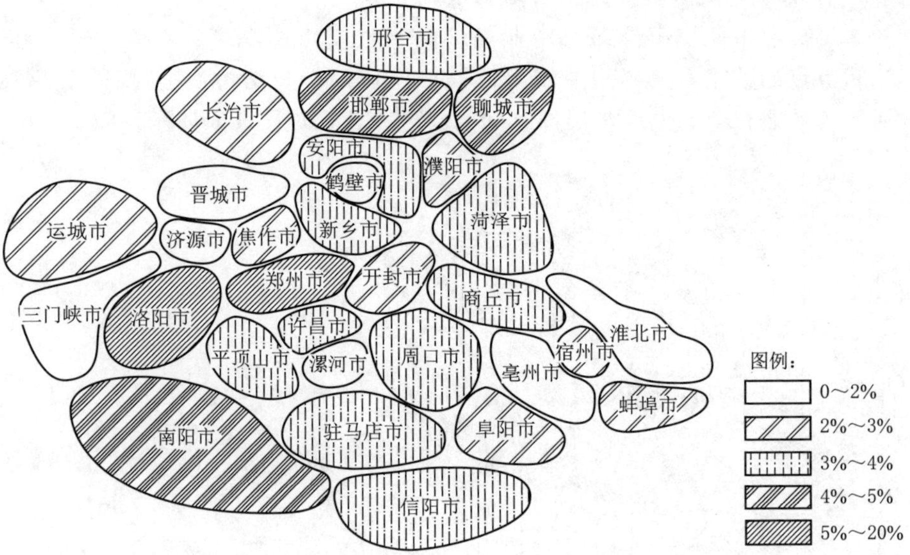

图 3.5　2018 年中原城市群第三产业分布示意图

值得一提的是，在产业发展中，一些城市的第二产业和第三产业发展均处于中原城市群的较高水平，如第三产业发展较高的郑州市、洛阳市、邯郸市、聊城市、南阳市，第二产业也处于中原城市群的前两个梯队，显示了较强的产业高聚集状态，尤其是郑州市和洛阳市在第三产业方面虽然在中原城市群范围内领先，却与全国的水平还是有一些差距，所以，目前中原城市群整体的第三产业还处于集聚提升的状态，而排在前面的城市有郑州市、洛阳市、邯郸市、南阳市、聊城市、安阳市、新乡市、许昌市，这些城市的产业分工见表 3.3。

表 3.3　　中原城市群第三产业节点城市产业分工情况表

城市	产业分工
郑州市	批发零售业、住宿餐饮业、现代物流业、房地产业、金融业、文化创意旅游业、公共服务业、新兴产业、电子商务
洛阳市	文化旅游业、科技服务业、高技术服务业、互联网和相关服务业、批发零售业、快递服务业
邯郸市	信息传输技术、金融业、科学研究和技术、水利环境和公共设施管理投资
南阳市	交通运输、仓储和邮政业、批发和零售业、住宿和餐饮业、房地产行业
聊城市	旅游业、批发零售业、房地产业、金融业、保险业
安阳市	电子商务、文化娱乐、旅游休闲、健康养老、绿色金融、文化旅游
新乡市	社会消费品零售业、批发业、零售业、房地产业
许昌市	交通运输、仓储和邮政业、房地产业、住宿和餐饮业、信息技术服务

2. 中原城市群第二产业空间结构演进分析

通过提取中原城市群第二产业在2011年、2013年、2015年、2017年4个时间节点的数据，得到中原城市群第二产业的空间结构演进过程，进一步得到第二产业在全局空间与局部空间的演进变化，如图3.6所示。

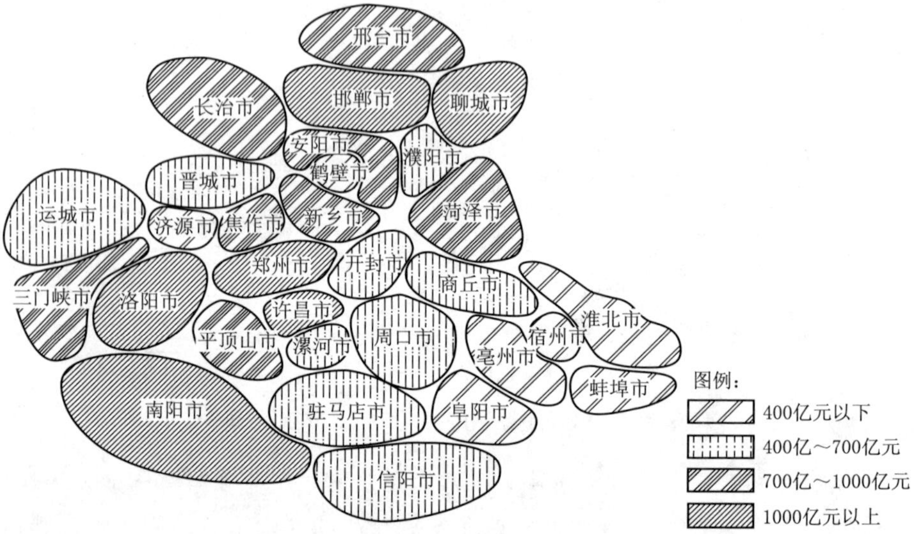

(a) 2011年

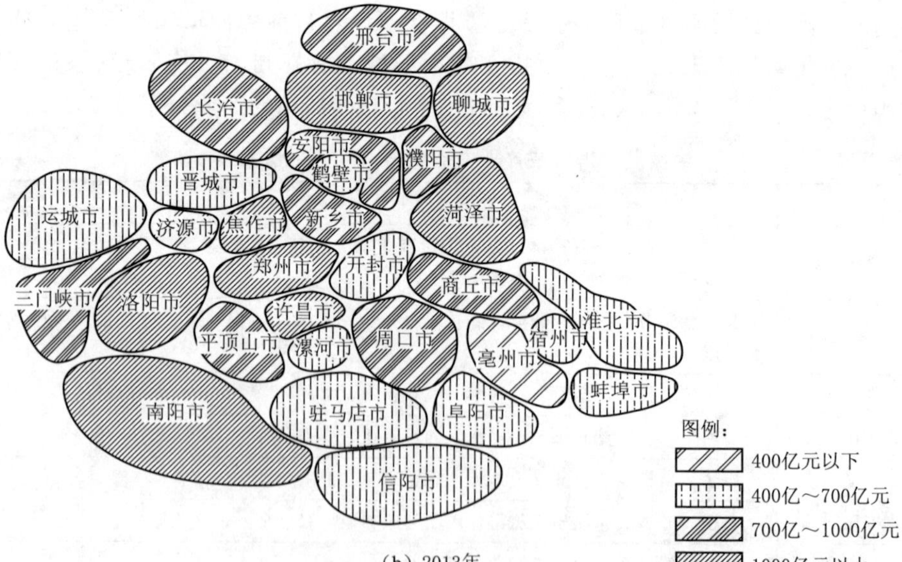

(b) 2013年

图3.6（一） 2011年、2013年、2015年、2017年中原城市群第二产业空间对比示意图

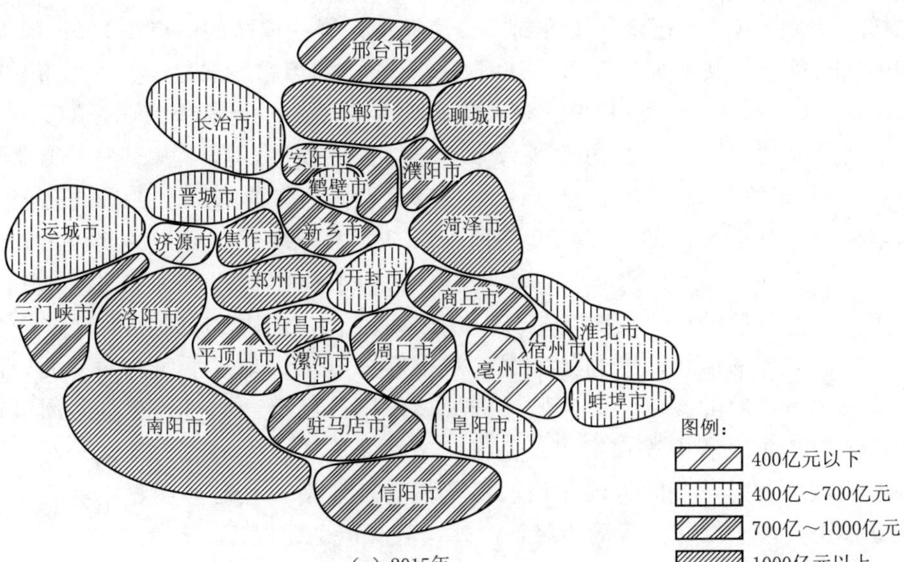

（c）2015年

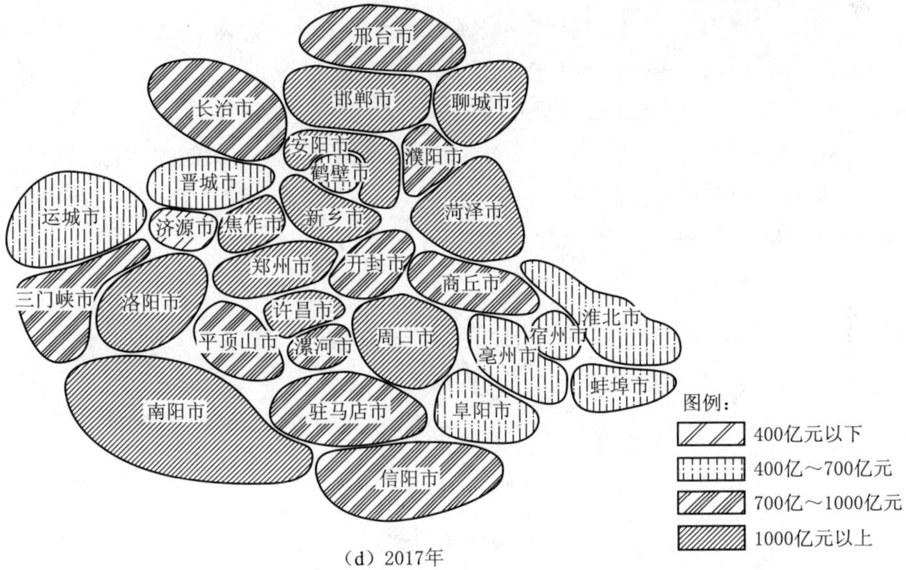

（d）2017年

图 3.6（二） 2011 年、2013 年、2015 年、2017 年中原城市群第二产业空间对比示意图

通过 2011—2017 年的第二产业空间对比图可以看出，以中心城市郑州市和洛阳市为中心，第二产业发展沿从北向南的轴线，从边缘向中间的区位进行扩散，郑州市周围城市的第二产业发展出现由少到多，由弱到强的过程。具体而言，2013 年第一梯队城市增加焦作市、菏泽市，2017 年增加安阳市、新乡市、周口市；第二梯队城市在 2013 年增加 3 个城市——濮阳市、商丘市、周口市，在 2015 年增加了信阳市、驻马店市，特殊情况是减少了长治市，2017 年，长治市重新回到第

二梯队，除此以外，还增加了开封市、漯河市；第三梯队的城市在2011—2013年间增长迅速，共增加了5个，分别是鹤壁市、蚌埠市、淮北市、阜阳市、宿州市，之后一直处于产业积累阶段，至2017年，增加一个城市——亳州市。

总体来说，第二产业的发展趋势为连片扩散发展，具体表现为：①郑州市、洛阳市发展迅猛，产值连年上涨且远远领先于其他城市；②围绕郑州市与洛阳市，其他城市的第二产业产值升级迅速，呈现逐年升级的趋势，如焦作市、新乡市、安阳市、周口市、菏泽市，明显受到高产业城市的带动；③第二产业产值城市出现围绕郑州、洛阳聚集、并从中心向外扩散延伸的趋势，中心城市的极核牵引作用明显，在空间分布上，呈现沿西南向东北，由中心向边缘扩散的态势，中原城市群极核作用已经得到明显体现；④周口市在连续的产业发展中表现突出，完成两次梯队升级，发展更为迅猛，对中原城市群东南方向城市的带动作用明显，新的产业增长极趋势明显；商丘市增速也较快，位于二次升级的边缘，此外，济源市也即将进入升级边缘。

3. 中原城市群第三产业空间结构演进分析

中原城市群第三产业的整体水平放在全国范围进行对比还相对较低，第三产值较高的城市主要集中在郑州市、洛阳市两个城市，2018年这两个城市的第三产业总产值占中原城市群的25%，具有领先地位。通过对中原城市群第三产业2011年、2013年、2015年、2017年4个时间节点的数据提取，得到中原城市群第三产业的空间结构演进过程，进一步了解第三产业在中原城市群局域空间的发展与演进过程，如图3.7所示。

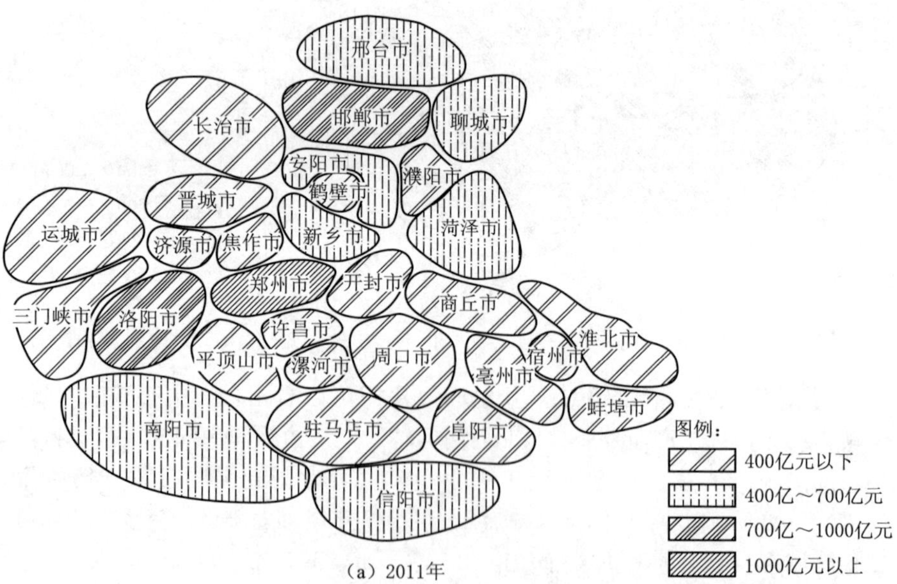

图3.7（一） 2011年、2013年、2015年、2017年中原城市群第三产业空间对比示意图

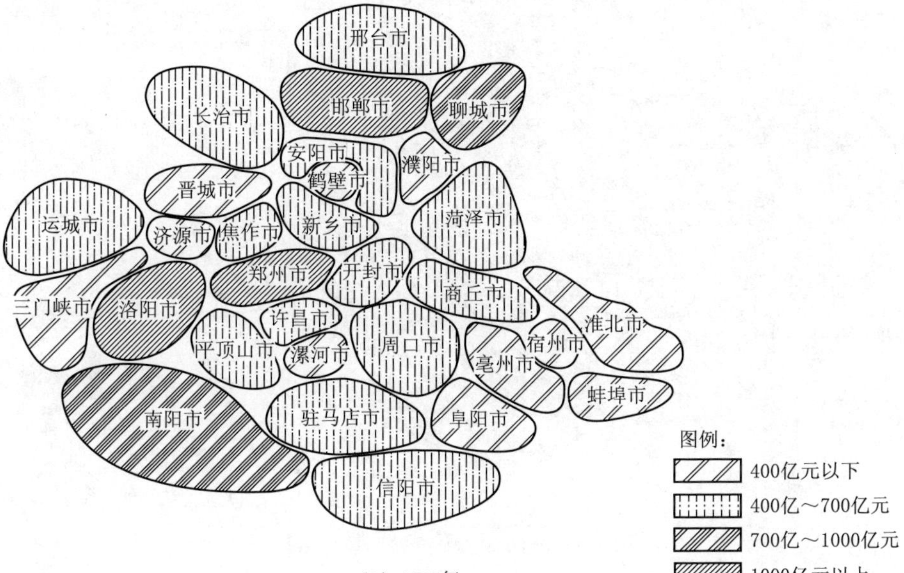

（b）2013年

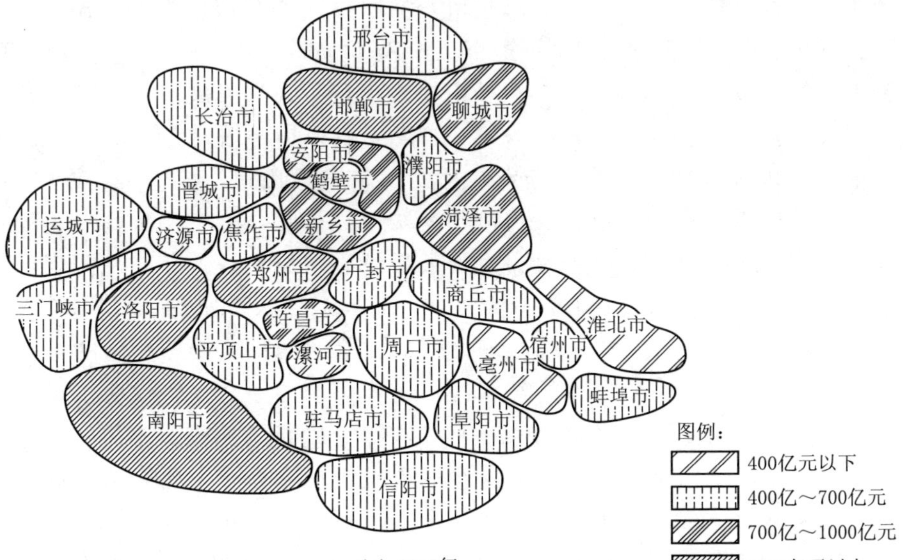

（c）2015年

图 3.7（二） 2011 年、2013 年、2015 年、2017 年中原城市群第三产业空间对比示意图

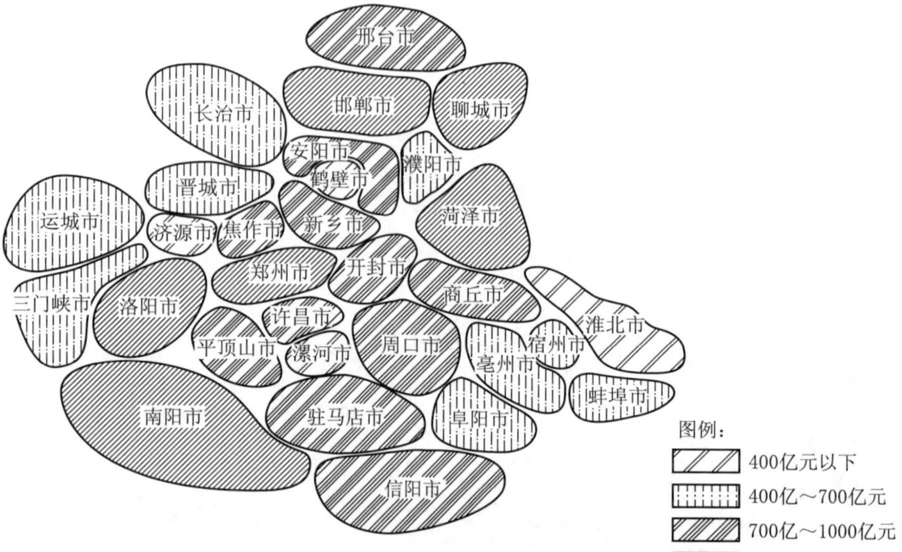

图 3.7（三） 2011 年、2013 年、2015 年、2017 年中原城市群第三产业空间对比示意图

由 2011—2017 年第三产业空间对比图可以看出，2011 年，中原城市群第三产业产值第一梯队的城市仅有郑州市，洛阳市与邯郸市位于第二梯队。第三梯队城市仅有 7 个，分别为新乡市、安阳市、邢台市、聊城市、菏泽市、南阳市、信阳市。2013 年，在郑州城市周边出现了连片发展的第三产业升级城市，其中洛阳市、邯郸市升级为第一梯队，南阳市、聊城市升级为第二梯队，第三梯队城市增加 9 个，分别是开封市、平顶山市、焦作市、许昌市、商丘市、周口市、驻马店市、长治市、运城市，至此，第三梯队城市数量为 14 个，在此期间，第三产业的城市发展数量明显增长。2015 年，南阳市进入第一梯队，所以第一梯队城市数量为 4 个，而第二梯队增加安阳市、新乡市、许昌市、菏泽市，至此，第二梯队城市共有 5 个。第一、第二梯队的城市数量发展迅速，一方面说明了经济结构改革的成果，另一方面也说明了郑州的带动作用显著。第三梯队的城市共增加 6 个，分别是濮阳市、三门峡市、晋城市、蚌埠市、阜阳市、宿州市。这些城市位于西南——东北第三产业发达城市带的两侧，体现了经济发展的带动作用。2017 年，第一梯队城市增加了 2 个，分别是聊城市和菏泽市，第二梯队的城市增加数量多，共有 8 个，分别是开封市、平顶山市、焦作市、商丘市、信阳市、邢台市、周口市、驻马店市，这些城市第三产业增速非常明显，多个城市均有较大的提升，区位上位于郑州南侧、南阳东侧，即中原城市群的中南部地带，体现了中心城市明显

的拉动作用。相比而言，中原城市群西北角与东南角的部分城市，发展速度相对缓慢，仅有宿州市升级为第三梯队城市，还需要加快产业带动与产业调整。

整体来看，中原城市群第三产业在2011—2017年间均有大幅度的提升，多中心的城市格局已经出现，以郑州市、洛阳市为中心的产业发展呈现以点带面，连片发展的趋势，具体表现为：①郑州市、洛阳市的发展速度远远大于其他城市，甚至是几倍于其他城市，显示了强大的发展势头和集聚状态；②千亿元以上城市增多，沿西南——东北产业带上陆续增长第三产业水平较高的城市，显示出多中心的发展趋势；③中部地区城市在第三产业发展方面升级迅速，提升明显；④在东南角与西北角区域，第三产业发展增速相对较缓，部分城市还处于较低的水平，急需产业调整。

4. 经济联系引力模型——引出多中心城市定点分析

在中原城市群的诸多城市中，在对各个城市产业分布进行空间直观对比的基础上，本书通过经济联系引力模型，选取14个核心城市作为研究对象，以《河南省统计年鉴》和相关统计局资料作为数据源，通过大量的数据梳理，得出城市间的经济联系，并以此为依据，判断多中心城市的选取。引力模型为

$$R_{ij}=(\sqrt{P_iV_i}\times\sqrt{P_jV_j})/D_{ij}^2$$

式中：R_{ij}为两个城市经济联系强度；P_i和P_j为两个城市市辖区的常住人口数；V_i和V_j为两个城市的GDP数值；D_{ij}为两个城市之间的距离，数值采用河南省交通厅公布的数据，以百度地图导航路线作为校核。

中原城市群各个城市之间的经济联系计算，运用城市经济联系引力模型，以2011年、2013年、2015年、2017年各个城市的常住人口数和GDP数值为因子，得出各个城市之间的经济联系强度值，见表3.4。

表3.4　中原城市群2011—2017年各个城市之间的经济联系强度

城　市	2011年	2013年	2015年	2017年	2011—2017年年均增长率/%
郑州—开封	64.55	94.48	135.30	172.13	17.76
郑州—洛阳	54.03	77.82	92.20	121.07	14.40
郑州—平顶山	36.01	41.10	47.30	60.74	9.10
郑州—鹤壁	12.67	17.77	21.09	26.27	12.92
郑州—新乡	92.38	128.93	156.46	203.22	14.04
郑州—焦作	60.12	76.04	102.60	131.43	13.92
郑州—许昌	42.76	57.26	60.48	121.25	18.97
郑州—漯河	18.37	23.93	29.48	37.62	12.68

续表

城　市	2011年	2013年	2015年	2017年	2011—2017年年均增长率/%
郑州—商丘	12.42	16.14	20.41	26.65	13.58
郑州—周口	10.86	14.83	17.87	22.84	13.20
郑州—济源	6.68	9.34	11.03	14.20	13.41
郑州—晋城	8.48	11.40	13.63	16.88	12.17
郑州—亳州	5.34	7.33	9.24	12.29	14.92
开封—洛阳	7.03	9.82	13.09	16.05	14.74
开封—平顶山	4.21	4.66	6.04	7.24	9.43
开封—鹤壁	2.31	3.14	4.20	4.88	13.26
开封—新乡	14.28	19.33	26.38	31.99	14.39
开封—焦作	6.10	7.49	11.36	13.59	14.27
开封—许昌	6.85	8.89	10.56	19.76	19.33
开封—漯河	3.36	4.25	5.89	7.01	13.02
开封—商丘	6.50	8.19	11.65	14.20	13.92
开封—周口	5.04	6.67	9.04	10.79	13.54
开封—济源	1.54	2.09	2.78	3.34	13.75
开封—晋城	1.96	2.55	3.43	3.97	12.51
开封—亳州	2.11	2.81	3.98	4.95	15.27
洛阳—平顶山	20.45	22.28	23.85	29.51	6.31
洛阳—鹤壁	2.29	3.06	3.38	4.06	10.02
洛阳—新乡	10.15	13.52	15.26	19.11	11.12
洛阳—焦作	16.01	19.33	24.26	29.96	11.00
洛阳—许昌	8.49	10.86	10.67	20.61	15.92
洛阳—漯河	5.18	6.44	7.38	9.07	9.79
洛阳—商丘	3.06	3.80	4.47	5.63	10.66
洛阳—周口	3.32	4.33	4.85	5.98	10.29
洛阳—济源	23.57	31.48	34.59	42.90	10.50
洛阳—晋城	10.95	14.05	15.63	18.65	9.29
洛阳—亳州	1.80	2.36	2.77	3.55	11.98
平顶山—鹤壁	1.19	1.26	1.35	1.59	4.93
平顶山—新乡	4.85	5.12	5.62	6.88	5.98
平顶山—焦作	3.28	3.14	3.82	4.62	5.87

续表

城　市	2011 年	2013 年	2015 年	2017 年	2011—2017 年年均增长率/%
平顶山—许昌	14.76	14.95	14.27	26.96	10.56
平顶山—漯河	19.78	19.48	21.69	26.07	4.72
平顶山—商丘	2.77	2.72	3.11	3.83	5.54
平顶山—周口	7.59	7.84	8.54	10.29	5.19
平顶山—济源	2.15	2.27	2.43	2.94	5.39
平顶山—晋城	1.77	1.80	1.95	2.27	4.24
平顶山—亳州	2.11	2.19	2.49	3.13	6.80
鹤壁—新乡	20.38	26.43	29.89	35.48	9.68
鹤壁—焦作	2.96	3.47	4.37	5.11	9.57
鹤壁—许昌	1.41	1.75	1.72	3.16	14.42
鹤壁—漯河	0.91	1.10	1.26	1.47	8.37
鹤壁—商丘	1.01	1.22	1.43	1.71	9.23
鹤壁—周口	0.71	0.90	1.01	1.18	8.87
鹤壁—济源	0.78	1.01	1.11	1.31	9.07
鹤壁—晋城	0.98	1.23	1.37	1.55	7.88
鹤壁—亳州	0.48	0.62	0.72	0.88	10.53
新乡—焦作	21.86	25.57	32.87	40.14	10.66
新乡—许昌	6.96	8.62	8.67	16.58	15.56
新乡—漯河	3.81	4.59	5.39	6.56	9.45
新乡—商丘	3.70	4.45	5.36	6.68	10.32
新乡—周口	2.56	3.24	3.72	4.53	9.95
新乡—济源	4.02	5.21	5.86	7.19	10.16
新乡—晋城	5.10	6.34	7.22	8.52	8.95
新乡—亳州	1.64	2.09	2.51	3.18	11.63
焦作—许昌	3.28	3.68	4.12	7.76	15.44
焦作—漯河	1.94	2.12	2.77	3.32	9.34
焦作—商丘	1.89	2.05	2.75	3.38	10.21
焦作—周口	1.34	1.53	1.96	2.35	9.84
焦作—济源	10.84	12.72	15.91	19.25	10.04
焦作—晋城	17.98	20.26	25.67	29.89	8.84
焦作—亳州	0.88	1.01	1.35	1.69	11.51

续表

城　市	2011 年	2013 年	2015 年	2017 年	2011—2017 年年均增长率/%
许昌—漯河	25.07	28.96	29.59	55.55	14.18
许昌—商丘	3.33	3.84	4.03	7.75	15.09
许昌—周口	8.17	9.89	9.89	18.60	14.70
许昌—济源	0.96	1.19	1.17	2.21	14.92
许昌—晋城	1.22	1.46	1.44	2.63	13.66
许昌—亳州	2.49	2.87	3.83	4.79	11.51
漯河—商丘	3.80	4.27	5.22	6.38	9.01
漯河—周口	26.88	31.66	36.93	44.20	8.64
漯河—济源	0.69	0.84	0.96	1.15	8.85
漯河—晋城	0.82	0.95	1.10	1.27	7.66
漯河—亳州	2.94	3.49	4.25	5.30	10.30
商丘—周口	7.97	9.36	11.21	13.73	9.50
商丘—济源	0.66	0.80	0.94	1.16	9.71
商丘—晋城	0.85	0.98	1.16	1.38	8.51
商丘—亳州	22.47	26.59	33.27	42.43	11.17
周口—济源	0.48	0.60	0.67	0.81	9.34
周口—晋城	0.61	0.74	0.84	0.97	8.14
周口—亳州	6.22	7.73	9.22	11.51	10.80
济源—晋城	7.43	9.26	10.27	12.01	8.35
济源—亳州	0.33	0.42	0.49	0.61	11.01
晋城—亳州	0.42	0.51	0.60	0.73	9.80

由表 3.4 可以看出，城市间经济联系强度的基本情况为：

(1) 郑州市与其他城市的经济联系在城市群中最为频繁，并且郑州与其他城市的经济联系强度也处于较高的程度。2011—2017 年，郑州市与新乡市的经济联系强度始终处于最高位置，郑州市与开封市的经济联系强度位于第二，而第三、四、五名则在焦作市、许昌市、洛阳市之间不断变化，2017 年，郑州市与焦作市的经济联系强度位于第三位，郑州市与许昌市的经济联系强度位于第四位，而郑州市与洛阳市的经济联系强度位于第五位。

(2) 与副中心城市洛阳市经济联系强度较高的城市除郑州市外还有平顶山、焦作市、济源市。

（3）开封—新乡、平顶山—许昌、平顶山—漯河、鹤壁—新乡、新乡—焦作、焦作—晋城、许昌—漯河、漯河—周口、商丘—亳州等城市间的经济联系强度也比较高。

从经济联系强度增长率的发展趋势可以看出，2011—2017 年间，年均增长率处于较高水平（年均增长率超过 15%）的城市有 8 组，从高到低有开封—许昌、郑州—许昌、郑州—开封、洛阳—许昌、新乡—许昌、焦作—许昌、开封—亳州、许昌—商丘。值得一提的是，在这 8 组城市中，许昌市占有 5 个城市组，说明许昌市在中原城市群的发展中显示了重要的经济带动作用，开封市占有 3 个城市组，显示了较为重要的经济带动作用。

郑州市与洛阳市的经济联系强度并不突出，在 2011—2017 年不同阶段的经济联系强度位序中，基本处于第 5 位，而郑州市与其他城市的经济联系强度在城市群里始终处于增速最快的位置，显示出郑州市已经建立中心城市地位，并且在稳步增强其极核作用。洛阳市与其他城市的经济联系强度居中，仅与平顶山市、焦作市、济源市联系强度较高，说明还需要发展经济以加强其对其他城市的带动作用。

比对经济联系强度较高的城市组合，根据经济联系强度排名前 20 位的城市组合（图 3.8）可以看出，郑州市与其他 9 个城市的经济联系最为频繁且强度最大，说明郑州市的经济作用外溢性显著，对城市群其他城市的拉动作用明显。位于第二梯队的是洛阳市、焦作市、新乡市，这 3 个城市分别与其他 4 个城市经济联系强度值较高，其中洛阳市作为副中心城市，与其他城市的经济联系强度位序相对居中，外溢作用开始显现。第三梯队的城市有许昌市、漯河市、平顶山市，这几个城市与其他城市的联系强度相对较高，反映了经济发展的活跃度和经济水平的发展潜力，这对于中原城市群多中心空间结构的建立和多核多心经济网络的战略部署具有重要的启示。

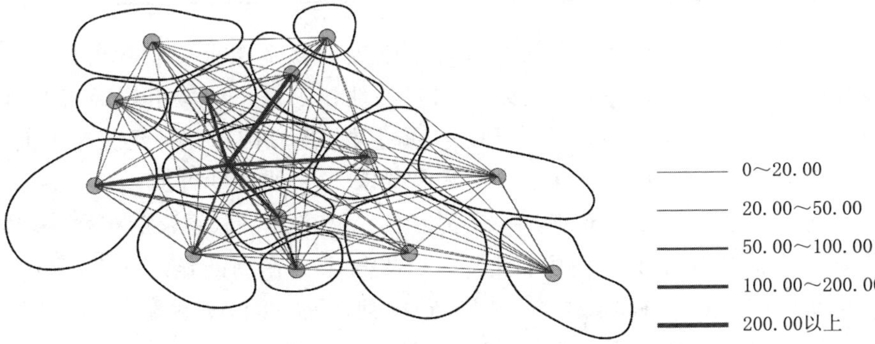

图 3.8　2017 年中原城市群核心城市经济联系强度图

为了进一步分析各个城市在经济网络中的具体地位，对中原城市群的各个城市与其他城市的经济联系强度和进行加权，并且计算其在中原城市群范围内的比重，判断其经济发展过程中的活跃程度与发展水平，以此判定各城市在城市群内所处的经济作用，见表 3.5。

表 3.5　　中原城市群 2011—2017 年各城市与其他城市的经济联系（14 个核心城市）

城市	2011 年		2013 年		2015 年		2017 年	
	联系强度	联系比重/%	联系强度	联系比重/%	联系强度	联系比重/%	联系强度	联系比重/%
郑州市	424.66	23.78	576.36	32.28	717.10	40.16	966.61	54.14
开封市	125.84	7.05	174.37	9.77	243.68	13.65	309.89	17.36
洛阳市	166.34	9.32	219.15	12.27	252.40	14.14	326.15	18.27
平顶山市	120.92	6.77	128.82	7.22	142.46	7.98	186.06	10.42
鹤壁市	48.08	2.69	62.96	3.53	72.91	4.08	88.66	4.97
新乡市	191.71	10.74	253.42	14.19	305.21	17.09	390.04	21.85
焦作市	148.48	8.32	178.40	9.99	233.81	13.10	292.49	16.38
许昌市	125.75	7.04	154.21	8.64	160.45	8.99	307.62	17.23
漯河市	113.56	6.36	132.05	7.40	151.90	8.51	204.98	11.48
商丘市	70.43	3.94	84.41	4.73	105.02	5.88	134.91	7.56
周口市	81.74	4.58	99.33	5.56	115.77	6.48	147.80	8.28
济源市	60.12	3.37	77.23	4.33	88.20	4.94	109.10	6.11
晋城市	58.55	3.28	71.52	4.01	84.30	4.72	100.74	5.64
亳州市	49.23	2.76	60.03	3.36	74.72	4.19	95.05	5.32

通过对比城市群各个城市的经济联系强度和联系比重可以看出，郑州市明显在联系强度和联系比重上均处于领先的地位，是中原城市群经济联系的核心城市，2011—2017 年，联系强度远远超过其他城市，并且呈现连年上升、快速增长的态势，每个时间节点的联系比重以 10%的速度叠加，并且在 2017 年城市间的联系比重总和超过 50%，显示出活跃的经济联系强度与发展状态，其外溢性带动周边城市的作用非常明显，极核牵引作用凸显。处于第 2 名的城市是新乡市，并且在 2011—2017 年新乡的联系强度和联系比重均处于稳定的第 2 位的状态，2017 年联系比重超过 20%，说明新乡市在经济发展中与周边城市的经济交流密切，经济发展速度较快，在局部片区位于中心的状态。

排名第 3 位的城市是洛阳市，作为中原城市群的副中心城市，洛阳在经济联系强度和联系比重方面一直排名第 3，说明目前洛阳的经济发展还以自我发展为主，向外辐射的作用稍显不足，处于弱核牵引状态，还需要产业发展的强化与升级。此外，排名第 4 位的城市是焦作市，排名第 5 位的城市是许昌市，开封市位于第 6 位，漯河市位于第 7 位，第 8 位是平顶山市，这 8 个城市的联系比重均在 10%以上，联系强度相对较高，但与其他城市之间的经济联系相对较小，联系比重相对较低，还需要进一步的提升与发展。总体来看，14 个核心城市中部分城市已经出现经济联系强势状态，显示了中原城市群多点多核的网络化发展趋势。

为了进一步明确中原城市群中每一个城市与其他城市之间的经济联系强度，对中原城市群 14 个核心城市的经济联系强度比重进行梳理，了解某一个城市与其他城市的经济联系强度占某个城市经济联系比重总和的比例，可以清楚地得出城市经济联系方向（表 3.6）。

表 3.6　2017 年城市间经济联系强度占城市经济联系强度总和的比重　%

	郑州市	开封市	洛阳市	平顶山市	鹤壁市	新乡市	焦作市	许昌市	漯河市	商丘市	周口市	济源市	晋城市	亳州市
郑州市		17.81	12.53	6.28	2.72	21.02	13.60	12.54	3.89	2.76	2.36	1.47	1.75	1.27
开封市	55.55		5.18	2.33	1.57	10.32	4.38	6.38	2.26	4.58	3.48	1.08	1.28	1.60
洛阳市	37.12	4.92		9.05	1.25	5.86	9.18	6.32	2.78	1.72	1.83	13.15	5.72	1.09
平顶山市	32.64	3.89	15.86		0.85	3.70	2.48	14.49	14.01	2.06	5.53	1.58	1.22	1.68
鹤壁市	29.63	5.50	4.58	1.79		40.02	5.77	3.56	1.66	1.93	1.34	1.47	1.75	0.99
新乡市	52.10	8.20	4.90	1.76	9.10		10.29	4.25	1.68	1.71	1.16	1.84	2.19	0.82
焦作市	44.94	4.65	10.24	1.58	1.75	13.72		2.65	1.13	1.16	0.80	6.58	10.22	0.58
许昌市	39.42	6.42	6.70	8.76	1.03	5.39	2.52		18.06	2.52	6.05	0.72	0.86	1.56
漯河市	18.35	3.42	4.43	12.72	0.72	3.20	1.62	27.10		3.11	21.56	0.56	0.62	2.58
商丘市	19.76	10.53	4.17	2.84	1.27	4.95	2.50	5.74	4.73		10.18	0.86	1.02	31.45
周口市	15.46	7.30	4.04	6.96	0.80	3.07	1.59	12.59	29.91	9.29		0.55	0.66	7.79
济源市	13.02	3.06	39.32	2.70	1.20	6.59	17.65	2.03	1.06	1.06	0.75		11.01	0.56
晋城市	16.76	3.94	18.52	2.26	1.54	8.46	29.67	2.61	1.26	1.37	0.96	11.93		0.72
亳州市	12.94	5.20	3.74	3.29	0.93	3.35	1.78	5.04	5.57	44.65	12.11	0.65	0.77	

通过一个城市与其他城市的联系比重，可以梳理出以下内容：

（1）郑州市作为中心城市的经济联系作用凸显，经济联系强度伴随距离的增长出现弱化现象，与中心地理论吻合，郑州市与开封市的经济联系强度最高，从高到低顺序依次为新乡市、焦作市、许昌市、洛阳市、平顶山市，这12个城市与郑州市经济联系强度均超过30%，在空间区位上与郑州紧邻，并且在经济发展上相对活跃。随着距离的不断加大，出现经济联系强的城市转为距离更近的城市的趋势，如与鹤壁市经济联系强度最高的城市为新乡市，郑州市为第二位。与漯河市经济联系强度最高的城市为周口市，与商丘市经济联系强度最高的城市为亳州市，与周口市经济联系强度最高的城市为漯河市，与济源市经济联系强度最高的城市为洛阳市，与晋城市经济联系强度最高的城市为焦作市，与亳州市经济联系强度最高的城市为商丘市，这说明在中原城市群的整体区域中，还需要加大中心城市的数量，争取出现多核多极网络化的发展格局，才能够使中原城市群的整体经济发展得到全面提高。

（2）某一城市与其他城市之间的联系强度存在较大差异，这基本可以看出城市相互的依赖程度。以郑州市为例，比较其与其他城市之间的联系强度可以看出，郑州与新乡市的经济联系较大，占到总体的21.02%，其他联系强度值较高的城市按联系强度值从大到小排列依次为开封市、许昌市、洛阳市、焦作市。这显示郑州与新乡市、开封市、许昌市、洛阳市、焦作市共5个城市的经济联系相对较多，是郑州的主要联系城市。开封市与郑州市的经济联系比重占到总量的55.55%，显示出对郑州的高度依赖性。除此以外，开封与新乡市、许昌市、洛阳市、商丘市、焦作市联系相对较为紧密。除郑州市以外，与洛阳市的经济强度较高的城市还有济源市、焦作市、平顶山市。与新乡市的经济联系强度较高的城市有4个，分别是郑州市、焦作市、鹤壁市、开封市。与焦作市的经济联系强度较高的城市有4个，分别是郑州市、新乡市、洛阳市、晋城市。除郑州市外与许昌市的经济联系强度较高的城市有漯河市、平顶山市、洛阳市、开封市、周口市、新乡市。可以得出，郑州市与开封市、洛阳市、平顶山市、新乡市、焦作市、许昌市共7个城市的经济发展形成大的经济极核区域空间，这些城市间的经济联系依赖度也最高。

3.1.3 基于人均GDP空间结构演进分析多中心空间格局

本节具体分析人均GDP空间结构演进，抽取中原城市群在2011年、2013年、2015年和2017年的数据，得出不同年份的发展及演进情况。本次对比的数据是城市人均GDP占城市群人均GDP比重变化，通过对比可以有效得出城市发展的不同速度，筛选出发展较快的城市，如图3.9所示。

由图3.9可知，2011—2017年中原城市群的人均GDP空间结构出现较大的反复现象，反映了城市在发展中相对速度不断变化，也是经济结构调整的

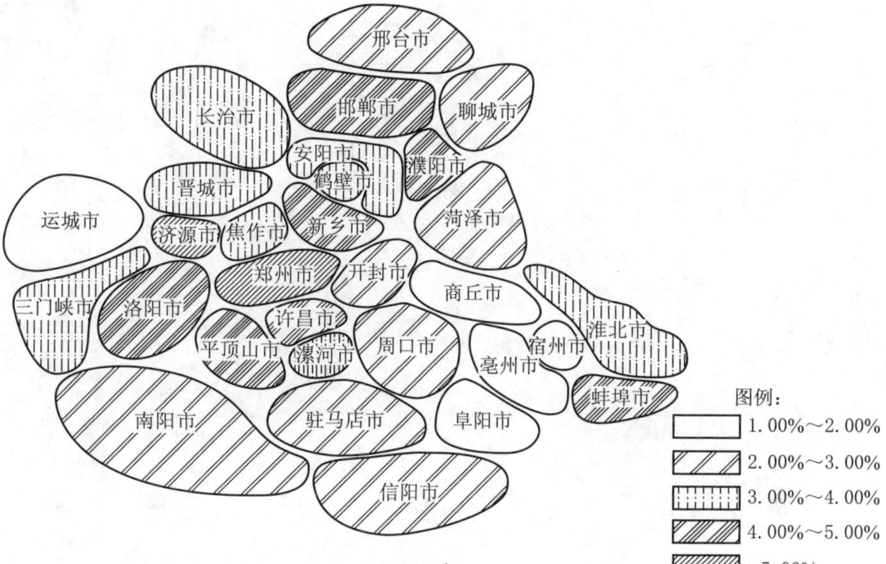

（a）2011年

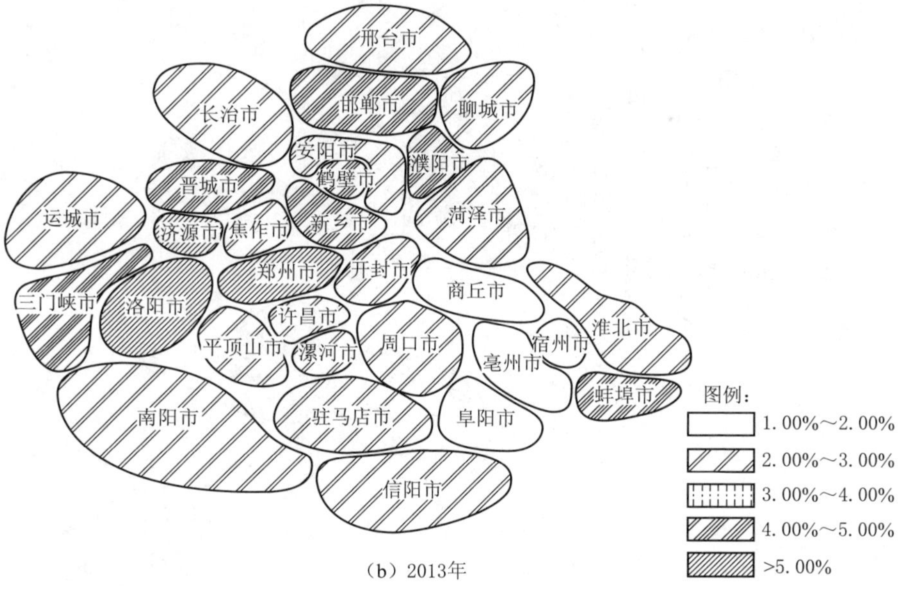

（b）2013年

图 3.9（一） 2011 年、2013 年、2015 年、2017 年中原城市群人均 GDP 空间对比示意图

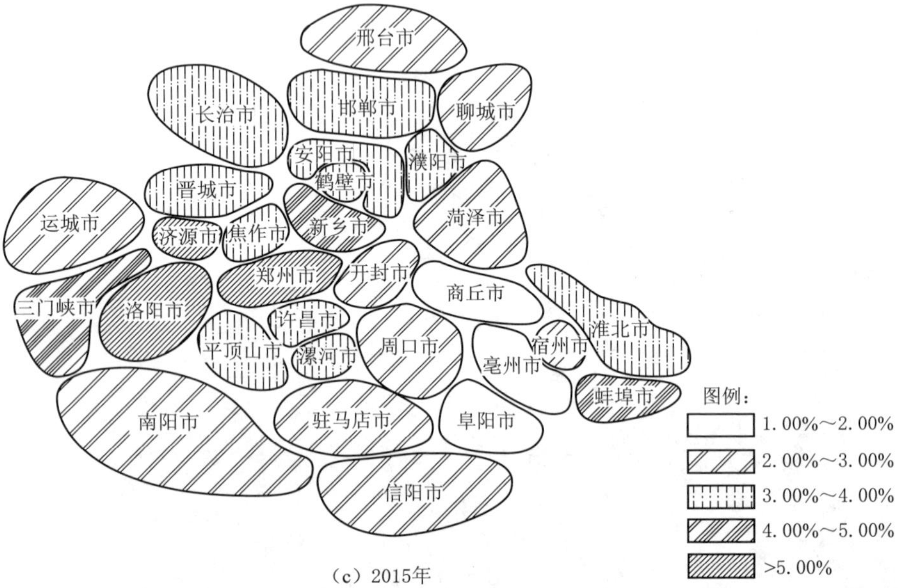

（c）2015年

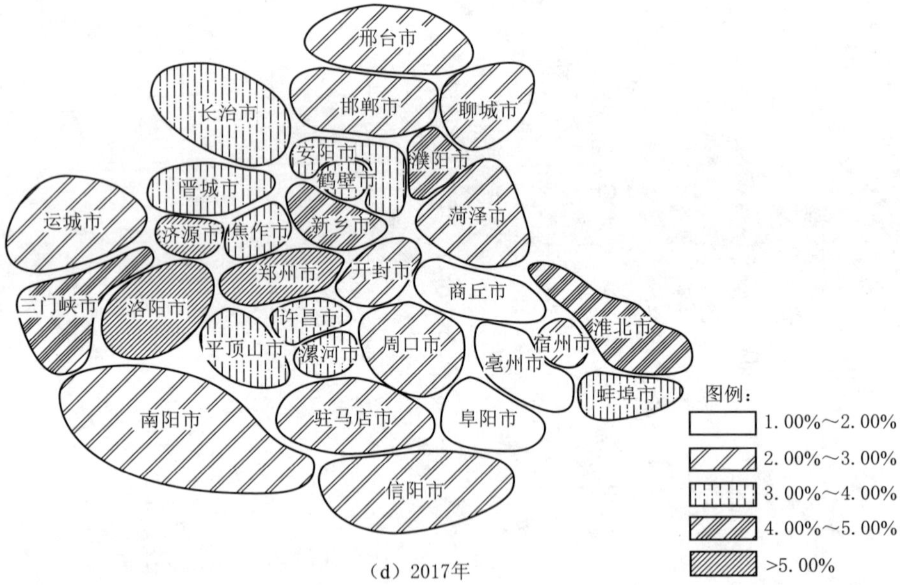

（d）2017年

图 3.9（二） 2011 年、2013 年、2015 年、2017 年中原城市群人均 GDP 空间对比示意图

直观体现。具体来看，2011 年人均 GDP 位于第一梯队的城市仅有郑州市、济源市；位于第二梯队有洛阳市、平顶山市、新乡市、许昌市、濮阳市、邯郸市、蚌埠市共 7 个城市；第三梯队在郑州市和第二梯队周围集聚出现，共 7 个城市，而中南部地区相对较为落后。2013 年人均 GDP 位于第一梯队的城市增加洛阳市；第二梯队增加三门峡市、晋城市、鹤壁市；许昌市和平顶山市下滑至第三梯队，第三梯队增加开封市；焦作市降为第四梯队。2015 年人均 GDP 处于局部下降的状态，原先位于第二梯队的晋城市、邯郸市、濮阳市均下降为第三级梯队；开封市从第三梯队下降为第四梯队；焦作市、漯河市上升为第三级梯队，宿州市上升为第四梯队。2017 年上升为第二梯队的城市有濮阳市、淮北市，宿州市仍为第四梯队；鹤壁市、蚌埠市由第二梯队下降为第三梯队，邯郸市由第三梯队降为第四梯队。整体来看，2011—2017 年间中原城市群人均 GDP 发展较为明显的变化有：①洛阳市上升为第一梯队，并且维持稳定高速发展，与其副中心城市的定位一致；②晋城市、鹤壁市、开封市呈现先上升后下降的态势，邯郸市持续下降两个级别，位于第四梯队，许昌市、平顶山市呈现下降并稳定位于第三梯队，焦作市呈现先下降后上升的状态，三门峡市、漯河市的人均 GDP 呈上升态势并分别位于第二和第三梯队。

总的来说，中原城市群人均 GDP 发展水平较高的城市整体集中在两个区位，一是聚集在洛阳—郑州—濮阳的城市带上，一是东南角位置。伴随着经济结构的调整和产业分化，很多城市的人均 GDP 发展呈现上下反复甚至发展速度下降的趋势，这显示了目前中原城市群部分城市正处于经济调整的状态，还需要假以时日，以较强的产业支持和经济带动推动经济水平的提升速度向正向持续发展。

郑州市、洛阳市作为中心城市的极核作用正在显现，在其周围聚集了中原城市群发展速度较高的城市，但位于中南部的一些城市在增长速度上还处于相对较缓的状态，说明经济发展的弱核牵引，同时也与距离有一定的关系，因此还需要进行多中心的节点城市培养，从而带动中南部区域的城市区域。

3.1.4 小结

本节以产业分析视角，通过城市产业发展与空间关联的多角度分析，进行多中心网络化格局的探寻，以下从产业集聚区、产业空间演变、经济联系强度、人均 GDP 4 个角度进行分析。

（1）产业集聚区作为经济发展的专业化分工与集合区，为各个城市之间形成区域合作奠定了坚实的基础，多个城市均出现较好的发展趋势，根据规模以上工业主营业务收入可以看出，目前在中原城市群空间发展上呈现多点多极网络化发展趋势，以郑州市、许昌市、洛阳市、焦作市、南阳市，周口市、信阳市、新乡市这 8 个城市最为突出。在产业汇总过程中，出现部分产业集聚区在产业上的同质现象，产业趋同不利于产业集聚区的良性发展，所以应开展产业协调与专业化分工，使产业集聚区的发展有机互补。

（2）产业空间演变可以从第二产业、第三产业、人均 GDP 3 个角度进行梳理。①在第二产业在城市内部的比值方面，济源市、鹤壁市、漯河市在 2018 年的城市第二产值比值处于第一梯队，第三产业比值位于前列的城市有郑州市、洛阳市、运城市、开封市、宿州市、邢台市、邯郸市、安阳市；②在第二产业占城市群 GDP 比重方面，中心城市郑州市与洛阳市位于最高等级，第二梯队城市按照占 GDP 比重从高到低的顺序是许昌市、菏泽市、邯郸市、聊城市、南阳市、焦作市。第三梯队城市包含周口市、新乡市、安阳市、平顶山市。可以看到，第一梯队、第二梯队与第三梯队的城市在空间上处于以郑州和洛阳为中心的西南—东北的城市带上。目前中原城市群整体的第三产业还处于集聚提升的状态，排在前面的城市有郑州市、洛阳市、邯郸市、南阳市、聊城市、安阳市、新乡市、许昌市。

通过中原城市群第二产业空间结构演进分析可以看出，围绕郑州市与洛阳市，第二产业产值升级迅速、并呈现逐年升级态势的城市有焦作市、新乡市、安阳市、周口市、菏泽市。第二产业产值城市出现围绕郑州市、洛阳市聚集、并从中心向外扩散延伸的态势，在空间分布上，呈现沿西南向东北、由中心向边缘扩散的态势，中原城市群极核作用已经得到明显体现，周口市在连续的产业发展中表现突出，完成两次梯队升级，发展更为迅猛。

通过对中原城市群第三产业空间结构演进分析可以看出，郑州市、洛阳市、邯郸市、南阳市、菏泽市、聊城市等多个城市均有较大的提升，处于第一梯队，此外开封市、平顶山市、焦作市、商丘市、信阳市、邢台市、周口市、驻马店市，这些城市第三产业增速非常明显，区位上位于郑州南侧、南阳东侧，中原城市群的中南部地带，体现了中心城市的拉动作用。

（3）经济联系强度方面，郑州市与开封市、洛阳市、平顶山市、新乡市、焦作市、许昌市共 7 个城市的经济发展形成大的经济极核区域空间，而这些城市之间的经济联系依赖度也是最高的。郑州市与新乡市、开封市、许昌市、洛阳市、焦作市共 5 个城市的经济联系相对较大，开封市与新乡市、许昌市、洛阳市、商丘市、焦作市联系相对较为紧密，洛阳市与郑州市的经济强度最高，与济源市、焦作市、平顶山市的经济强度较高。

（4）基于人均 GDP 空间结构演进，可以分析出中原城市群当前出现的多中心空间格局，中原城市群中人均 GDP 发展水平较高的城市整体集中在两个区位，一是聚集在洛阳—郑州—濮阳的城市带上，一是东南角位置。第一梯队的城市有郑州市、济源市、洛阳，第二梯队的城市有新乡市、濮阳市、淮北市、三门峡市。随着经济结构的调整和产业分化，很多城市的人均GDP发展呈现上下反复甚至发展速度下降的趋势，这显示了目前中原城市群部分城市正处于经济调整的状态，还需要假以时日，以较强的产业支持和经济带动推动经济水平的提升速度向正向持续发展。

总体而言，经过多方面的对比研究可知，郑州市作为中心城市在中原城市群的发展中具有较强的牵引带动作用，洛阳市作为副中心城市在中原城市群的发展中具有一定的带动发展作用，相对来说具有一定的地域局限性，因此在中原城市群的尺度范围内，增加多个极核城市显得尤为必要，多点多核的网络格局更有助于整体的全面提升，在经过多方对比可以看出，从北向南依次有邯郸市、新乡市、许昌市、南阳市发展较快，从东向西有洛阳市、周口市、商丘市、淮北市发展基础较好，以郑州市为核心，其周围济源市、焦作市、开封市已经形成较大的经济核心扩散区域，多个层级、多个圈层的发展将更有效地提升中原城市群整体的发展。

3.2 基于交通网络的多中心空间格局研究

中原城市群区域范围内地貌以平原居多，有少量的丘陵和山地，为建设交通网络奠定了良好的基础，以中心城市郑州市为中心，中原城市群内高铁、城际轻轨、高速、国道、省道等交通形式多样，交通网络已经形成。随着经济结构的调整和产业集聚的发展，对交通的需求日渐增强，在中原城市群区域内多中心的交通枢纽格局逐渐形成，通过多次的交通规划与实地调研中可以看出，中原城市群交通网络正在向多中心多核多极网络化方向发展，以下分别从高铁、城际轻轨、高速、国道4个方面进行分析。

3.2.1 高铁与城际轻轨

中原城市群城际轨道发展经历了多次的规划实施，2009—2020年中原城市群城际轨道交通网规划图给出“十字加半环线”网络构架，2017—2030年中原城市群城际轨道交通网规划修编方案给出“一网双环十字多联”的网络构架，城市轨道经历了较快的发展，更加网络化。

中原城市群城际轨道交通网初始阶段（2009—2020年）以郑州市、洛阳市、开封市、新乡市、焦作市、许昌市、平顶山市、漯河市、济源市、周口市十个城市为核心，包含郑州至焦作城际轨道交通、郑州至开封城际轨道交通、郑州至新郑机场城际轨道交通、郑州至洛阳城际轨道交通、新郑机场至许昌城际轨道交通、郑州至新乡城际轨道交通、许昌至平顶山城际轨道交通等，先逐步进行郑州—焦作、郑州—开封、郑州—洛阳、郑州—新郑机场—许昌—平顶山、郑州—新乡线，郑州—漯河—周口线建设，合计里程约496km，远景建设城市群外围各城市间的环形联络线和延伸线，最终形成以郑州市为中心，洛阳市为副中心，以京广、陇海为主轴，连接城市群地区主要城市的“十字加半环线”网络构架。

中原城市群城际轨道交通网规划修编（2017—2030年）的“一网双环十字多联”城际轨道交通网络构架分为市域网和城际网两个层次，以郑州市、洛阳市、开封市、新乡市、焦作市、许昌市、平顶山市、漯河市、济源市、安阳市、鹤壁市、濮阳市、驻马店市、邢台市等多个城市为核心，实现多种交通方式有机衔接，实现综合运输资源优化配置和协调发展。其中“一网双环十字多联”具体如下：一网是指郑州大都市区市域铁路网；双环是指双层城际铁路环线；十字指沿京广、陇海发展主轴城际铁路线；多联是指洛阳市、安阳市、商丘市、南阳市等区域中心城市、重要节点间的城际连接线。通过统筹规划，分期建设机场—许昌、机场—新密—登封—洛阳；建设机场—开封、安阳—林州、晋城—济源—洛阳—南阳—信阳、新乡—焦作、阜阳—宿州—淮北、三门峡—运城；规划郑州—新乡，许昌—漯河—驻马店—信阳、安阳—邢台、驻马店—阜阳等多城市间的环形联络线和延伸线，建成后初步形成以郑州大都市区市域铁路网为核心、以京广、陇海为发展主轴、连接双层城际铁路及洛阳市、安阳市、商丘市、南阳市、安阳市、邢台市等区域中心城市重要节点的一网双环十字多连的网络构架。中原城市群城际轨道交通网络示意图如图3.10所示。

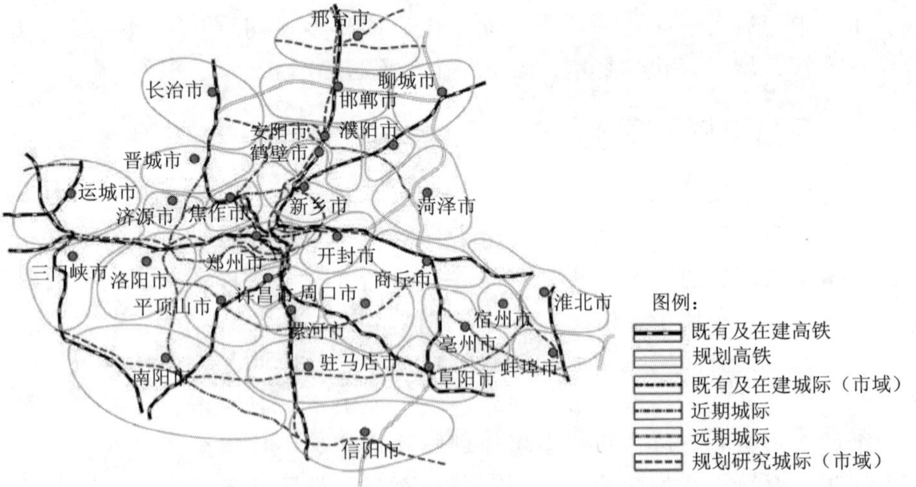

图3.10 中原城市群城际轨道交通网络示意图

随着“米”字形高速铁路网的规划实施，纵贯南北的“一竖”——京广高铁、横穿东西的“一横”——郑徐、郑西高铁、“米”字左右“一点”——郑太高铁、郑州濮阳段高铁、“米”字“一撇一捺”——郑万高铁郑襄段、郑阜高铁等，形成中原城市群的各个城市被高铁穿珠成链的整体发展态势，打破城市之间的距离阻隔，加强各个城市生产要素的流动性，形成协调发展的生动局面，为高质量发展增添新的动力。

伴随着城市化进程的加速发展，快速交通需要越加明显，半小时经济圈、一小时经济圈应运而生，以郑州东站为城际铁路的中心，中原城市群多个城市（如郑州市、开封市、洛阳市、新乡市、焦作市、济源市、许昌市、漯河市、平顶山市）之间城际铁路已达到半小时到达的速度，随着郑西高铁和郑武高铁的相继投运，形成以郑州市为中心的南北一小时高速铁路交通圈和东西半小时高速铁路交通圈，加速了中原城市群半小时经济圈的形成，而随着交通网络的不断建设推进，一小时通勤圈将为加大区域合作、城市间经济与社会交流创造更为便利的条件。

3.2.2 高速与国道

中原城市群高速公路网络已经完全覆盖每一个节点城市，郑少高速、京港澳高速、沪陕高速、机场高速、大广高速、郑州西南绕城高速公路、武西高速（包含郑云高速公路、郑尧高速和正在修建的尧栾西高速）、连霍高速、宁洛高速、二广高速（G55）、南林高速、永登高速、商周高速、兰南高速、济广高速、新阳高速、内邓高速、渠老高速、原焦高速公路、日兰高速公路（河南段）、三淅高速、西十高速等数十条高速的建设与运营为经济的发展奠定坚实基础（图 3.11）。目前中原城市群已经基本形成以郑州为中心的 1 个半小时经济圈。结合高速公路网络的通达性，3 小时可以从郑州到达河南省的任何一个省辖市，结合全国城市的高速公路建设情况，6 小时可达周边 6 省任何一个省会城市。路网密度的提升将进一步的提高城际间联系的质量和速度，交通物流借助通达的高速公路，助推中原城市群的产业结构调整与优化，在道路运行质量提升的基础上，进一步的加快信息流通与经济交流，为经济运行水平和运行速度助力，带动经济高速运行。

城市群中，国道建设必不可少，国道能提升城市与区域的联系，为城市群中各个城市节点间的交通便利创造条件，达到产业聚集区点对点的交通畅通。目前中原城市群国道主干道布局呈现网络化、均质化、纵横交错的特征，为城市群中各个城市之间的联动提供了网络基础（图 3.12）。密集的县县通高速、村村通公路的公路交通网络基础设施建设，加大了交通网络末梢的通行能力，使其更具有较高的空间服务能力。

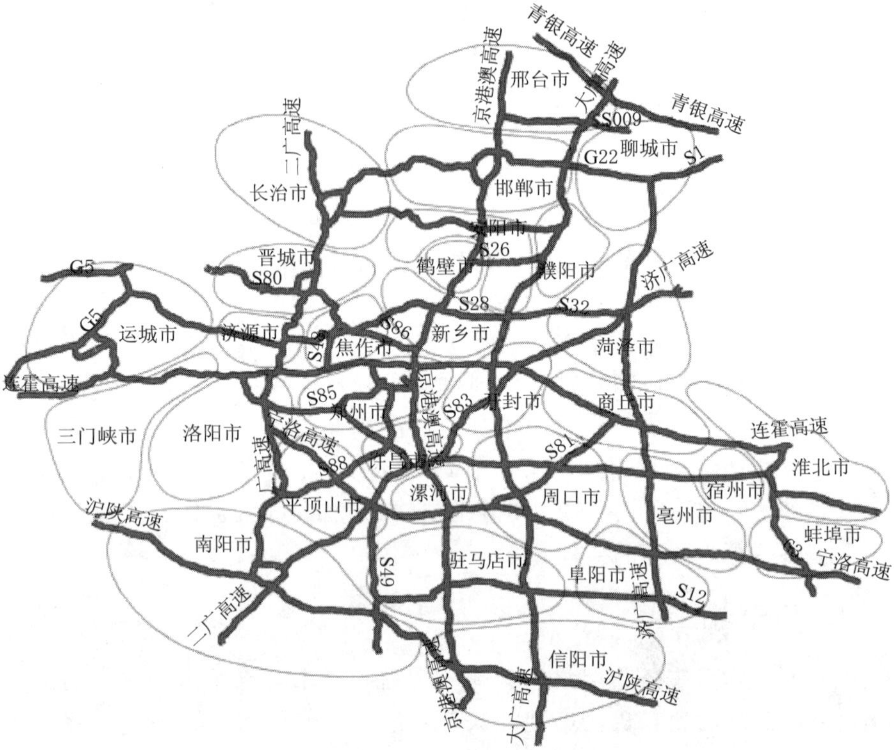

图 3.11 中原城市群高速公路现状示意图

3.2.3 交通网络多中心格局

在定性对高铁与城际轻轨、高速与国道进行梳理的前提下，本节对中原城市群公路客流量和货流量进行数据统计，数据选自《中国城市年鉴》《河南省统计年鉴》《山西省统计年鉴》《山东省统计年鉴》《安徽省统计年鉴》《河北省统计年鉴》等资料，通过数据的演变分析，反映中原城市群在交通方面的变化与分布格局，此外，结合高铁建设与运营对中原城市群的影响，选取2020 年 4 月 20 日 12306 网站测定的高铁与动车的班次情况，侧面反映中原城市群当下的交通网络多中心分布格局与交通枢纽城市的具体情况。

1. 公路客流量

对比 2011—2017 年中原城市群各个城市的公路客流量可以看到，在这一阶段，中原城市群公路客流量呈现先增长后下降的态势，尤其是在 2013—2015 年高铁建设初期及之后的建设时期，这一阶段公路客流量变动较大，各个城市的公路客流量也根据自身地域和高铁建设时序产生较大的变化，如图 3.13 所示。

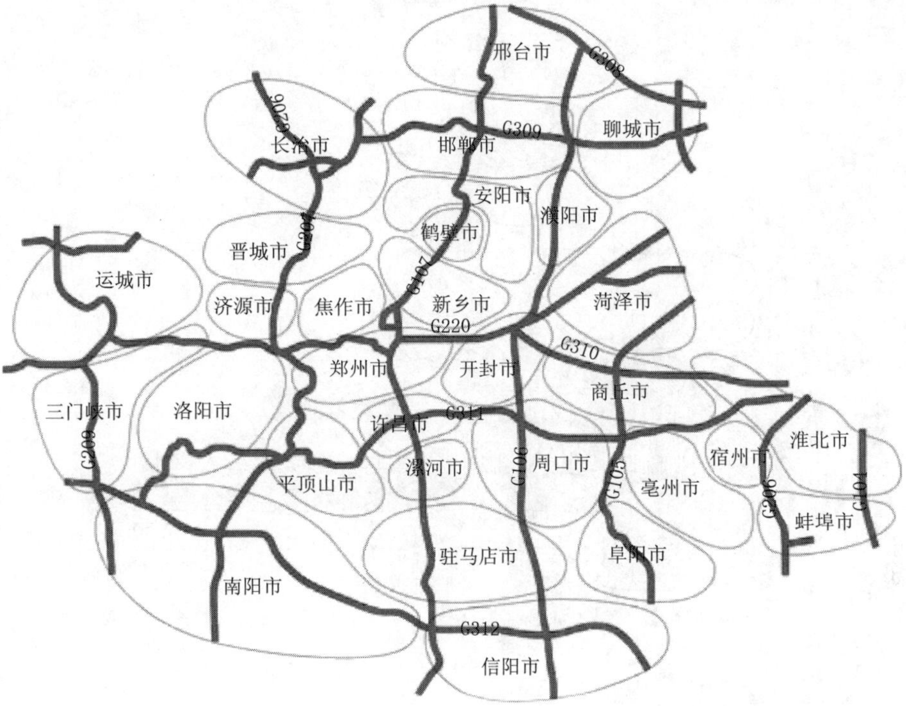

图 3.12　中原城市群国道主干道现状示意图

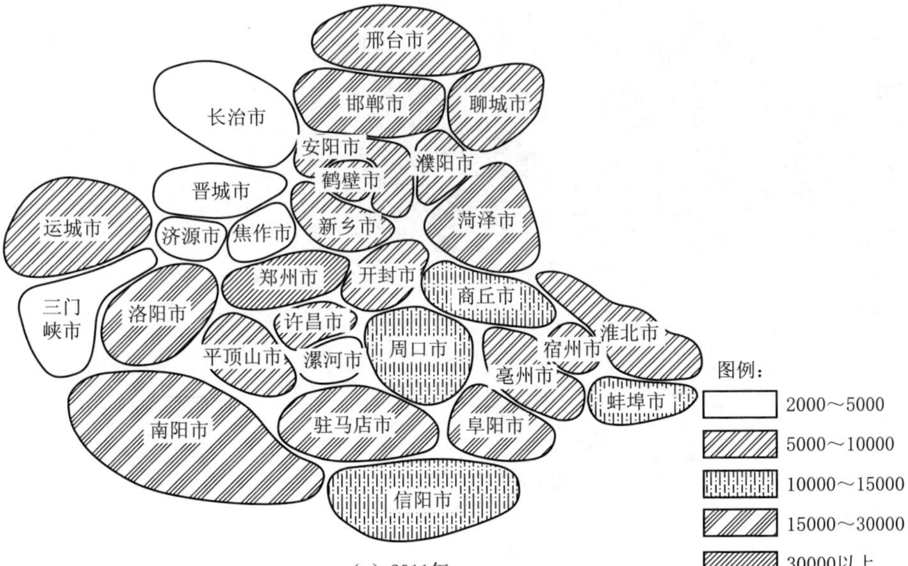

(a) 2011年

图 3.13（一）　2011 年、2013 年、2015 年、2017 年中原城市群公路客流量分布示意图（单位：人）

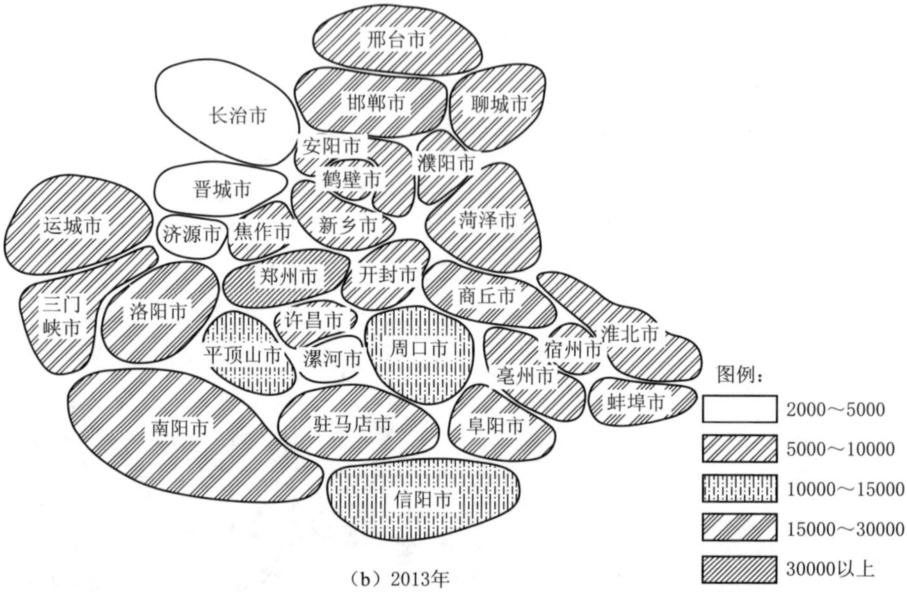

（b）2013年

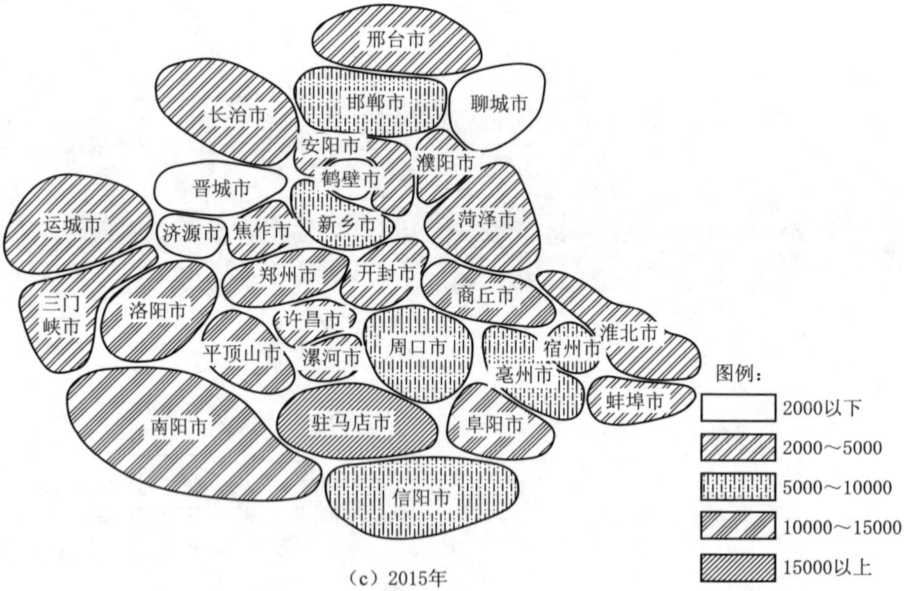

（c）2015年

图3.13（二） 2011年、2013年、2015年、2017年中原城市群公路客流量分布示意图（单位：人）

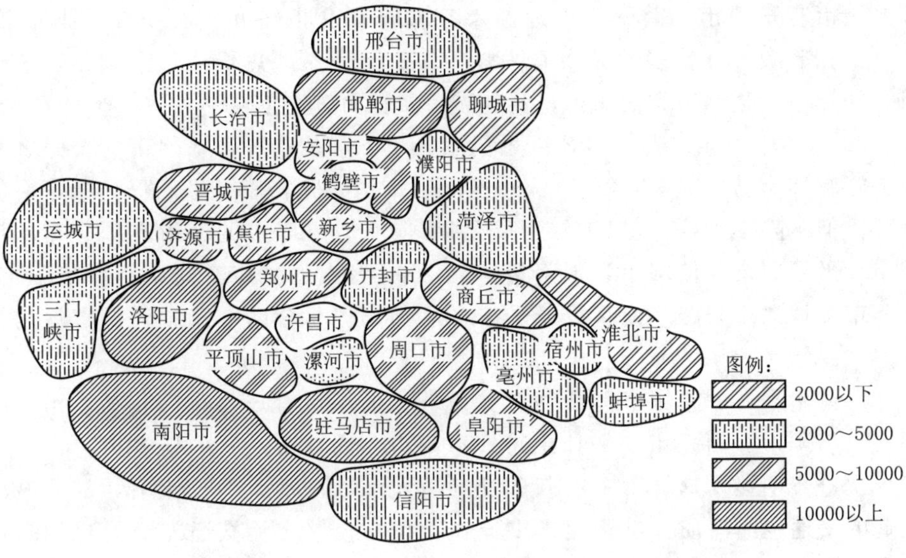

（d）2017年

图 3.13（三） 2011 年、2013 年、2015 年、2017 年中原城市群公路客流量分布示意图（单位：人）

结合 2011 年中原城市群的公路客流量分布图可以看出，郑州市具有明显的优势，2011 年公路客流量 30233 万人，远超其他城市，与第二名洛阳市（16019 万人）的差距较大，显示了其国家级交通枢纽城市的地位与实力。此外，位于第二梯队的城市除了洛阳市还有邯郸市、菏泽市、阜阳市、驻马店市、南阳市，分布于中原城市群的南部边缘与东北部。位于第三梯队的城市有周口市、商丘市、信阳市、蚌埠市，分布于中原城市群的东南部区位，这个时期，中原城市群的西北部处于较低的发展程度，公路客流量均在 5000 万人之下。

2013 年中原城市群的公路客流量发展加快，郑州市依然处于领跑状态，而阜阳市增速更高，此外，处于第二梯队的城市增加商丘市、蚌埠市，减少菏泽市。第三梯队保留周口市、信阳市，还有平顶山市。菏泽市由 15791 万人锐降至 6552 万人，位序由第二梯队降至第四梯队。而焦作市、三门峡市在之前的基础上稳步提升，这一时期，公路客流量的变化动荡较大，显示了各个城市正处于经济发展与转型的积累期。

高铁与动车的建设与运营极大地提高了交通的便利，缩短了交通时间，抢占较高的客流量份额，所以在 2015 年中原城市群的公路客流量出现大幅度的衰减，2015 年驻马店市以 18363 万人居于第 1 位，郑州市以 13914 万人居于第 2 位，这是高铁与动车分流的结果，此外，由于高铁建设的时序性与地域性，无高铁站地区的客流量处于增长态势，有高铁站地区客流量处于锐减的状态。将中原城市群中城市按照 2015 年公路客流量排列位序，名次下降较多的城市有安阳市、鹤壁市、许昌市、邯郸市、邢台市、聊城市、蚌埠市、淮北市；名次上升较多的城市有平顶山市、新乡市、焦作市、濮阳市、长治市、菏泽市、亳州市和宿州市；其他城市相较而言变化较小。

2017年中原城市群公路客流量仍然处于下降的趋势，郑州市的公路客流量下降较多，已经降至8815万人；驻马店市的公路客流量虽然仍处于第一的地位，但下降5000万人以上；下降量在5000万人以上的城市有商丘市、阜阳市、平顶山市、信阳市，下降量达到2000万人的城市有南阳市、洛阳市；安阳市和许昌市公路客流量处于上升的状态，但是公路客流量较低数量均在5000万人左右。

总体看来，中原城市群公路客流量较大的城市有郑州市、驻马店市、南阳市、洛阳市、商丘市，平顶山市、阜阳市、周口市，其中新乡市、许昌市的位次进步明显，这显示了在新的交通方式高铁与动车的分流下，部分城市呈现的交通枢纽潜质，也构建出中原城市群在公路客流交通方面呈现的多点多核空间格局。

2. 公路货流量

2011—2017年公路货流量的变化与客流量不同，在2015年短暂下降之后，紧接着又出现增长趋势，部分城市处于一直上升的态势，受到高铁的影响相对较少，如图3.14所示。

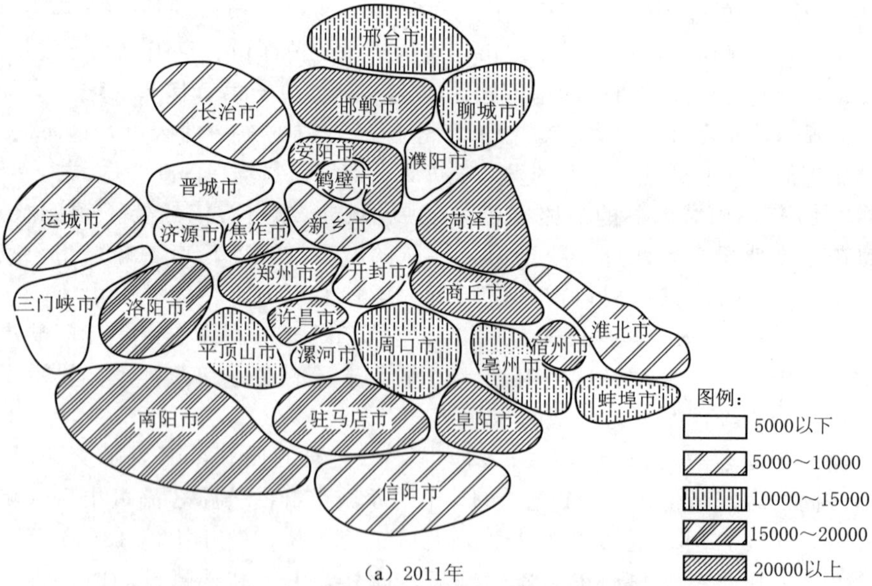

图3.14（一） 2011年、2013年、2015年、2017年中原城市群公路货运量分布示意图（单位：万t）

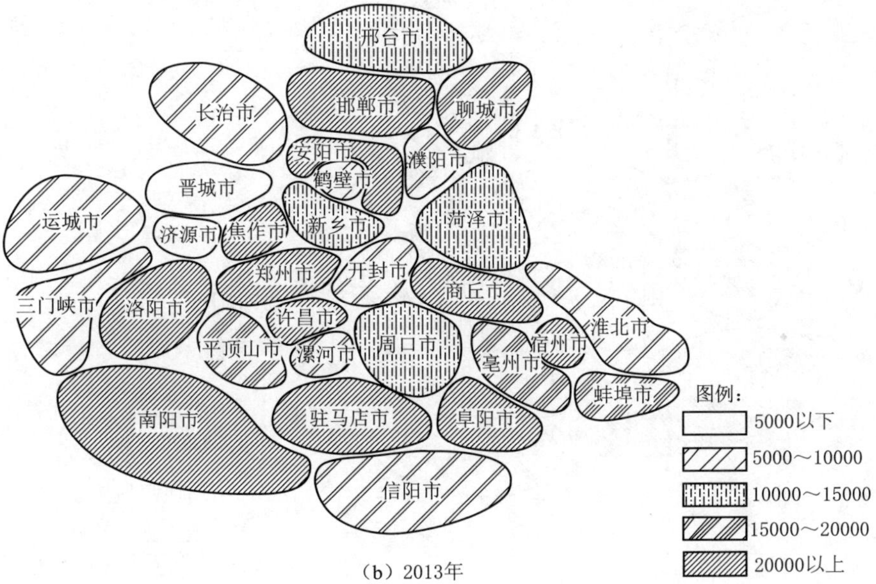

（b）2013年

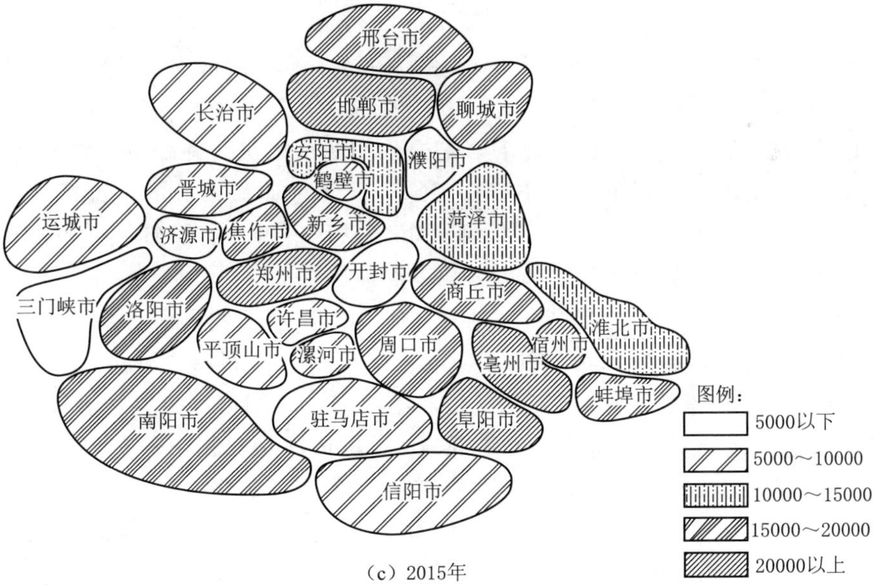

（c）2015年

图 3.14（二） 2011 年、2013 年、2015 年、2017 年中原城市群
公路货运量分布示意图（单位：万 t）

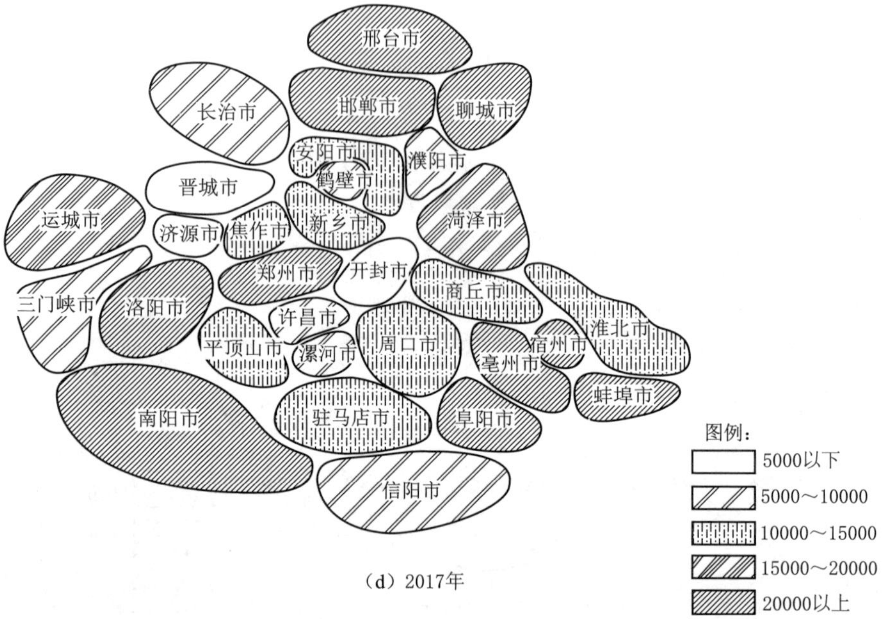

(d) 2017年

图 3.14（三） 2011 年、2013 年、2015 年、2017 年中原城市群公路货运量分布示意图（单位：万 t）

2011 年中原城市群公路货运量排在第一梯队的城市依次是菏泽市、邯郸市、阜阳市、商丘市、郑州市、安阳市，公路货运量均在 20000 万 t 以上，均位于中原城市群的东部区域；处于第二梯队的城市依次为许昌市、驻马店市、宿州市、南阳市、洛阳市、焦作市，大部分位于中原城市群的西部区位；处于第三梯队的城市有 6 个，分别是聊城市、平顶山市、蚌埠市、亳州市、邢台市、周口市，大部分处于北部边缘和南部地区。

2013 年中原城市群公路货运量在 20000 万 t 以上的城市增至 11 个，增加了焦作市、洛阳市、南阳市、驻马店市、许昌市、宿州市，减少了菏泽市。其中邯郸市以公路货运量 34565 万 t 位居第 1 名，阜阳市以公路货运量 33170 万 t 位居第 2 位，第 3 位是商丘市，第 4～6 位依次是郑州市、安阳市、宿州市。许昌保持第 7 位不变，驻马店保持第 9 位不变，焦作市位于第 10 位。洛阳市以公路货运量 21222 万 t 位居第 11 位，也处于第一梯队。第二梯队的城市公路货运量为 15000 万～20000 万 t，共有 4 座城市，分别是聊城市、平顶山市、亳州市和蚌埠市。第三梯队城市，除之前的邢台市、周口市外，增加新乡市、菏泽市。

2015 年中原城市群公路货运量有升有降，整体呈现重新布局的状态，受到高铁与动车的影响，大部分城市的公路货运量有所衰减，如郑州市2015年货运量较2013年下降5000万t，许昌市下降超过15000万t，商丘市下降超过11000万t，驻马店下降超过13000万t，安阳市下降超过13000万t，比2013年下降近一半的货运量，焦作市、南阳市、宿州市下降量超过5000万t，洛阳市下降约4000万t。此外，部分城市公路货运量上涨，邯郸市上升4000万t，阜阳市上升20000万t，呈现急速增长状态，亳州市上涨6500万t以上。第一梯队城市公路货运量在20000万t以上的城市仅存5个，依次为阜阳市、邯郸市、亳州市、郑州市、宿州市。第二梯队的城市共9个，其中新乡市、邢台市货运量增加4000万t，聊城市、蚌埠市货运量保持稳定，洛阳市、焦作市、南阳市、商丘市、周口市均处于货运量下降的态势。第三梯队的城市有3个，其中淮北市公路货运量上涨7000万t，菏泽市保持稳定上升，安阳市处于锐减状态，2015年公路货运量仅为2013年的50%。第四梯队的城市中，许昌市下降较多的城市，下降15000万t，驻马店市下降13000万t，平顶山市下降9000万t，鹤壁市、信阳市均下降2000万t左右，漯河市保持稳定增长，呈上涨态势的有运城市，上涨1100万t，长治市和运城市均上涨500万t。

2017年中原城市群公路货运量整体呈现上升的态势，处于第一梯队的城市个数较2015年增长了1倍，共10个，按照公路货运量的多少排序，依次为阜阳市、亳州市、宿州市、洛阳市、蚌埠市、郑州市、邢台市、邯郸市、南阳市、聊城市。大部分城市均有较大幅度的增长，如洛阳市增长6000万t，亳州市、宿州市增长5000万t，聊城市、蚌埠市增长4000万t，南阳市、邢台市增长3000万t，而下降较多的有邯郸市（下降18000万t）、阜阳市（下降4000万t）。处于第二梯队的城市有运城市（增长7000万t），菏泽市（增长3000万t）。此外，处于第三梯队的城市有8个，第四梯队的城市有7个，各个城市货运量有增有减，变化也较大。

总体而言，根据2011—2017年公路货运量的分布图可以看出，中原城市群的货运量变化整体趋势是上升的，位序排名上阜阳市、亳州市、洛阳市、蚌埠市、邢台市、运城市、周口市、新乡市、淮北市上升趋势较大，焦作市、许昌市、安阳市、商丘市、邯郸市、菏泽市的位序有较大下降，从侧面反映了高铁分流的作用强度。因此，中原城市群公路货运量的分布格局，呈现一些城市货运量上升明显，而另一些城市交通形式分流明显的状态。

针对中原城市群高铁动车建设与运营的影响，对中原城市群的高铁和动车班次进行了调研，以补充说明客流量与货流量的布局变化，如图3.15所示。

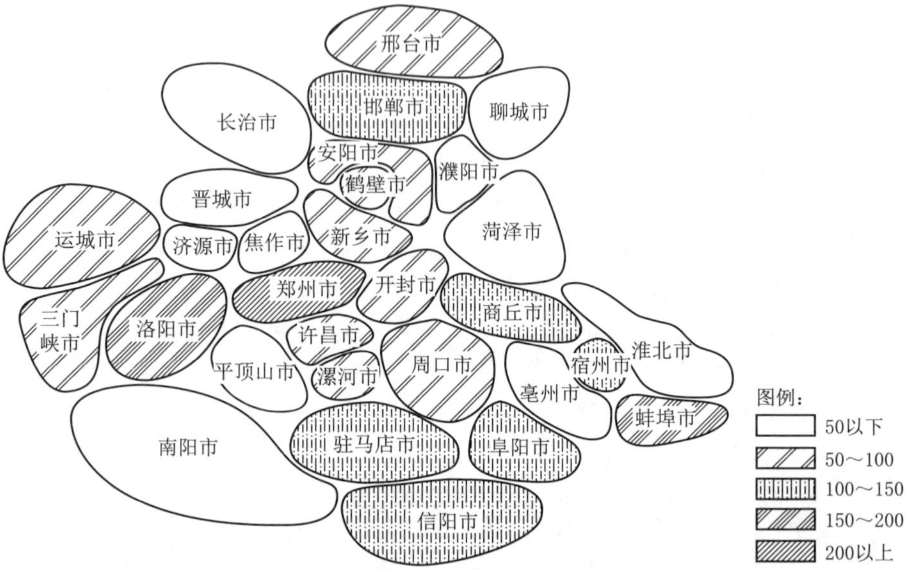

图 3.15 高铁班次分布示意图（2020 年 4 月 20 日数据）（单位：次）

从图 3.15 中可以看出，郑州市的班次数位居第一，2020 年 4 月 20 日高铁与动车班次共 641 次，远远高于第二名蚌埠市（161 次），位居第三的城市为洛阳市（156 次）。第三梯队（班次数在 100～150 次）的城市按班次数从多到少排序依次为信阳市、邯郸市、商丘市、阜阳市、宿州市、驻马店市。处于第四梯队（班次数在 50～100 次）的城市有漯河市、安阳市、邢台市、许昌市、新乡市、鹤壁市、运城市、开封市、周口市、三门峡市。可以看出，高铁的通行对于中原城市群的交通影响非常巨大，多个核心枢纽城市正在发展，结合中原城市群发展规划的交通规划，在今后的交通网络建设中，网络化、多极化、均匀化的交通体系更有利于区域内交通流的运转，所以多中心网络化的交通格局是未来中原城市群发展的趋势与目标。

3.3 基于互联网络的多中心空间格局研究

3.3.1 互联网与经济空间格局的关联

互联网被称为信息高速公路，是一种被普遍安装于各个领域的基础设施，在交通、金融、医疗、教育、制造、环保等领域深层次推进发展，被政府、企业、居民广大使用，目前已经作为通用性技术广泛应用于经济发展和建设中。随着互联网技术的发展，云计算等网络平台成为重要的网络应用基础设施，互联网在功能上不局限于传输，还具备计算功能，使得信息化建设格局基本形成。在网络经济时代，大数据的支撑为生产和应用提供科学的依据，因此数据资源已经成为互联网经济的重要生产要素，互联网技术与其他产业融合，使智慧交通、智慧医疗等产业得到快速发展和提升，信息通信已然成为支撑其他经济产业发展的基础性产业。互联网应用从生活性娱乐性向生产性服务业快速渗透，产业互联网时代已经到来，电子商务成为传统产业的创新先导，在生产制造、经营销售、服务模式等环节均已出现电子商务的创新与融合，互联网的普及使企业间的合作摆脱了地域和空间的限制。网络经济是继工业经济之后经济结构的升级，数据资源是网络经济时代重要的生产要素，网络经济是当前经济社会与互联网融合创新的产物，具有良好的发展前景。

互联网与经济空间格局的关联密切，长期以来，中原城市群的大部分城市以农业作为主导，工业发展相对较缓，在新的经济社会发展中，推动产业转型与创新，产生后发优势，需要以互联网和交通网络的大力建设作为支撑，互联网的信息技术融合产业发展，打破地域空间的限制，压缩产业管理的时空成本，提高市场与产业发展之间的联动效率，提高城市之间的有效交流，提高城市群各个节点城市的关联性，最终使得城市群的发展在高效高质高速的状态下运行，为中原城市群的经济发展助力。

3.3.2 中原城市群互联网络发展概况

中原城市群各个城市的互联网发展逐步推进，基础应用类用户和公共服务类用户继续保持快速增长，“互联网＋”行动使得科技创新与经济发展深度融合，基于互联网的新型业态成为新的经济增长点，网络经济与实体经济协同发展，构建新的经济发展格局。随着智能化、服务化、协同化的“互联网＋”生态体系的构建，在“互联网＋”电子商务、“互联网＋”高效物流、“互联网＋”创业创新、“互联网＋”协同制造、“互联网＋”现代农业、“互联网＋”普惠金融、“互联网＋”益民服务、“互联网＋”便捷交通、“互联网＋”智慧能源、“互联网＋”绿色生态、“互联网＋”人工智能多个角度均搭建了基础服务与创新驱动支撑，这对于新的时代经济发展的战略布局具有重要意义。

根据图 3.16 可以发现，在 2011—2017 年间，中原城市群各核心城市的城市互联网用户均有一定的增长，以郑州市增长最快，增量最大，2017 年郑州市互联网用户达到 1735.264 万人，位居首位，是 2011 年的 2.32 倍，这显示了郑州市作为中心城市在信息技术发展方面的领先性。洛阳市位居第 2，但与郑州市的差距较大，2017 年洛阳市互联网用户数为郑州市的 48.4%，从 2011

年到 2017 年洛阳市互联网用户增长 515.4 万人，2017 年用户数是 2011 年的 2.59 倍。2017 年用户数第 3 的新乡市，第 4 位的商丘市，第 5 位的周口市处于第三梯队，互联网用户均超过 500 万人，焦作市、平顶山市、许昌市、开封市互联网用户数为 400 万～500 万人，漯河市互联网用户数为 234.2 万人，剩余城市如鹤壁市、济源市、晋城市、亳州市互联网用户数均在 200 万人以下。比较而言，中原城市群各核心城市的互联网用户数差距较大，随着新的经济结构转型与高质量发展的需求，互联网作为基本的生产要素应该作为基本的基础设施进行构建，因此，还需要大力进行建设。

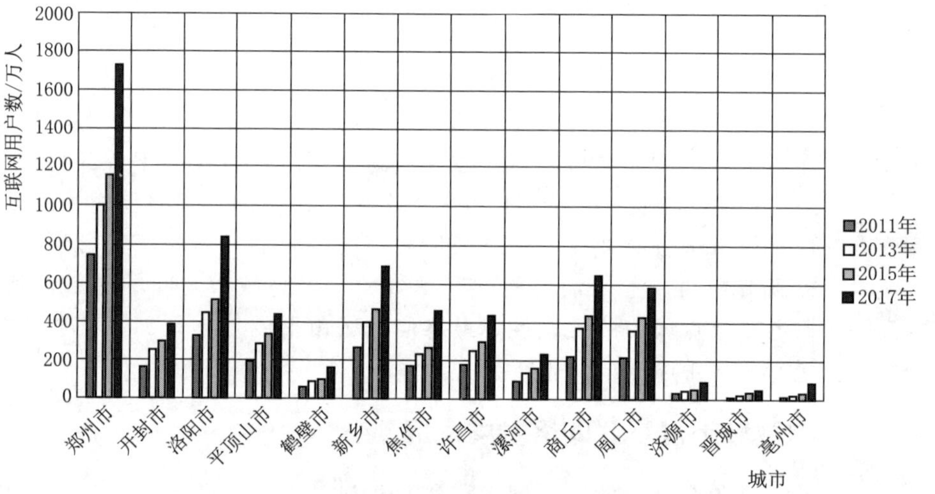

图 3.16　2011—2017 年中原城市群互联网用户对比图

3.3.3　中原城市群互联网络结构特征

中原城市群互联网用户分布整体呈现以郑州为高点，以洛阳市为次高点，以新乡市、南阳市、商丘市为中高点，以焦作市、许昌市、平顶山市、信阳市、周口市、驻马店市、安阳市为中间点，以开封市、濮阳市、三门峡市为偏低点，以中原城市群北部、东部边缘城市为低点的布局形态。郑州市的互联网用户数量在 2018 年突破 2000 万人，显示其较强的发展速度和交流状态，郑州市作为互联网业务的中心城市，与周边城市的经济联系交往紧密，互联网作为基本的交流基础设施，承担了重要的支撑作用。洛阳市作为中原城市群的副中心城市，在产业集聚与经济引领方面起到重要的作用，其互联网用户数 2018 年达到 973 万人，显示了坚实的负荷作用。作为中国移动与中国联通在河南的核心中枢，郑州市与洛阳市起到重要的协同作用。此外，从中原城市群的互联网用户数分布图（图 3.17）中可以看到，河南以外的诸多城市

（如运城、邯郸、菏泽、阜阳、邢台、宿州、聊城等市）的互联网用户数均处于较低的水平，蚌埠市、淮北市、长治市、晋城市甚至不足百万人，差距很大，为了促进中原城市群整体协调发展，在新型城镇化的前提下，大力发展网络经济，可以有效回避地域距离产生的衰减作用，使经济转型呈现后发优势，所以在今后的建设中，应该大力平衡互联网的基础设施建设，加大各个节点城市的流通与协作。

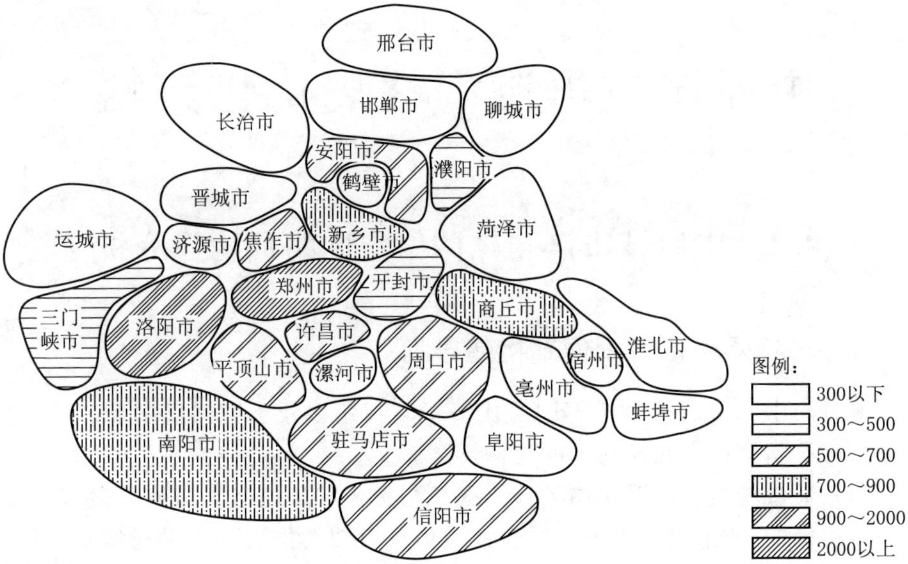

图 3.17　2018 年中原城市群互联网用户示意图（单位：万人）

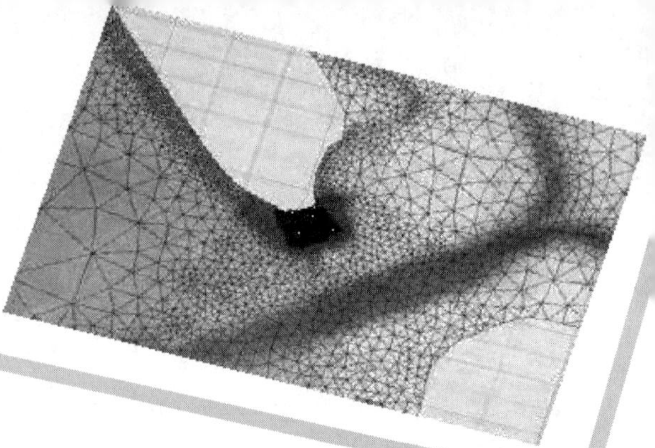

第 4 章

中原城市群空间格局优化策略

4.1 中原城市群多核网络空间格局构建分析

4.1.1 多核网络化空间模式构建导向

通过对中原城市群进行不同层次、不同视角以及不同时段的分析，研究中原城市群整体在空间模式上的建构。

(1) 通过城镇人口演化趋势分析三个指标：①从城市人口演变过程分析，中原城市群的 14 个核心城市中，多数城市人口数的发展处于平稳增长，低速发展的态势，其中，郑州市的人口增长明显高于其他城市，洛阳、焦作、漯河、亳州等市人口数平稳增长、人口比值低速增长，相比而言，开封市、商丘市、周口市的人口数和人口比值处于下降的趋势，其中周口市下降较为明显，证明中原城市群的核心城市还需要通过加强自身的产业集聚和产业升级，提升人口的吸纳能力；②从城市首位度分析，郑州两城市首位度值虽然处于上升趋势，但是指数值相对较低，2015 年首位度指数为 1.42，2018 年首位度为 1.47，距离理想值 2 还是有一些差距，表明中原城市群中心城市郑州的人口发展规模与速度都在上升，但相比较第二位城市洛阳，还需要提高增速，加大差距，其中心城市的地位还是有待提高；郑州市在四城市首位度和十一城市首位度指数方面，与理想指标 1 距离也很大，说明郑州作为中心城市，虽然其人口规模不断增长，但经济带动力和辐射影响力还需要更大的提升；③人口规模与位序变化方面，郑州市作为中心城市在 2018 年突破 1000 万人口成为超大城市，副中心洛阳市在 2018 年人口规模为 689 万，超过了 500 万。成为特大城市此外，人口超过 500 万人的特大城市还有 5 个，分别是平顶山市（503 万人），新乡市（579 万人），商丘市（733 万人），周口市（868 万人），亳州市（524 万人）。

（2）经济发展空间演化分析可以分为 3 个部分：①通过各城市 GDP 时序演变分析，可以看出，14 个核心城市的 GDP 产值和比重值具有一定的历史延续性和稳定的演变规律，每个城市 GDP 的增长在其原有基础上波动起伏，市域 GDP 比重值处于增长趋势的城市有 5 个——郑州市、开封市、许昌市、周口市和亳州市，市区 GDP 比重值处于增长趋势的城市有 5 个——郑州市、洛阳市、开封市、新乡市和许昌市；②人均 GDP 与城市群空间结构演变显示，2011—2017 年人均 GDP 值呈上升态势的城市有 15 个，其中上升速度较快的有郑州市、洛阳市、新乡市、焦作市、鹤壁市、三门峡、漯河市、淮北市等。郑州和洛阳作为中原城市群的中心城市，经济活动发展迅速，人均 GDP 增速明显，充分凸显在中原城市群发展战略中的极核作用。通过 2017 年中原城市群各城市人均 GDP 分布图（图 4.1）可以直观地看到，人均 GDP 在 50000 元以上、位序排名在前 13 名的城市基本围合成以郑州和洛阳为中心的区域，包括新乡市（第 4 名）、三门峡市（第 5 名）、许昌市（第 9 名）、濮阳市（第 6 名）、鹤壁市（第 8 名）、晋城市（第 10 名）、平顶山市（第 11 名）、漯河市（第 12 名）、焦作市（第 13 名），聚集于中原城市群的中部。人均 GDP 值均处于整个中原城市群的下半段的城市在中原城市群的南部区域，包括周口市（第 27 名）、商丘市（第 28 名）、亳州市（第 29 名）、阜阳市（第 30 名）、驻马店市（第 25 名）、菏泽市（第 22 名）、宿州市（第 24 名）。这说明一方面南部区域是中原城市群的经济凹地，需要极核城市的带动与牵引，需加大经济牵引，增加经济动力，另一方面郑州与洛阳对周边城市的极核带动作用明显，但是还需增强对相对较远的区域的辐射能力和带动牵引作用，这也说明根据当前的经济发展态势，需要在南部区位建立地区性中心城市，以促进南部区域的快速发展；③第二、第三产业与城市群空间结构演变分析，分为第二产业和第三产业的分析，第二产业以郑州的增长最为显著，始终处于发展的高位，与其他城市的差值逐步拉大，洛阳的第二产业产值处于第二位，许昌市位于第三位，而焦作市、周口市、新乡市、平顶山市的第二产业都突破了 1000 亿元，是中原城市群第二产业水平相对较高的城市。第二产业比重方面，郑州的第二产业在中原城市群所占的比重最大，2018 年占比为 25.27%，洛阳 2018 年比重值为 11.74%，位于第二位，许昌市以接近 10%的比重位列第三，焦作市以 7.62%位于第四位，周口市以 6.89%位于第五位，新乡市以 6.87%位于第六位，是中原城市群中第二产业占比较大的城市，尤其是周口市比重涨幅较大。总体上，郑州、洛阳、许昌、新乡等城市的第二产业发展有很大空间，是具有较强发展实力的核心城市。第三产业方面，郑州位居第一且遥遥领先，2018 年第三产业值为 5545.53 亿元，并且每年的第三产值远超其他城市；洛阳位居第二，与其他城市的差距也很大，稳居第二名；第三梯队的城市有新乡市、许昌市、商丘市、周口市、平顶山市、开封市、焦作市共 7 座城市，第三产值为 900 亿～1000 亿元。第三产业比重方面，郑州市的第三产业以每年超过 30%的比重稳居于首位，2018 年第三产业比重 32.86%；洛阳第三产业比重保持稳定，居于第二位，2018 年第三产业比重 13.84%，郑州和洛阳的比重和超过 45%，显示出两个中心城市在第三产业方面的强大优势；位于第三梯队的 7 座城市——新乡市、许昌市、商丘市、周口市、平顶山市、开封市、焦作市，均以超过 5%的比重值稳定发展。总体来说，中原城市群第二产业和第三产业的发展呈现稳定发展、极化明显的趋势。其中在第二产业方面，郑州市、洛阳市占比最高，许昌市、焦作市、周口市、新乡市在总量和占比上均处于较前的位序。第三产业方面，除去郑州市、洛阳市明显的优势外，新乡市、许昌市、商丘市、周口市、平顶山市、开封市，焦作市也是第三梯队的中坚力量。这说明在中原城市群的发展过程中，在加强郑州市、洛阳市的极核牵引力作用的基础上，还应该大力结合各个城市的资源条件和地理优势，大力发展第二、第三产业，采用多点多核的发展思路，融合各城市之间的深度合作，统筹协调发展。

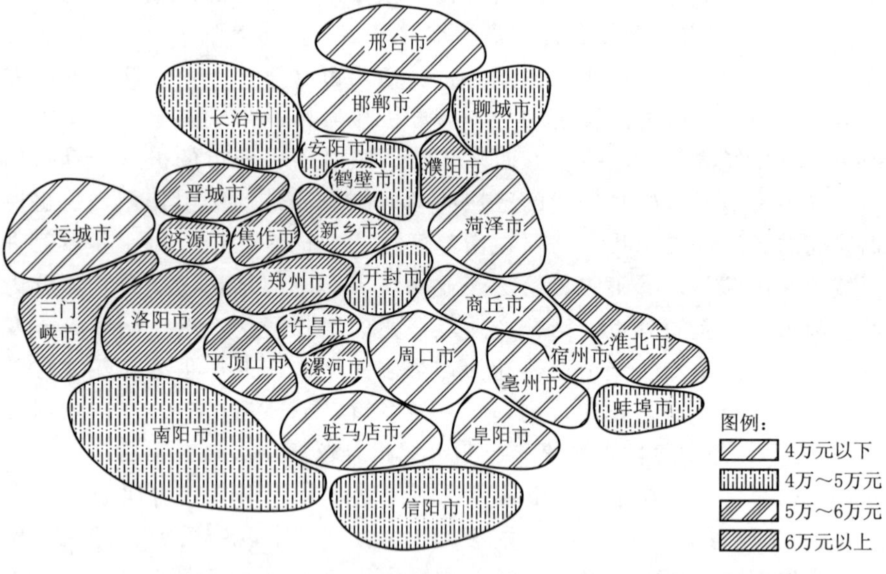

图 4.1　2017 年中原城市群各城市人均 GDP 分布图

（3）是对中原城市群社会发展演化分析：①居民生活水平方面，郑州市和洛阳市的人均可支配收入相对较高分别为 39042 元和 35935 元；②文化与交通设施发展方面，郑州因为高校数量较多，图书馆数量多，位居第一，其他城市中，焦作市以每百人藏书 60 本位列第二，晋城以每百人藏书 50 本位序第三，开封市、洛阳市、鹤壁市 3 个城市的藏书量相当，同时位居第四；③交通设施方面，人均城市道路面积总体呈现两个梯队，亳州以人均城市道路面积 37.13m^2 领跑城市群，许昌在 2016—2018 年的建设速度猛增，在 2018 年以人均 31.65m^2 位居第二，其他城市如周口市、济源市、开封市、鹤壁市、焦作市、漯河市、新乡市等城市均以超过人均 15m^2 位于前列，说明这些城市的城市道路建设量与人口数量匹配相对合理，人均城市道路面积相对较高；④信息网络建设方面，郑州市城市移动电话用户数量以每百人 157 户的数量位于第一位，处于第二梯队的城市每百人用户数量的差距相对较小，晋城市每百人户数为 114 户，济源市每百人户数为 105 户，新乡市每百人户数为 102 户，洛阳市每百人户数为 102。部分城市每百人户数为 90～100 户，分别是开封市、平顶山市、鹤壁市、焦作市、许昌市；⑤城市互联网用户方面，郑州市领跑中原城市群的互联网发展，以每百人 198 户的数量位列第一，遥遥领先，2018 年第二阵营的城市差距很大，每百人 130～150 户的城市有 4 个，分别是洛阳市（141 户），新乡市（138 户），焦作市（148 户），济源市（157 户）。总体来说，中原城市群的移动用户和互联网用户的整体水平还有待提高，整体覆盖率还有提升空间，目前中间城市的移动用户和互联网用户的绝对值与郑州市还有一定差距。

（4）从中原城市群人口与产业空间演化分析，分为两个部分：

1）城市人口空间演变方面，中原城市群的常住人口处于收敛—加速极化—减速极化的过程，郑州市城市常住人口增长率继续维持第一，据河南省 2018 年人口报告，郑州市常住人口达到 1014 万人，首次跨入千万人口城市行列，超过周口市跃居全省第一。2015—2018 年，洛阳市、新乡市、焦作市、许昌市、漯河市、商丘市、亳州市人口均出现持续的增长，仅周口市年均增长率出现负增长，这与周口市长期以来作为人口流出的主要源地息息相关。整体来说，中原城市群多数核心城市常住人口总量处于低速增长态势，中心城市郑州市的常住人口平均增长率较高，城镇化率为 69.69%，郑州市人口的数量越来越多，单核中心效应明显，形成了城市人口的马太效应，随着城镇化的不断纵深发展，城镇人口快速增加，人口向核心城市集中的趋势仍在持续，洛阳市、鹤壁市、焦作市、济源市的城镇化率为 50%～60%，这也体现了各地经济的活跃和产业集聚区的蓬勃发展，大大增强了核心城市对劳动力的吸纳能力，不断增强城市群整体的城市人口发展。

2）第二、三产业空间演变分析，近 9 年来，中原城市群的第二产业发展中，晋城市和亳州市的年平均增长率涨幅位居前两名，说明这两个城市的第二产业发展处于快速增长阶段。此外，郑州市、周口市、新乡市、洛阳市、许昌市、济源市的第二产业发展速度也较快。在 2010—2018 年的中原城市群第三产业发展中，许昌市以年均增长率涨幅 21%处于第一名，周口市、漯河市、鹤壁市以年均增长率涨幅 17%处于前四名，说明在此期间 4 个城市的第三产业处于快速发展的阶段，郑州市、洛阳市、新乡市、焦作市、商丘市、济源市等市以年均增长率涨幅 16%位于第三梯队，可以看到，各个城市第三产业增长速度总体趋于一致。2018 年郑州市第三产业值为 5545.53 亿元，洛阳市第三产业值为 2336.12 亿元，产值总量位居中原城市群的第一、第二位，新乡市 1091.2 亿元、许昌市 1047.35 亿元、周口市 1025.6 亿元、商丘市 1019.57 亿元分列第三、第四、第五、第六位，其他城市的第三产业值均在 1000 亿元以下，说明郑州市和洛阳市作为中心和副中心呈现出一定的辐射带动作用，但对其他城市的辐射作用还需加强。中原城市群第二产业的发展特征是恒定极化—加速收敛—减速收敛，总体处于收敛态势，这主要是因为受到国际经济形势的影响和我国经济结构转型的政策影响，绿色人居、环境生态与可持续发展要求高质量、高技术的工业转型，各个城市处于转型阶段，相对发达城市郑州市具有更强的增长动力，部分城市如开封市、洛阳市、新乡市、许昌市、商丘市、济源市、周口市、晋城市、亳州市在城镇化的背景下发展较好。中原城市群第三产业呈现恒定极化—加速收敛—加速极化的态势，郑州市、洛阳市对其周边城市第三产业发展起到了一定的带动作用，郑州市和洛阳市是中原城市群第三产业发展增长量最大、最具有发展潜力的城市，许昌市、周口市、周口市、新乡市 4 个城市的 2018 年第三产业值也突破千亿元大关，位于增长较快的第二梯队。

（5）对中原城市群整体空间发展态势分析：

1）碎化指数与均匀度指数分析，中原城市群碎化指数表计算的数据显示，中原城市群在 2011—2017 年处于相对匀质的发展状态，在城市群内部，各行政单元之间处于相对均匀的发展态势，这也说明在近几年的城镇化进程中，中原城市群各个城市的自身发展都有所突破，也说明除了郑州快速发展外，洛阳市、开封市等多个城市也具有一定的带动作用，多点发展的局面对今后中原城市群的战略布局具有很好的借鉴意义，也为中原城市群多中心空间发展提供了数据支持。在进行了 2011 年、2013 年、2015 年、2017 年 4 个时间节点的均匀度计算之后，可以得出中原城市群各个城市长期处于均匀发展和相对均质的状态，这与碎化度指数计算的结果相同，进一步证实了在 2011—2017 年中原城市群中各个城市节点呈碎化发展、整体空间呈现均质发展的空间发展格局，这也为今后的发展战略提供依据，为多点布局、统筹发展、多级多核的网络化发展战略思路提供依据。

2）极核功能分析，2011—2017 年，郑州市的经济集聚力 R 值在整体上呈逐年上升的态势，隔年增长的幅度明显，2011—2015 年间郑州市相对于中原城市群其他城市发展较快，经济集聚力明显提高，在 2015—2017 年间，经济集聚力 R 值变化较少，表明郑州市与中原城市群其余城市的经济活动发展相当，郑州市的经济活动开始向周边城市辐射，但整体还是表现为较强的集聚力特征。洛阳市的经济集聚力 R 值在 2011—2017 年间整体上呈先升后降的态势，2011—2013 年隔年增长的幅度明显，洛阳市的经济活动出现强集聚现象，2013—2017 年间逐年递减，尤其在 2013—2015 年下降明显，洛阳市发展由强集聚转向辐射外溢，显示出洛阳市对周边城市具有一定的带动作用。2015—2017 年减幅较少，仅有 0.07，显示其向外辐射扩散的趋势还不够明显，带动作用还需提升。郑州市和洛阳市作为中心城市和副中心城市，其作为中原城市群核心增长极的带动与辐射作用还需要加强，放在整个中原经济区的尺度和视野下重新审视，郑州市和洛阳市目前还处于自身加快集聚力的发展阶段，需要增强中心极核效应，以较高的经济集聚力形成较大的辐射与拉动效应，这也从另一个角度说明，中原经济群的其他城市应该结合自身优势，大力发展地区间的协作，早日形成多点多核的经济网络，统筹发展，共同发展。

（6）基于产业分析的多中心网络化空间格局研究，从产业集聚区、产业空间演变、经济联系强度、人均 GDP4 个角度进行分析：

1）在产业集聚区发展中，多个城市均出现较好的发展趋势，以规模以上工业主营业务收入作为依据。可以看出，目前中原城市群在空间发展上出现多点多极网络化发展趋势，以郑州市、许昌市、洛阳市、焦作市、南阳市，周口市、信阳市、新乡市这 8 个城市更为突出。中原城市群各个城市形成电子信息、汽车及零部件、装备制造、有色金属、生物制药、能源化工、食品加工、纺织服装、节能环保等产业集群。

2）产业空间演变方面，在第二产业占城市群 GDP 比重方面，中心城市郑州市与洛阳市位于最高等级，第二梯队城市按照 GDP 比重从高到低的顺序分别是许昌市、菏泽市、邯郸市、聊城市、南阳市、焦作市，第三梯队城市包含周口市、新乡市、安阳市、平顶山市。可以看到，第二产业产值城市出现围绕郑州、洛阳聚集、并从中心向外扩散延伸的态势，在空间分布上，呈现沿西南向东北，由中心向边缘扩散的态势，中原城市群极核作用已经得到明显体现，周口市在连续的产业发展中表现突出，完成两次梯队升级，发展迅猛。第三产业空间结构演进分析方面，郑州市、洛阳市、邯郸市、南阳市、菏泽市、聊城市等多个城市均有较大的提升，位于第一梯队，此外开封市、平顶山市、焦作市、商丘市、信阳市、邢台市、周口市、驻马店市，这些城市第三产业增速非常明显，区位上位于郑州南侧、南阳东侧，中原城市群的中南部地带，体现了中心城市的拉动作用。

3）经济联系强度方面，郑州市、开封市、洛阳市、平顶山市、新乡市、焦作市、许昌市的经济发展形成大的经济极核区域空间，而这些城市之间的经济联系依赖度也最高，这与中原城市群发展规划的大都市区与联动城市范围具有一致性。除了洛阳市与经济强度最高外，经济强度较高的城市还有济源市、焦作市、平顶山市。

4）基于人均GDP空间结构演进可以分析出中原城市群当前出现多中心空间格局，中原城市群人均GDP发展水平较高的城市整体集中在两个区位，一是聚集在洛阳-郑州-濮阳的城市带上，一是东南角位置。第一梯队的城市有郑州市、济源市、洛阳市，第二梯队的城市有新乡市、濮阳市、淮北市、三门峡市。

总体而言，经过多方面的对比研究，中心城市郑州市在中原城市群的发展中具有较强的牵引带动作用，副中心城市洛阳市对中原城市群的发展中具有一定的带动发展作用，相对来说具有一定的地域局限性，因此在中原城市群的尺度范围内，增加多个极核城市显得尤为必要，多点多核的网络格局更有助于整体的全面提升，在经过多方对比可以看出，从北向南依次有邯郸市、新乡市、许昌市、南阳市发展较快，从东向西有洛阳市、周口市、商丘市、淮北市发展基础较好，以郑州市为核心，其周围新乡市、许昌市、焦作市、开封市、济源市等城市已经形成较大的经济核心——郑州大都市区及联动扩散区域，由此，多个层级，多个圈层的发展将更有效地提升中原城市群整体的发展。

4.1.2 多核网络化空间布局基础

1. 郑州大都市区规划

（1）基本情况。

郑州大都市区范围是中原城市群发展规划中重点提出的空间布局规划策略，包括河南省的郑州、开封、新乡、焦作、许昌5座地级市，联动城市包括洛阳、平顶山、漯河、济源等市，以郑州为核心，增强其对外开放、强化其物流和商贸中心、提升其交通枢纽功能、建设多项国家级经济试验区（如郑州航空港经济综合试验区、河南自由贸易试验区、跨境电子商务综合试验区、郑洛新国家自主创新示范区等），建设城市群一体化的高效发展格局。

（2）空间布局结构。

郑州大都市区规划的主要空间布局结构可以归纳为“一核、四轴、三带、多点”，一核是指由郑州主城区、航空港区、开封主城区等共同组成的核心区域，是大都市区的经济发展引擎；四轴是指两个发展主轴和两个联系廊道，两个发展主轴分别是南北向区域发展主轴、东西向区域发展主轴，两个联系廊道分别是郑州—焦作功能联系廊道和开港登功能联系廊道；三带是指三个文化带，依托自然山水与田园风光，构建黄河生态文化带、嵩山—太行山区生态文化带、农区田园生态文化带；多点是指在空间布局上融合点状空间地块，如次中心城市、新兴增长极、重点镇、特色小镇、核心功能节点、魅力休闲区、合作示范平台等，进行多中心网络化的体系构建，形成大都市区的功能主体。

区域发展架构上，呈现米字型交通规划，以两个发展走廊和四个发展轴线作为发展架构。两个发展走廊一个是依托新乡—郑州—许昌等城市形成的国家京广综合发展走廊，以技术创新、先进制造业、高端服务业等方面的产业优势形成产业聚集区，促进京广沿线城市发展，进而带动制造业的发展与人口集聚；另一个是国家陇海文化与能源通道走廊，以郑州、开封作为依托，沿一带一路建设区域，统合洛阳、商丘，优化沿线交通功能，对接连云港海运功能，联动关中城市群，对接西安，实现对外开放、文化旅游等功能聚集。四个发展轴线分别是郑太发展轴线、郑渝发展轴线、郑合发展轴线、郑济发展轴线，其中郑太发展轴线是指依托郑州—焦作两个城市，联合中原城市群东南部长治、晋城等城市，一方面进行经济转型与绿色发展，一方面加强能源产业的统筹协调，结合南太行地区的生态保育、文化交往与旅游休闲产业开发，进行轴线发展；郑渝发展轴线上共涉及平顶山市、南阳市、襄阳市等城市，一方面带动秦巴山集中连片贫困区脱贫致富，另一方面加强生态环境保护，严格控制丹江口水库周边及南水北调干渠沿线地区的建设活动；郑合发展轴线是对中原城市群中南部区域主要城市周口市、阜阳市等进行新型城镇化建设，在加强与长三角地区的经济合作的基础上，利用产业升级与科技创新带动大别山贫困区致富；郑济发展轴线注重河南与山东两省的经济和文化联系，在产业互补合作的基础上，一方面推进豫北—鲁西南农区的经济发展，一方面构建具有地域文化特色的华夏文化高地。

2. 中原城市群发展规划

中原城市群发展规划主要从空间布局结构和生态网络构建两个方面进行梳理。

（1）空间布局结构，可以概括为构建一个郑州大都市区、建立四个发展主轴和一个城镇协同发展区。

1）郑州大都市区。支持郑州建设国家中心城市，加快郑州航空港经济综合实验区、郑洛新国家自主创新示范区、河南自由贸易试验区和跨境电子商务综合试验区建设，强化物流及商贸中心、综合交通枢纽和中西部地区现代服务业中心、对外开放门户功能，全面增强国内辐射力、国内外资源整合力。

推动郑州与开封市、新乡市、焦作市、许昌市四市深度融合，建设现代化大都市区，进一步深化与洛阳市、平顶山市、漯河市、济源市等城市联动发展。主要发展轴带，依托“米”字形综合交通网络，增强沿线城市辐射带动能力，促进大中小城市合理分工、联动发展，打造特色鲜明、布局合理的现代产业和城镇密集带。

2）沿陇海发展主轴。发挥陆桥通道优势，提升郑州市、洛阳市、开封市、三门峡市“一带一路”建设重要节点城市功能，增强运城市、商丘市、淮北市、宿州市、菏泽市等沿线节点城市经济人口承载能力，联合打造电子信息、汽车及零部件、装备制造、有色金属、生物医药、能源化工等产业集群，形成具有较强实力的先进制造业和城镇集聚带，强化对新亚欧大陆国际经济走廊的战略支撑作用。

3）沿京广发展主轴。依托京广通道，发挥郑州市的辐射带动作用，提升邢台市、邯郸市、安阳市、鹤壁市、新乡市、许昌市、漯河市、驻马店市、信阳市等城市集聚能力，引导食品加工、高端装备制造、生物医药、精品钢铁、电子信息、节能环保、现代家居等产业加快集聚，打造沟通南北的城镇产业密集带，密切与京津冀、长江中游城市群等的联系。

4）济南—郑州—重庆发展轴。依托郑（州）济（南）、郑（州）万（州）高速铁路建设，加速形成综合运输通道，强化聊城市、濮阳市、平顶山市、南阳市等节点城市和沿线中小城市支撑作用，培育发展装备制造、能源化工、特色轻工等产业，形成对接成渝城市群、沟通山东半岛城市群的城镇发展带。

5）太原—郑州—合肥发展轴。加快郑（州）合（肥）、郑（州）太（原）高速铁路、跨区域高速公路和城际快速通道建设，推动长治市、晋城市、焦作市、济源市、周口市、阜阳市、蚌埠市等城市扩容提质，加快装备制造、纺织服装、食品加工、生物医药、汽车及零部件等产业集聚发展，构建连接长江三角洲城市群、山西中部城市群的城镇和产业集聚带。

6）城镇协同发展区。突破行政壁垒，创新体制机制，促进省际相邻城市合作联动，加快构建跨区域快速交通通道，优化产业分工协作，推动教育、科技、文化、生态等资源共享，培育北部跨区域协同发展示范区、东部承接产业转移示范区、西部转型创新发展示范区、南部高效生态经济示范区，打造城市群新的增长区域和开放空间。

（2）生态网络构建。构筑“三屏四廊”生态网络。全面落实主体功能区战略，划定生态保护红线并实施严格管控，维护自然生态空间，着力构建以山区生态屏障、水系生态廊道、平原生态绿网为主体的生态保护格局。依托太行山、伏牛山、桐柏—大别山建设三大山地生态屏障，打造国家魅力发展区。建设南水北调中线工程、明清黄河故道、淮河、黄河等四条河流水系生态廊道，统筹推进流域综合治理、沿线防护林带建设、自然保护区建设和旅游产业开发，打造水系生态景观带。大力推进城镇绿化和农田林网建设，改造城市群交通干线两侧绿化带及城镇绿化隔离带，构建以区域绿道、城市绿道、社区绿道为主体的城市群绿道体系。

1）山地生态屏障。

a. 桐柏—大别山生态屏障。强化生物多样性维护、水源涵养、水土保持、草地保护、洪水调蓄等生态功能，严格控制开发强度，加大退耕还林还草、植树造林、恢复植被、封育草地和涵养水源等工作力度，加强水土流失控制，保护濒危野生动植物和生物多样性。

b. 伏牛山生态屏障。强化生物多样性维护、水源涵养、水土保持、草地保护、农产品和矿产资源提供等生态功能，实施矿区生态恢复，严格产业准入环境标准，因地制宜适度发展旅游业、农林牧业和观光休闲农业，加强自然保护区、风景名胜区、森林公园、湿地公园、地质公园等保护与监管。

c. 太行山生态屏障。强化生物多样性维护、水源涵养、农林产品提供等生态功能，严格控制开发强度，加大水土保持和植树造林力度，科学适度发展旅游业，控制农业面源污染。

2）河流水系生态廊道。

a. 南水北调中线生态廊道。严格控制开发强度，加强环库区及干渠沿线生态综合防治和宽防护林带、高标准农田林网建设，建成中线工程渠首水源地高效生态经济示范区，建成集景观、经济、生态和社会效益于一体的生态保护带。

b. 黄河中下游沿线生态廊道。加强沿线防护林带、自然保护区建设，科学规划建设沿线坝堤、人行步道和绿化带等基础设施网络，在符合有关法规和黄河防洪规划要求的前提下，合理发展旅游、种植等产业，打造集生态涵养、水资源综合利用、文化旅游、滩区土地开发于一体的复合功能带。

c. 明清黄河故道生态廊道。加强沿线湿地保护修复和生态防护林建设，推动特色农业、旅游与生态一体化发展，建设横贯黄淮平原的生态文化旅游廊道。

d. 沿淮生态经济廊道。强化流域综合治理，严格控制水污染排放总量，完善淮河流域防护林草体系，加强淮河源头区、水源涵养区、湿地等保护与修复，推动淮河沿线生态建设一体化，建设上中下游协调发展的生态经济带。

4.1.3 多核网络化空间发展探析

1. 中原城市群空间布局

中原城市群发展规划在空间发展建构中以郑州市为中心城市，以洛阳市为副中心城市，以开封市、新乡市、焦作市、许昌市作为大都市区，打造具有较强辐射能力和综合服务功能的大都市空间体系。建设区域中心城市，支持长治市、邯郸市、聊城市、安阳市、蚌埠市、阜阳市、商丘市、南阳市等城市建设，支持工业基础较好的漯河市、济源市等城市加快产业高端化发展，支持周口市、信阳市、驻马店市、菏泽市、运城市等传统农区城市在严格控制建设用地总量和开发边界的前提下，加快新型工业化城镇化步伐，大力发展制造业和服务业，加快人口集聚。支持平顶山市、鹤壁市、濮阳市、三门峡市、宿州市、淮北市、亳州市、邢台市、晋城市等资源型城市加快培育接续产业，实现资源开发与城市建设协调发展。

从中原城市群双核空间联系图（图 4.2）可以看到，中原城市群在空间结构上呈现双核发展牵引整体的状态，郑州对中原城市群的其他城市均有不同程度的带动作用，这一点在经济联系强度分析已经阐述过，郑州作为中心城市，对其他城市的经济联系作用凸显，这一点与中心地理论吻合，与郑州市的经济联系强度从高到低的城市依次为开封市、新乡市、焦作市、许昌市、洛阳市、平顶山市，这 6 个城市与郑州市经济联系强度均超过 30%，在空间区位上与郑州市紧邻，并且在经济发展上相对活跃，这一点与大都市区的联动城市区域吻合。随着距离的不断加大，出现经济联系强度城市转为更为近距离的城市的趋势，例如：与鹤壁市经济联系强度最高的城市为新乡市，第二位为郑州市；与漯河市经济联系强度最高的城市为周口市；与商丘市经济联系强度最高的城市为亳州市；与周口市经济联系强度最高的城市为漯河市；与济源市经济联系强度最高的城市为洛阳市；与晋城市经济联系

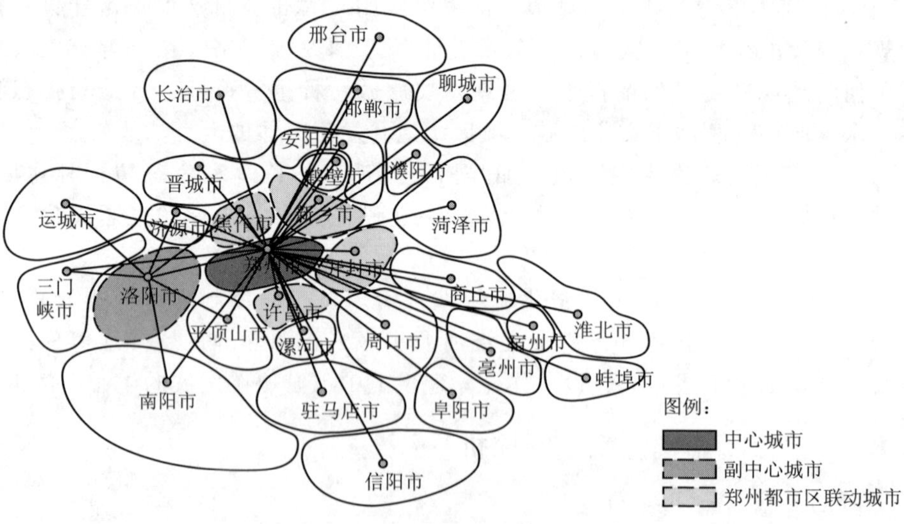

图 4.2　中原城市群双核空间联系示意图

强度最高的城市为焦作市；与亳州市经济联系强度最高的城市为商丘市，这说明在中原城市群的整体区域中，还需要加大地区中心城市的数量，争取出现多核多极网络化的发展格局，才能使中原城市群的整体经济发展得到全面提高。

此外，在中原城市群的发展演变中，伴随地区性经济发展的极差现象，也存在产业同质化等不良状态，因此需要提升产业发展，结合城市发展现状与优势，整合优势资源，进行区域协调、产业协调，争取达到中原城市群的整体式协同发展。

2. 中原城市群空间结构

如图 4.3 所示，空间结构上，中原城市群发展规划（2016 年）构建“一核、四轴、四区”的空间格局，一核是大都市区及联动发展区，四轴是依托“米”字形综合交通网络布局的现代产业和城镇密集带，分别为沿陇海发展主轴、沿京广发展主轴、沿济南-郑州-重庆发展主轴、太原-郑州-合肥发展主轴；四区是指北部跨区域协同发展示范区、东部承接产业转移示范区、西部转型创新发展示范区、南部高效生态经济示范区。

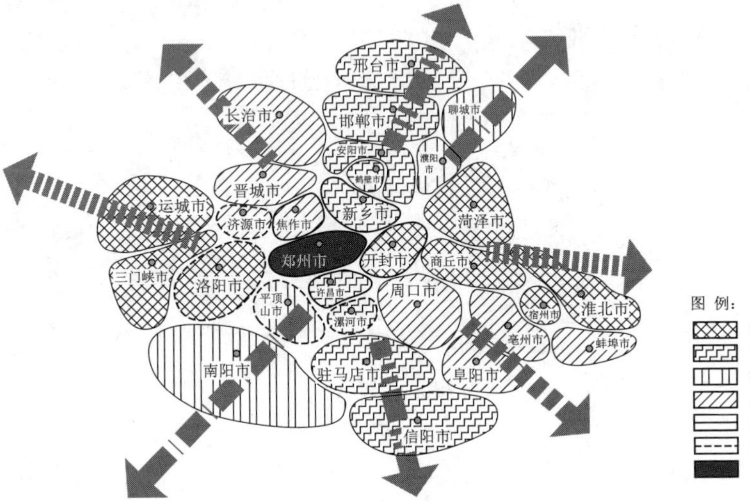

图 4.3　中原城市群双核空间结构图

3. 中原城市群交通信息网络

(1) 中原城市群交通网络。中原城市群建设现代交通综合系统，在对外交流上改进航空网络通达性，提升郑州新郑国际机场区域枢纽功能，依托国家铁路网、公路网、内河航运等项目建设，全面建成“米”字形高速铁路网，推进“四纵六横”货运干线铁路建设。如图 4.4 所示。

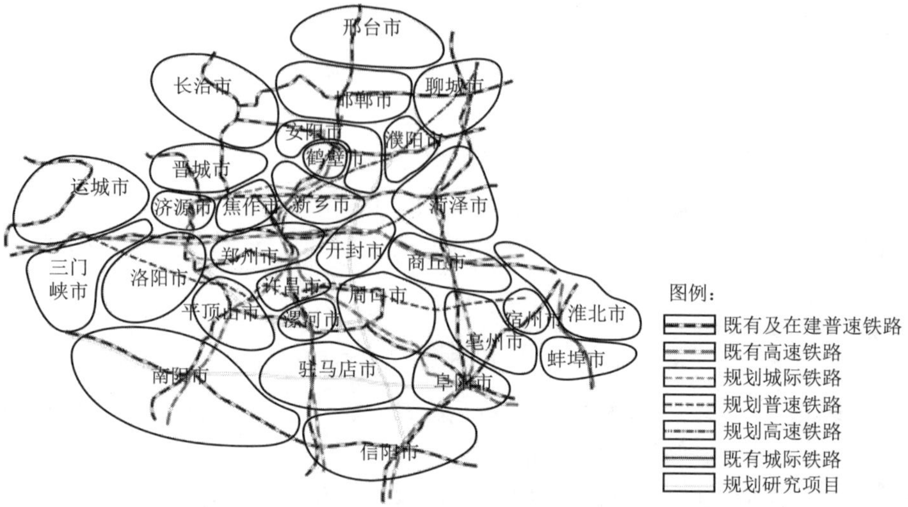

图 4.4 中原城市群铁路交通网络示意图

完善城市群城际交通网络，打造郑州市大都市区交通网，拓展综合交通枢纽功能，将洛阳市建设为全国性枢纽，增加阜阳市、菏泽市、商丘市、南阳市、安阳市、许昌市等区域性枢纽（图 4.5），建设地区性枢纽，形成层次明晰的现代综合交通枢纽体系，结合智慧交通、大数据等现代信息技术，提升运输服务水平。

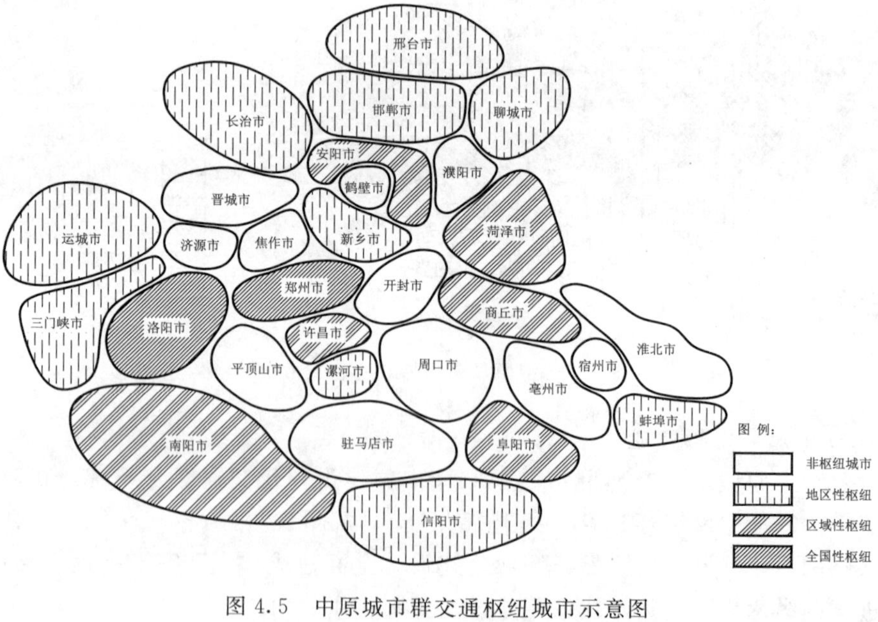

图 4.5 中原城市群交通枢纽城市示意图

(2) 中原城市群信息网络建设。构建高效的信息网络系统，加强信息网络设施建设，发挥郑州国家级互联网骨干直联点综合带动作用，高效疏通河南省、山东省、山西省、安徽省等省网间流量。推进信息资源与服务共享，推进郑州市、洛阳市国家级大型数据枢纽建设，完善网络安全保障体系，建设信息化重点工程，包括信息基础设施能力提升工程、智慧城市群建设工程、大数据发展工程、电子商务创新发展工程、“互联网+”行动、信息安全保障工程。

信息基础设施能力提升工程中重点加快宽带中国示范城市建设（图 4.6）和光网建设，形成“陆、空、天”一体化的城市信息基础设施体系。智慧城市群建设工程在开展智慧城市试点（图 4.7）的基础上，在区域信息服务一体化、物联网建设、地理信息数据全覆盖和交换共享方面进行多角度建设。在电子商务创新发展工程方面，加快中国（郑州）跨境电子商务综合试验区建设；支持郑州市、洛阳市、菏泽市（图 4.8）等国家电子商务示范城市建设；聊城市等地区符合条件的企业可按规定申请设立保税物流中心（B 型）[1]。

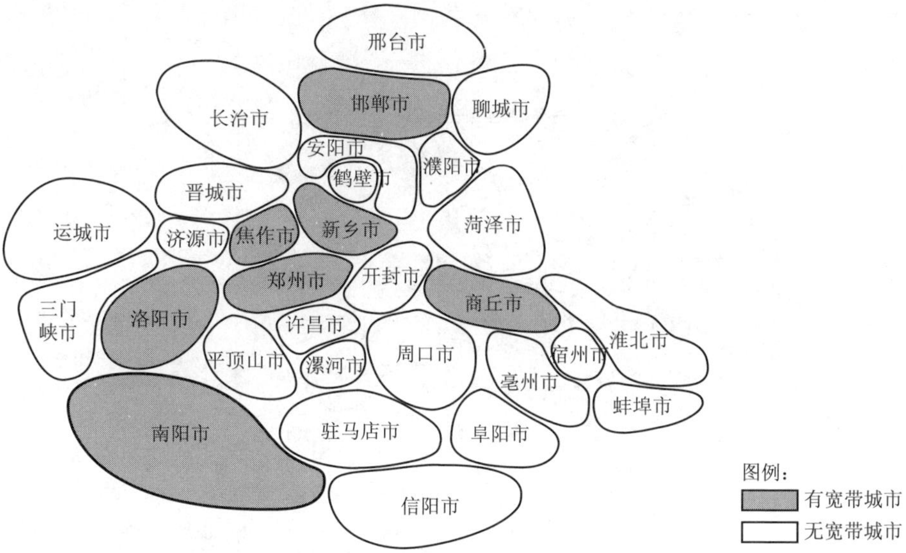

图 4.6　中原城市群宽带建设空间分布示意图

[1] 保税物流中心是指封闭的海关监管区域并且具备口岸功能，分 A 型和 B 型两种。A 型保税物流中心是指经海关批准，由中国境内企业法人经营、专门从事保税仓储物流业务的海关监管场所；B 型保税物流中心是指经海关批准，由中国境内一家企业法人经营，多家企业进入并从事保税仓储物流业务的海关集中监管场所。

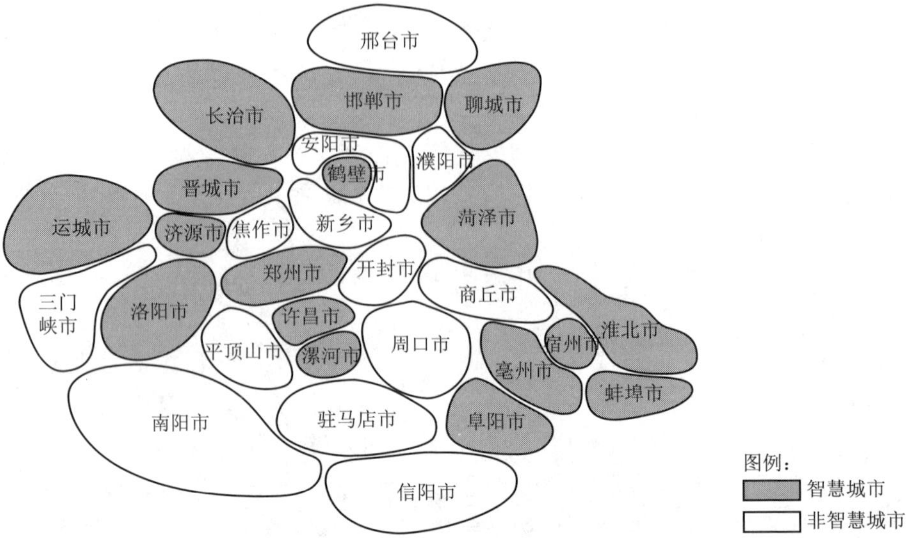

图 4.7　中原城市群智慧城市建设工程分布示意图

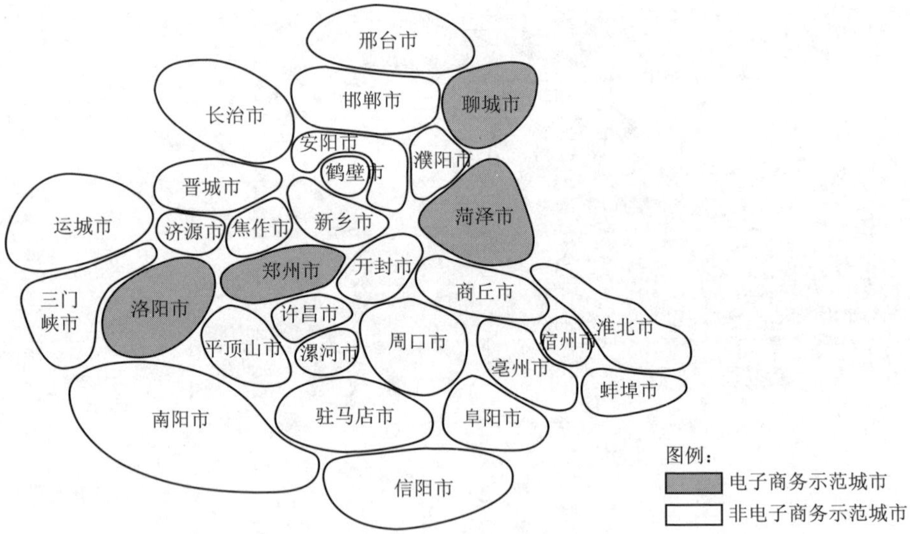

图 4.8　中原城市群电子商务示范城市图

4. 生态环境可持续发展底线

在经济发展的同时应该重点关注中原城市群生态环境，目前在水环境、大气环境质量、生态空间等方面不容乐观，中原城市群发展规划（2016 年）从共筑生态屏障、推进环境共治、建设绿色城市 3 个方面进行生态环境保护共治。共筑生态屏障部分包括共筑生态屏障、建设重点生态功能区、加强生态修复保护 3 个层面，建设三屏四廊生态网络建设工程。推进环境共治部分包括推进大气污染治理、加强流域水污染治理、推动土壤污染防治 3 个层面。建设绿色城市部分包括提高城市资源利用效率、发展城市循环经济、推动城市绿色低碳发展 3 个层面。宏观的结构框架已经建立，需要在框架的指导下，具体落实指导建设的专项规划，进行相关建设理论的研究。

4.2 中原城市群多核网络化空间优化

4.2.1 多核网络化空间构建思路

中原城市群的多核网络化空间模式构建，要在分析城市群人口、产业、交通信息等演化过程的基础上，进行多维度的测度与分析，辨析中原城市群发展的空间结构问题，以问题为导向进行梳理，确定中原城市群多核网络化的空间结构。具体的多核与网络层级确认，需要以城市的现实状态和资源优势为前提，以更为广阔的空间范围为尺度，以远期的经济发展愿景为目标。具体落实有哪些作为多核的城市，需要先梳理中原城市群的社会与经济发展。

(1) 通过首位度可以发现，虽然中心城市郑州市在 2018 年人口规模突破 1000 万人成为超大城市，副中心洛阳市在 2018 年人口规模 689 万人成为特大城市，但是通过研究郑州市在中原城市群的发展定位，发现两城市首位度、四城市首位度和十一城市首位度与理想值均有一定差距，说明郑州的中心城市地位还有待提高，在人口规模、经济带动力与辐射能力上还需要加强。副中心洛阳市对于周边城市具有联动效用，但对于稍远的城市，其辐射能力仍有不足，因此中原城市群需要加大极核牵引力，为此中原城市群发展规划(2016 年) 给出大都市区概念，深度融合郑州市、开封市、新乡市、焦作市、许昌市，建设现代化大都市区，加强中原城市群的极核作用。通过经济发展空间演化分析可以得出，伴随各地经济的活跃与产业集聚区的蓬勃发展，一些核心城市呈现对劳动力的吸纳能力，以郑州市为例，2018 年城镇化率为 69.69%，郑州市常住人口的平均增长率较高，形成城市人口的马太效应，洛阳市、焦作市等城市的城镇化率也较高，人口向核心城市集中的趋势仍在持续。中原城市群总体呈碎化式发展状态，GDP 发展呈现历史延续性和稳定性，市域 GDP 比值处于增长的城市有郑州市、开封市、许昌市和周口市、亳州市，市区 GDP 比重值处于增长趋势的有郑州市、洛阳市、开封市、新乡市、许昌市，人均 GDP 较高城市分布在以郑州和洛阳为中心的区域，聚集于中原城市群的中部，包括新乡市、三门峡市、许昌市、濮阳市、鹤壁市、晋城市、平顶山市、漯河市、焦作市。而在中原城市群的南部区域是中原城市群的经济凹地，集聚人均GDP值均处于整个中原城市群的下半段的城市，包括周口市（第27名）、商丘市（第28名）、亳州市（第29名）、阜阳市（第30名）、驻马店市（第25名）、菏泽市（第22名）、宿州市（第24名）。这说明一方面南部区域需要极核城市的带动与牵引，需加大经济牵引和增加经济动力，另一方面也显示了郑州市与洛阳市虽然对于周边城市的极核带动作用明显，但是对于相对较远的区域其辐射能力和带动牵引作用有限，所以规划思路为建立地区级的中心城市，增加经济牵引核心，以达到南部区域的提升与快速发展。中原城市群第二产业和第三产业的发展呈现稳定发展、极化明显的趋势，产业分工明显，产业集聚区发展迅速。第二产业方面，郑州市、洛阳市第二产值占比最高，许昌市、焦作市、周口市、新乡市在中原城市群第二产业的发展中在总量和占比上均较靠前，成为地区性中心城市中最具潜力的城市。第三产业方面，郑州市、洛阳市优势明显，新乡市、许昌市、商丘市、周口市、平顶山市、开封市、焦作市等城市也是中原城市群第三产业的中坚力量，这为候选地区性中心城市的最具潜力的城市奠定基础。中原城市群各个城市节点呈现碎化式发展特征，整体空间呈现均质发展的空间发展格局，从区域网络化的角度，新乡市、焦作市、许昌市、济源市、平顶山市、开封市均位于郑州周边，是大都市区的联动城市。面对中原城市群南部经济低凹的现状，应该增加南部地区级中心城市，一方面是由于中原城市群南部区域较中心城市较远，另一方面是由于中心城市郑州市的经济牵引与辐射能力还在发展中，而周口市与商丘市最具备地区级中心城市的特征，这对于促进南部区域经济发展具有重要意义。

（2）从产业空间的演变与经济集聚联系的角度可以看出，2011—2017年，郑州市的经济集聚力 R 值整体呈逐年上升的态势，隔年增长的幅度明显，总体上，郑州市与中原城市群其余城市的经济活动发展相当，郑州市的经济活动开始向周边城市辐射，但整体表现为较强的集聚力。洛阳市的经济集聚力 R 值在2011—2017年整体上呈先升后降的态势，显示出洛阳市对周边城市具有一定的带动作用。在整个中原经济区的尺度和视野下重新审视，郑州市和洛阳市目前还处于加快集聚力的发展阶段，需要增强中心极核效应，以较高的经济集聚力形成较大的辐射与拉动效应。从第二、第三产业空间演变分析，近9年来，中原城市群的第二产业发展中，晋城市和亳州市的年平均增长率涨幅位居前两名，其次是郑州市、周口市、新乡市、洛阳市、许昌市、济源市。在2010—2018年的中原城市群第三产业发展中，许昌市以年均增长率涨幅21%处于第一名，周口市、漯河市、鹤壁市以年均增长率涨幅17%处于前四名。第三产业产值方面，2018年郑州市第三产业值为5545.53亿元，洛阳市第三产业值为 2336.12 亿元，产值总量位居中原城市群的第一、第二位，新乡市以 1091.2 亿元、许昌市以 1047.35 亿元、周口市以 1025.6 亿元、商丘市以 1019.57 亿元分列第三、第四、第五、第六位。在第三产业增长量方面，郑州市和洛阳市是中原城市群第三产业发展增长量最大、最具有发展潜力的城市，许昌市、周口市、商丘市、新乡市 4 个城市的 2018 年第三产业值也突破千亿元大关，处于增长较快的第二梯队。可以看出，晋城市和亳州市的经济发展增速较快，而周口市、商丘市在经济发展方面具有一定的产业优势，具有作为地区级中心城市的发展潜力，对带动中原城市群南部区域的整体发展具有积极意义。

(3) 从产业集聚与交通信息网络建设的角度分析，以规模以上工业主营业务收入作为依据，可以看出，郑州市、许昌市、洛阳市、焦作市、南阳市，周口市、信阳市、新乡市这 8 个城市更为突出，形成电子信息、汽车及零部件、装备制造、有色金属、生物制药、能源化工、食品加工、纺织服装、节能环保等产业集群。在第二产业占城市群 GDP 比重方面，中心城市郑州市与洛阳市位于最高等级，第二梯队城市按照 GDP 比重从高到低的顺序依次是许昌市、菏泽市、邯郸市、聊城市、南阳市、焦作市。第三梯队城市包含周口市、新乡市、安阳市、平顶山市。第二产业产值城市出现围绕郑州市、洛阳市聚集、并从中心向外扩散延伸的态势，在空间分布上，呈现沿西南向东北，由中心向边缘扩散的态势，周口市在连续的产业发展中表现突出，完成两次梯队升级，发展迅猛。第三产业空间结构演进分析方面，郑州市、洛阳市、邯郸市、南阳市、菏泽市、聊城市等均处于第一梯队，还有一些城市（如开封市、平顶山市、焦作市、商丘市、信阳市、邢台市、周口市、驻马店市）的第三产业增速非常明显。以人均 GDP 空间结构演进来看，中原城市群发展水平较高的城市整体集中在两个区位，一是聚集在洛阳—郑州—濮阳的城市带上，一是东南角位置。总体来说，邯郸市位于中原城市群的北部，开封市、平顶山市、焦作市等城市是大都市区范围的城市及联动城市，周口市、商丘市在区位上位于中原城市群的中南部地带，中原城市群在空间发展上出现多点多极的发展趋势。

梳理以上分析，可以总结出 3 点：①强核，加强郑州中心城市与洛阳副中心城市的极核作用；②多核，增加多核经济发展地区性中心城市，结合多角度分析，确立北部邯郸市、晋城市，南部周口市、商丘市作为地区级中心城市；③网络化，城市间的经济沟通需要交通系统的支撑与信息技术为载体的信息交流，大力发展交通与互联网信息网络建设，是必不可少的基础设施。

除此以外，在进行经济建设的同时，关注可持续的生态环境的保护与发展同样具有重要意义，结合中原城市群发展规划（2016 年）的生态环境建设，在进行生态网络构建的同时，大力推进城镇绿化和农田网林建设，改造城市群交通干线两侧绿化带及城镇绿化隔离带，构建以区域绿道、城市绿道、社区绿道为主体的城市群绿道体系。因此，加强中原城市群整体的生态环境保护，需要进行不同层级绿道建设，以自然山水格局作为依托，加强区域绿道、城市绿道、社区绿道建设。

4.2.2 多核网络化空间格局优化

在进行多角度空间构思的前提上，建构中原城市群多核网络化空间布局，设立地区级中心城市周口市、商丘市，从人口规模、经济发展、产业集聚、交通信息等方面进行梳理组合，对中原城市群的发展规划进行有益的补充。

1. 中原城市群多核网络化空间布局

（1）强中心：强化中原城市群核心区主导作用，以郑州市为中心城市，洛阳市为副中心城市，以郑州大都市区位核心，加强对于中原城市群的整体极核作用（图 4.9）。

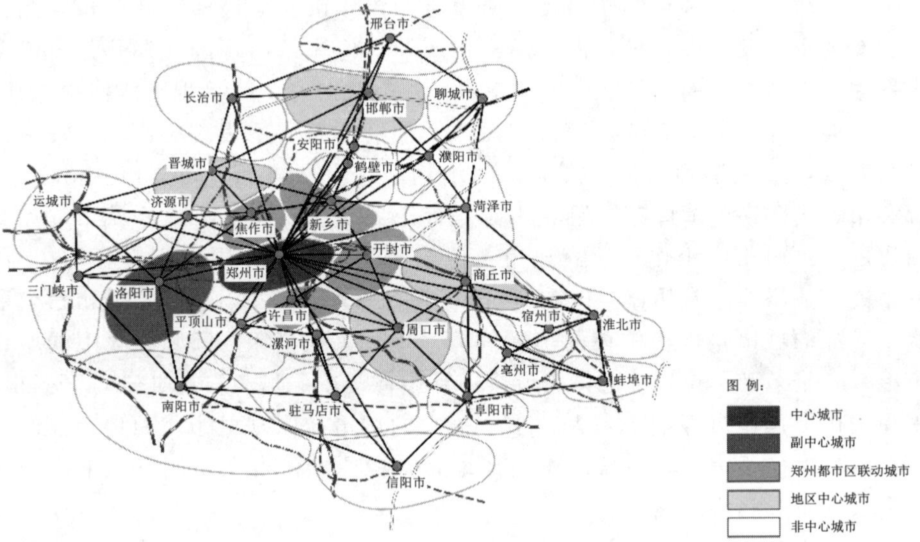

图 4.9 中原城市群多核网络化空间联络图

（2）多核心：增加地区中心城市的数量，在经济发展相对较缓慢的区域依据产业发展情况，交通枢纽位置等因素进行地区中心城市的选取，在原有核心城市基础上，选取邯郸市、晋城市、周口市、商丘市为地区级中心城市，注入新兴产业，引入多项交通与互联网基础设施建设，提升城市等级，进行产业结构调整与升级，大力支撑中原城市群的整体发展与平衡，在提升中心城市的经济产业能力基础上，对中原城市群北部与南部地区进行极核带动。

（3）网络化：加强中原城市群城市间的交流与联系，加强网络化的节点均好性，增加网络的均衡性，使中原城市群呈现整体快速稳定的提高。结合中原城市群道路交通规划与建设，选取商丘、邯郸这些地区性枢纽城市作为地区级中心城市的交流支撑，提升中原城市群的整体发展与建设。

2. 中原城市群多核网络化空间结构

（1）中部大都市核心区。以产业集聚为引导，创新科技为牵引，在大都市区内形成多产业融合的中心核心区，在建设中心城市郑州的基础上，强化整体在物流、商贸、综合交通枢纽及对外开放等多方面的辐射力，发挥技术创新、先进制造业、高端服务业等方面的优势基础，挖掘历史和文化资源，在大都市区内形成产业集聚、创新服务的高地（图 4.10）。

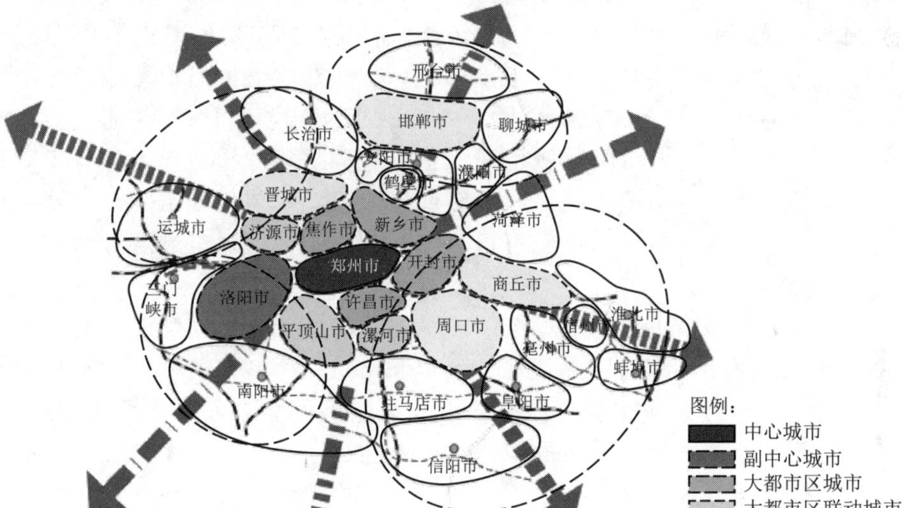

图 4.10　中原城市群多核网络化空间结构图

（2）西北经济发展特色区。在大都市区及联动区域的经济带动下，加快高速铁路、高速公路的基础建设，推动晋城地区性中心城市的经济能力，在保护生态环境的前提下大力发展、统筹协调能源产业、开发文化交往与旅游休闲产业。

（3）东北经济发展特色区。依托京广主轴通道，在大都市区的主导带动下，以邯郸等城市为地区性中心城市，联动邢台市、聊城市、菏泽市、濮阳市等城市，进行产业转型、提升产业集聚能力。

（4）西南经济发展特色区。提升一带一路建设重要节点城市的经济活力，发挥洛阳副中心的带动作用，在充分优化运用交通运输优势条件的基础上，加强国际交往、文化旅游、装备制造等互动，辐射三门峡市、南阳市、济源市、平顶山市等市。

（5）东南经济发展特色区。以平原农区经济发展与创新升级作为动力，提升周口市、商丘市等城市的地区性中心城市地位，加强商丘市、阜阳市等城市的交通枢纽交流作用，联动亳州市、淮北市、阜阳市、宿州市、蚌埠市等城市，较强产业协作，提升城镇化水平。

4.2.3 多核网络化空间生态建设

4.2.3.1 中原城市群生态网络布局

中原城市群发展规划（2016 年）在生态环境建设环节中指出，一方面要进行生态网络构建，另一方面要大力推进城镇绿化和农田网林建设，改造城市群交通干线两侧绿化带及城镇绿化隔离带，构建以区域绿道、城市绿道、社区绿道为主体的城市群绿道体系。因此，在构建生态网络时，应结合中原城市群山水地貌，进行生态底线保护，加强中原城市群整体的生态环境保护，此外还需要在具体的城市间区域层面上进行不同层级绿道建设，在各个城市进行以自然山水格局为依托的不同层级绿道建设。本节以城市间区域层级作为尺度，在对绿道空间基本单元进行界定的基础上，探讨市域层级绿道空间生态网络的构建。

以“绿环＋绿楔＋绿廊＋绿点”为基本单元的绿道空间随着空间尺度的变大不断进行复制与组合，在社区、城市和市域 3 个层级的绿道空间中，从局部到整体，从点到线到面，形成一个绿道空间网络单元，从地块到社区、到城市、再到市域，每个层级的绿道空间都包含了这 4 个基本单元，依据地形地貌、山体水系、道路交通、公园绿地、广场街角进行不同的空间组织，形成城市有机的绿道空间生态网络。

随着城市规模的不断升级与城市化水平的提高，城市绿道空间逐渐呈现网络化与多元化的发展趋势，注重区域整体生态基底的景观安全格局的构建，注重城乡结合绿道一体化的连通，也注重在平面网络铺设基础上，结合城市立体交通空间、城市高密度人群的高层社区、行政办公区等形成的立体化绿道空间的营造（图 4.11）。

1. 市域绿道空间构成要素及形态特征

城市的发展伴随着城市区域面积的增加和城市边界的不断拓展，绿道空间与市域空间在结构层面的耦合研究是对城市拓展的积极应对。与快速的城镇建设相比，自然山水、森林湿地等自然环境的变化速度较小，这些也是城

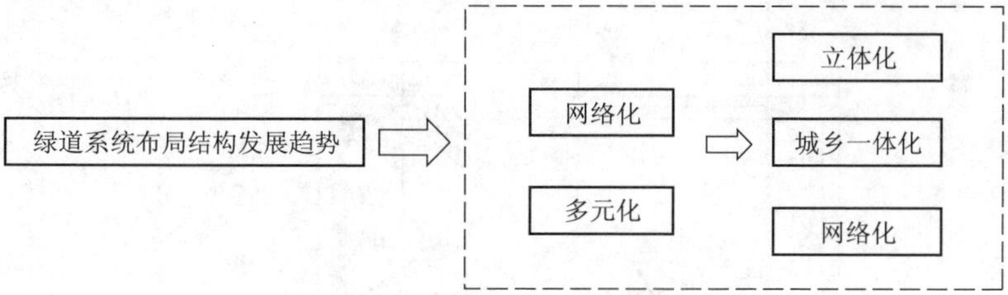

图 4.11　绿道空间生态网络发展方向

市宝贵的生态财富，不容破坏。通过绿道空间的建立，在城市发展与自然环境之间建立合理的缓冲区域，是保护城市周围生态环境的有效途径。绿道和城市空间耦合体现了生态保护和城市空间发展的平衡，耦合使得绿道规划更加主动。众所周知，在城镇化过程中，为了其他城市空间的建设，绿道空间常常被忽视，这样就会削弱城市生态平衡。在生态文明城市建设背景下，绿道空间布局既要积极响应恢复被扰动的自然生境，又要推进城市功能更新发展。

在当今城市化快速发展的背景下，绿地空间的萎缩和大片生态斑块的孤岛化、破碎化现象日趋严重，在城市市域范围内构建绿道空间生态网络具有保护生物多样性、优化景观格局的生态意义。绿道空间单元的结构组合与城市空间基底结合，构筑了不同的复杂网络结构模式，在城市市域的层级下，对应山水格局生态基底、行政划分的主次城区以及城际间的快速交通体系，也表现出不同的空间形态特征。

(1) 市域范围依托山水格局设置的生态绿环。在市域城市空间范围内，我国多存在主城区与开发新区的卫星城式发展模式，尤其对于大型区域核心城市而言，在市域范围内常会出现主副城区城市空间发展模式，主副城区之间存在社会、经济等多方面的交流与互动式发展，在这一层级下的生态绿环表现为市域范围的生态基底绿环和各城区自身的生态防护隔离绿环。生态绿环可以有效控制城市空间形态，也可以保护城市水源地，保护城市周边的开敞空间，同时形成动植物迁徙的生态廊道，有效减弱城市建成区对周边自然环境的冲击，在空间形态上倾向永久化。

市域层级的生态绿环按构成要素分为两种，一种是生态基底绿环空间，形态上依托山水格局自然地貌自然衍生而成，是维持区域生态安全格局的基础，可以保护生物多样性、动植物迁徙、提供生态栖息场所等进而维护生态系统的平衡（图 4.12）；另一种是建立在各城区之间的生态防护隔离绿环，是对建成区空间无序蔓延的有效制约，维护生态敏感地的生境营造，也是各个城区的生态基底保护空间，要建立生态分区，进行分级管理，以保护环境不被破坏（图 4.13）。

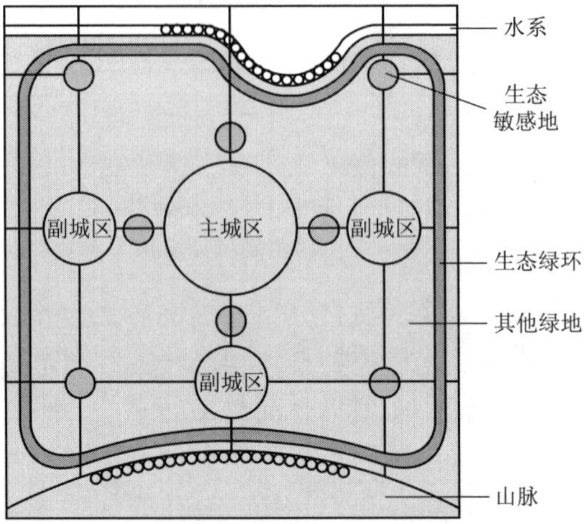

图 4.12　生态基底绿环示意图

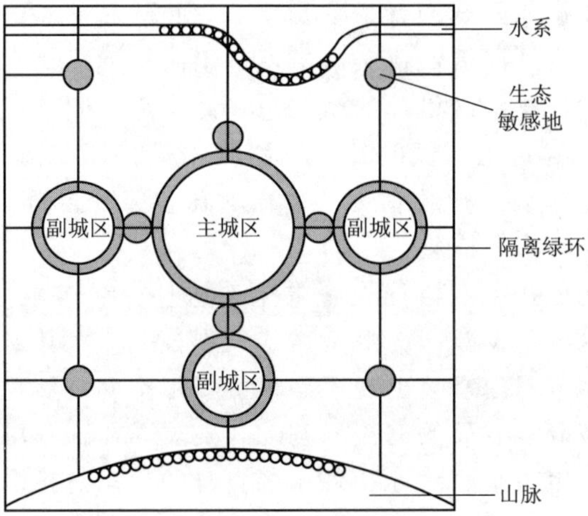

图 4.13　生态防护隔离绿环示意图

绿环空间与城市建设空间相互耦合，进而形成城区各自的绿环形态，依托城市快速路网、大型生态湿地、森林公园、水源地、防护林带等进行建设，同时严格控制生态核心保护区和生态缓冲保育区外的弹性发展区域，选择条件适宜的地块建立兼具休闲、游憩功能的城郊主题公园，以满足城市居民亲近自然的心理诉求。

(2) 生态绿楔，生态绿楔包括两个层级，分别是主城区与卫星城之间、主副各个城区外围向内渗透的楔形绿道空间。主城与卫星城之间以现有地貌的楔形绿地空间隔离，避免其在相互流通与互动发展过程中蔓延成片、无序发展，在保护自然环境如河流山体、森林公园等生态敏感区的同时，保证每个城区空间的集约化开发。此外每个城区外围的楔形绿道空间依托道路、河流及区域重大基础设施系统设置，顺应城市主导风向，对每个城区的空气交换以及缓解热岛效应起到重要作用（图 4.14、图 4.15）。

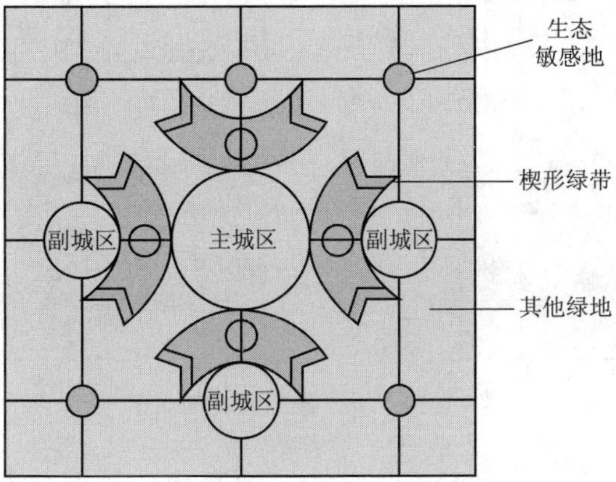

图 4.14　主副城区生态绿楔示意图

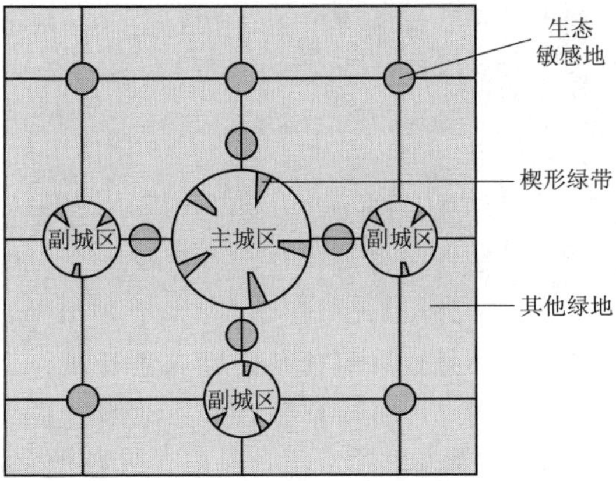

图 4.15　城区组团生态绿楔示意图

（3）生态绿廊。生态绿廊以自然要素为依托的生态廊道，必须结合自然要素本身的特点，维护其空间尺度，如以河流为廊道就需要维持河道宽度，确保水面不受到侵蚀以发挥其生态功效；以山脉为廊道就必须涵盖山体的原始尺度，保护其影响范围内的生态平衡。人工修建的生态廊道包含城郊工业污染防护林带、沿主副城区之间快速路网修建的隔离廊道以及沿滨水堤岸形成的带形绿廊等。自然与人工生态廊道共同构筑城市绿道空间的连通骨架，使城市与自然进行能量交换，维持城市生态平衡，促进城市与自然的相互融合。在市域层面，通过生态廊道串联各种自然景观，构成城市的绿脉体系，一方面形成生物栖息、迁徙的生态流通道，另一方面形成城市与自然沟通的桥梁（图 4.16）。

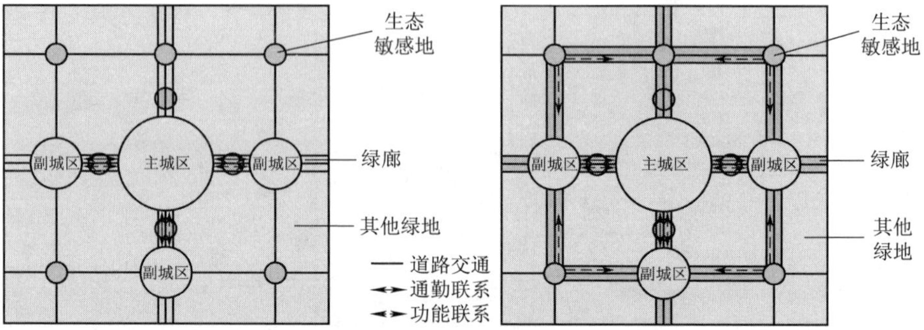

图 4.16 生态绿廊及其网络图

由于人们的通勤、游憩形成的生态廊道在中心城区与卫星城之间，多沿着道路交通、河流水体、森林公园、历史文物保护区等资源环境进行修建，使用频率较高，选线时应结合当地实际情况，结合现有地形、水系、植被等自然资源特征，避免大规模、高强度开发，在划定保护区范围的前提下，保持和完善重要的生态廊道，注重对沿线绿地空间生态功能与景观功能的共建，在加强相互连通的基础上，提高绿道网络的整体性，构建完整的绿道空间格局。

（4）生态绿心（点）。区域内自然生态绿心（点）是绿道空间体系的大型绿地斑块，对应的空间载体有水源保护区、自然保护区、风景名胜区等生态敏感地带（图 4.17）。生态节点的尺度需要多大才能有效地产生气候调节、物种生存、水源涵养等的生态效应，目前各国都在进行研究。国外城市发展区域的自然生态综合研究表明，具有森林覆盖性质的非城市建设用地斑块面积应在 $6km^2$ 以上。而国外湖泊自然生态综合研究表明，非城市建设用地中水面斑块面积应该在 $3km^2$ 以上才能维持生态系统的平衡并具有生态效益。我们要珍惜现存的自然、半自然、类自然的斑块，维护斑块规模，保护其健康可持续的环境，才能真正创造宜人的生态人居。

2. 市域绿道空间组合模式

绿道空间形态随着城市空间的不同而变化，绿道空间单元中绿地斑块、绿色廊道、楔形绿地、生态绿环等生态地随着城市空间的地方特色以及具体情况不同会有一些形态变化。尤其是近年来，随着城市化进程的加剧，单中

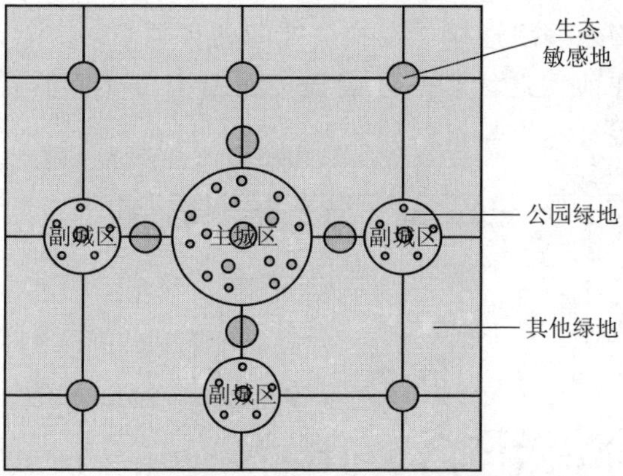

图 4.17 生态绿心模式图

心城市规模不断扩大，到一定发展阶段即会演变为相互联通的网络式布局结构，并在空间上继续发展变化，最终呈现多核中心发展形态。这种城市空间的演变是为了应对中心城区的过度集中，减少对于中心城区的过度依赖，分解单中心产生的一系列交通、经济容量等的过度负荷问题，如香港加强了新界的发展，形成略次于港九都市区的综合中心；荷兰的兰斯塔德在规划之初就确定了多中心的发展思想，是典型的多核发展城市。伴随着城市空间的发展变化，城市绿道空间也从单一中心形态逐渐发展为单一中心网络形态、多中心网络形态，进而构建有机的城市绿道空间生态网络的总体格局（图 4.18）。

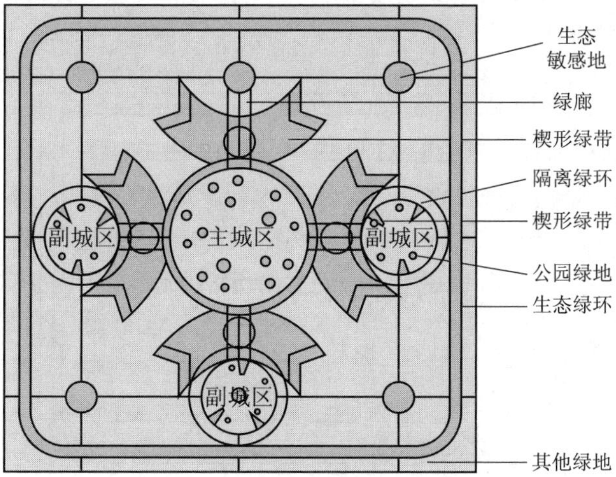

图 4.18 单中心城市空间市域绿道规划理念简图

单中心网络式城市空间更注重城市空间形态的连通与均衡性，主副城区之间以快速城际交通网络连接，在绿道空间的规划上，应做好快速路、地铁、轻轨等立体交通在前期选线和后期建设、使用中与环境的耦合，减少对自然的干扰和破坏，促进城市与自然的交融（图 4.19）。

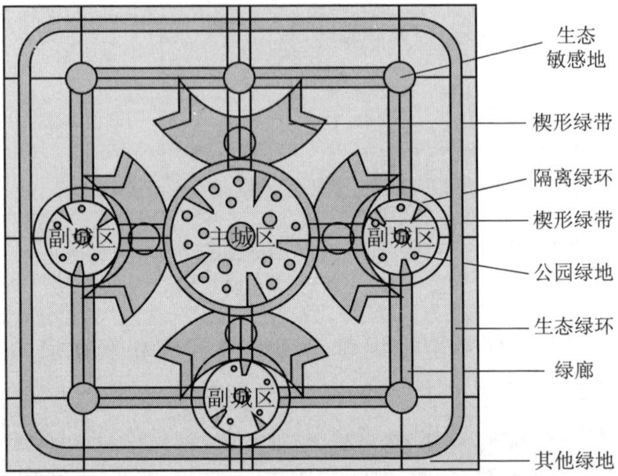

图 4.19 单中心网络式城市空间市域绿道规划理念简图

多核心城市可以满足城市功能的多元化需求，在功能上相互关联，在空间上相互独立，为了防止在中心核城市空间的发展过程中蔓延成片，各核之间应设一些分隔空间以保持各个核心的相对独立性，而各个核心之间的往来互动还需要足够的绿廊网络空间予以支持，结合城市自然地貌，营建“环廊楔点”的多层次绿道空间生态网络模式，既构筑城市景观安全基底，又为居民提供户外游憩的生态空间（图 4.20）。

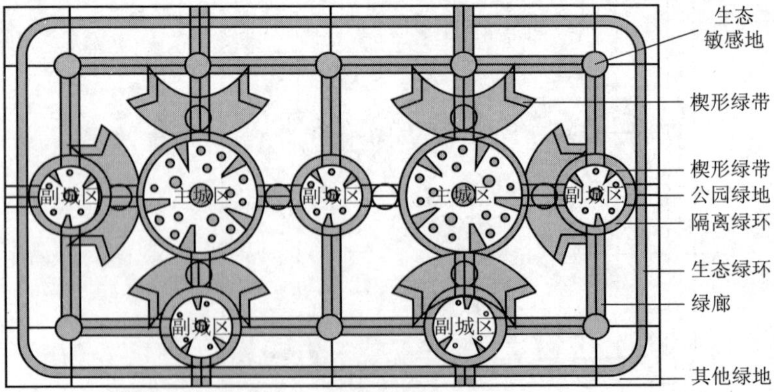

图 4.20 多核发展城市空间市域绿道规划理念简图

4.2.3.2 生态网络建设实证研究——郑州中心城区生态网络构建

1. 郑州中心城区空间结构

根据郑州都市区空间规划的结构，分析具体中心城市，可以看出，总体上郑州市中心城区正逐步形成多中心、组团式的空间布局形态，概括为“两轴八片多中心”（表4.1）。

表4.1　　中心城区城市空间结构分析表

类型	名　　称
两轴	1. 东西轴线:依托郑上路—建设路—金水路—郑开大道与中原路—东西大街—郑汴路形成中心城区东西向发展轴,作为城市空间拓展的主骨架,集聚区域和城市的主要服务职能,构成城市发展的核心区域。 2. 南北轴线:沿花园路—紫荆山路及中州大道—机场高速形成从惠济片区至航空港组团的南北向发展轴,是城市中心和外部区域的主要联系轴,也是现代城市特色风貌景观的展示轴线,未来有聚合区域性服务功能的潜在优势
八片	由主要交通干线、基础设施廊道、城市水系和绿化空间分隔,中心城区形成八大功能片区
多中心	1. 区域级中心:①郑东新区CBD,以金融、博览、会展、咨询为核心,服务于河南省和中部地区的生产性服务中心;②新郑州站枢纽中心,城市新兴商业中心,企业总部基地,区域通信与信息中心;③二七广场商业中心,区域传统商业服务业中心。 2. 城市级中心:①碧沙岗综合服务中心,市政府所在地,辐射西部城区的生活服务中心;②紫荆山综合服务中心,省政府所在地,辐射东部城区的生活服务中心;③龙湖旅游休闲中心,以宾馆酒店为主的城市旅游休闲中心;④培育中的中原西路市级行政文化中心,未来市级行政管理机构的集中区。 3. 片区级中心,以东西向城市发展轴为依托,向南北辐射,形成各片区级生活中心

2. 构建原则

结合城市空间的结构，和对郑州中心城区绿道空间潜在结构的需求分析，中心城区绿道空间的构建应遵循连接性好、均匀分布、可达性强的构建原则，体现城市绿道空间作为绿色基础设施的共享性和均好性，以环廊楔点的基本单元进行分析，延续市域绿地系统格局，突出自然资源特色，充分利用城市现有自然和人工景观带，即北部黄河湿地、南部南水北调中线工程，构建两条特色生态景观绿化带。此外，沿环城高速建立城市生态隔离缓冲区，如东部的京港澳高速公路生态防护林带，南部绕城公路防护林带和水源涵养防护林地，西部的环城高速防护林带，北部连霍高速公路和贾鲁河生态防护林地形成生态绿环。结合城郊氧源绿地分布和城市风向，在城市4个象限位置引入楔形绿带，建立通风廊道，加强城市进气与排气效能。在生态绿廊方面，还可以结合郑州市的生态廊道建设，并在核心城区加以拓延。利用东部龙湖、西部西流湖及贾鲁河水面，形成大面积湖面，共同构成中心城区的两个生态绿核；结合自然山水结构，利用城区内现有面积较大、生态效益高的城市绿地，如公园广场、城市开放空间等，结合历史文化空间（如商代遗址公园、大河村遗址公园等），结合不同城市功能片区布置大型城市公园，结合社区公园均布的网络化布局，形成多中心、组团式的城市内部绿道空间网络结构。此外，结合中心城区水系的恢复和治理，结合城市境内七条河流堤岸建设带形城市公园绿地，并将重要的城市公共空间和景观节点串联在这一滨水绿带体系之上，相互贯通的滨水绿地可体现出现代化都市的灵秀之气，使城市内外形成山、水、林、城的生态格局，凸显山水城市的历史风貌特色。

3. 生态节点分析确定

郑州市中心城区绿地中，公园绿地、森林公园、风景名胜区以及水体分布较广，是城市中生态效能的主要来源，也是人们休闲娱乐的主要场所，作为绿地生态网络的生态节点有其积极意义。研究表明，大型绿地生态性能较高、景观连接度好，是生态网络中生态节点的首选，相对而言，由于其面积大、斑块数量少，景观分离度也较高，导致物质和能量交流流通的渠道被阻碍，降低景观整体性。将大型绿地纳入生态网络中有利于提高其自身的连通性，也能够使整个城市生态网络发挥更稳定的作用。另外，中心城区的高强度开发与高密度人口导致城区内小型公园绿地较多且分布密集，特点是景观破碎度较高，景观分离度小。结合绿地分布密度，选取生态效能和使用频率较高的公园绿地，对于提高生态网络的连接度效果显著。所以在生态节点的选取上，优先选择生态效能、使用频率高、功能重要性综合水平高的节点作为主要的备选节点，并通过生态网络的网络结构模型，利用景观分析软件进行优化验证。

根据郑州中心城区的绿地空间分布特征，郑州市大型绿地斑块主要分布在：北部的黄河风景名胜区、南部结合南水北调中线工程及其南部的生态绿地、西流湖、龙湖，还有一些大型的城市公园、森林公园如植物园、世纪欢乐园、郑州国家森林公园等。结合目前郑州中心城区现状和相关规划，以中心城区的8个区作为研究范围，选择能够满足人们休闲、健身、游憩的空间场所，形成良好的高密度人居环境生态基础。目前，郑州市有风景名胜区、森林公园、公园绿地多种绿地形式，选择面积较大、生态效益显著的主要城市公园（如碧沙岗公园、西流湖公园、紫荆山公园、人民公园、龙湖中央公园、植物园等）；综合考虑地理位置、功能、绿地面积等与人口分布密度及活动关联度高的公园绿地，建立以生态保护、景观美化、满足人们游憩、健身、休闲为目标的多功能的绿道空间生态网络。

4. 生态廊道分析确定

(1) 两环三十一放射生态廊道。郑州目前已经进行的生态廊道建设有

"两环三十一放射"，两环是指郑州市三环路、四环路；三十一放射是指以三环为起点向外辐射的三十一条道路。中心城区"两环三十一放射"生态廊道形成"环形加放射"快速路网体系，两侧各按照50m绿化带进行控制，实施景观提升。

三环和四环快速化工程能有效连接城市主干路和快速路，使快速路覆盖整个中心城区，增加了快速路网的覆盖空间；吸引中心城区交通向外围环线转移，实现快速进出市区，减少车辆在中心城区的绕行，实现了市内交通和外围交通的无缝衔接。

"两环三十一放射"生态廊道在结构上以人行道和自行车道构建绿廊加漫步道体系，结合乔灌草的植物配置，进行道路遮阴和景观美化，结合公共建筑（公交港湾、绿岛加油站、公厕等）与景观小品、廊架凳椅进行廊道节点的设置，不仅满足交通通勤的需求，还能产生"公交进港湾，行走在中间，辅道在两边，休闲在林间"的景观效果。

在已知的廊道中选择适宜的生态廊道，纳入绿道生态网络体系中，连接城市中心城区独立的众多生态斑块，形成点—线—面的层级体系。

(2) 基于连接度的生态廊道建立。结合生态节点的具体位置（如城市公园、森林公园、风景名胜保护区）的功能等级进行生态节点选择的前提下，构建景观连线和生态廊道，也为城市的旅游游览路线增加选择。郑州市中心城区分布有国家级的文化名胜区，如位于管城区、二七区一带的郑州商代遗址、位于城区东北部的大河村遗址和位于惠济区的古荥汉文化遗址等；公园绿地有龙湖中央公园、西流湖公园、人民公园、碧沙岗公园等，具有较高的生态价值和景观价值，在这些相对集中的绿地空间中建立廊道联系，不仅可以提高单个斑块之间的连通性，促进城市内外的能量流交换，构建整体性较高的绿道空间网络，还能够提高人们绿色出行的几率，满足人们景观游憩的需求，促进旅游的发展，提升人们的生活质量，为郑州中心城区的绿量提升发挥重要作用。

(3) 综合考虑中心城区居住用地、商业用地、行政办公用地等人口高密度地区的分布布局，建立廊道以加强绿地斑块与人们使用频率的耦合，增加绿道空间的可达性，建立通勤、休憩、生态等多功能为一体的绿地空间，以创造良好的人居环境。

5. 绿道空间生态网络体系构建

根据图论连接度理论，建立网络生态模型，考虑每个生态节点的功能性、生态价值以及生态节点间的最短距离，与现实地形地貌结合，经过多次的比较推敲，得到3个绿道空间生态网络的规划方案，如图4.21所示。

（a）网络方案一　　（b）网络方案二　　（c）网络方案三

图 4.21　中心城区绿道空间生态网络方案图

（1）网络方案的生成与介绍。

1）网络方案一是在选取面积较大的绿地生态节点的基础上，结合市区重点的文化遗址景观区和具有较高功能性的公园绿地，构建绿道空间生态网络，相对来讲，其斑块尺度较大，生态效益较高，以郑州中心城区现状作为参考，其具有较好的连接度。

2）网络方案二是在方案一的基础上，选取与居民生活用地联系紧密、距离较近。并且与方案一中生态节点距离较近的生态节点，同时增加了中心城区公园、遗址公园等人们游憩休闲的生态节点，结合城市现有道路、河流进行整合，使生态节点之间建立流通性，进行廊道网络化连接。

3）网络方案三是在提高中心城区绿地斑块连通性的基础上进行的补充性网络结构调整，在提高连接性的基础上，增大部分行政分区的斑块密度，利用现状及潜在地貌，挖潜生态斑块，使中心城区内核外围的生态节点能够满足不同区位人们日常休闲游憩的需求；增加内核区域斑块之间的连通性，以生态廊道、河流水道附属绿地连通各个斑块，使其尽量形成闭合回路，以使网络内的斑块间可以进行高效的物质、信息和能量互换，提高绿地空间生态网络的稳定性。

（2）网络结构对比分析。廊道结构是评定整体绿道空间生态网络的合理性的重要指标，生态节点与廊道数量反映整体网络的复杂程度，在一定程度上也可以更好地反映廊道连接、分隔作用的复合程度，方案三在生态节点与廊道数量的建构上（也就是在廊道结构上）具有优势，但具体的验证还要以网络结构分析法来计算每个方案的闭合度、连接度和线点率，进行比较，进而得出网络结构较为优化的方案。

具体的计算公式为：

闭合度　　$$\alpha=(L-V+1)/(2V-5)$$

线点率 $\beta = L/V$

网络连接度 $\gamma = L/3(V-2)$

式中：L 为廊道数量；V 为节点数量。

如表 4.2 所列，在闭合度方面，方案三的数值较高，反映了在网络回路上更有利于物质、信息、能量流的流通与传递；线点率代表廊道数量与节点数量的比值，间接反映了网络的连通度，由上表可以看出方案三连通度最高；在网络连接度方面，方案三的数值为 0.574，优于方案一和方案二。综合以上的对比分析可以看出，方案三网络结构指数相对最大，说明其在连接度、连通性方面以及网络闭合、能量循环方面均具有优势。

表 4.2　　网络结构指数对比表

绿道空间生态网络方案	α 指数	β 指数	γ 指数
方案一	0.186	1.29	0.47
方案二	0.192	1.33	0.468
方案三	0.355	1.67	0.574

6. 郑州中心城区绿道空间生态网络方案及评估

(1) 景观格局分析。依据以上网络结构分析，将其形成的 CAD 图形文件导入到 ArcGIS 软件中，并转换为栅格文件格式。利用景观指数计算软件 FRAGSTATS3.3，基于栅格文件，选取相应的景观指数进行计算比较，分析 3 个网络的类型水平景观指数和景观水平的景观指数变化情况（表 4.3、表 4.4）。

表 4.3　　生态网络类型水平景观指数对比

景观指数	网络方案一	网络方案二	网络方案三
连接体数量（NC）/个	421	78	71
斑块密度（PD）/(个/km^2）	0.4187	0.0775	0.0705
最大斑块面积比（LPI）/%	2.043	10.426	9.7506
边界密度（ED）/（m/hm^2）	14.2473	19.1704	24.0209
平均斑块面积（AREA _ MN）/hm^2	14.6889	186.93	217.2261
景观形状指数（LSI）	45.9113	40.0876	48.8357
欧式最近邻体距离（ENN _ MN）/m	129.6688	179.8348	210.2067
连接度指数（CONNECT）	0.3563	2.2975	2.4938
景观分割度（DIVISION）/%	0.9995	0.9889	0.989
均匀度指数（SPLIT）	2186.922	90.0594	90.8854

表 4.4　　　　生态网络景观水平景观指数对比

景观指数	网络方案一	网络方案二	网络方案三
连接体数量（NC）/个	425	831	941
斑块密度（PD）/（个/km²）	0.4227	0.8259	0.9345
最大斑块面积比（LPI）/%	93.7845	76.3894	60.5595
边界密度（ED）/（m/hm²）	14.2473	19.1704	24.0209
平均斑块面积（AREA _ MN）/hm²	236.5597	121.0848	107.0069
景观形状指数（LSI）	13.0902	16.9401	20.7932
欧式最近邻体距离（ENN _ MN）/m	132.665	52.4665	52.4147
连接度指数（CONNECT）	0.3585	0.5992	0.7144
景观分割度（DIVISION）/%	0.12	0.4043	0.6193
均匀度指数（SPLIT）	1.1363	1.6786	2.627

根据以上表格可以看出，在斑块密度上，网络方案三为 0.9345 个/km²，高于网络方案一和网络方案二，在最大斑块面积比上，网络方案一的 93.7845%远高于网络方案三的 60.5595%，表明与网络方案一相比，网络方案三的整体景观破碎化程度有所降低，在景观形状指数方面，网络方案一的 13.0902 低于网络方案三的 20.7932，表明相应的网络复杂性有所提高，网络方案三欧式最近邻体距离最低，且景观连接度指数方面网络方案三为 0.7144，相比网络得到了明显的提高，在景观均匀度指数上，网络方案一的 1.1363 低于网络方案三的 2.627，表明多样性程度有所提高。通过以上景观指数的对比，绿道空间网络方案三在景观的连接度方面有很大的提高，在网络化及生态效能方面也有很大改善，作为郑州的绿道空间生态网络方案，具有积极意义。

（2）绿道空间生态网络结构。根据网络方案三的绿地斑块和廊道构成，结合郑州中心城区的实际情况、城市总体规划与城市绿地规划，确定最终的生态节点地理位置、边界及面积大小，以及潜在的生态廊道的路段、位置、连接等，对网络方案三进行细部校核，最终得到绿道空间生态网络结构方案。方案在以下几方面进行了优化：①提升各行政区的斑块密度，利用现状及潜在地貌，挖潜生态斑块，加大生活性生态斑块密度；②连通中心城区内部分散的绿地斑块，通过生态廊道、河流水道附属绿地连通各个绿道生态节点；③增加西南、东南片区斑块节点面积，提高中心斑块等级，建立生态中心节点，均匀中心城区生态节点空间分布密度；④核对每片公园斑块个数，以人均公园绿地作为指标，校核优化结果。最终得到的绿道空间生态网络结构为"两带三环、两核四楔、内外连通，多心均布"。

1）两带：以黄河、黄河湿地、黄河风景游览区等作为北部天然生态绿带；以南水北调中线工程及其绿色涵养林作为穿越主城区重要的生态绿带。

2）三环：内环指沿西三环、南三环、中州大道和北三环的城市健身环；中环指沿西流湖、南水北调、南四环、107 辅道和连霍北侧绿化带形成的城市休闲绿环；沿绕城高速防护绿带和黄河南岸生态绿地形成的生态绿环，共同形成中心城区的绿道骨架。

3）两核：是城市中两个较大的生态景观核心，一个是位于西部城区的西流湖公园，一个是位于东部城区的龙湖中央公园。两个公园均衡布局于城市东西城区，与城市空间格局耦合度高，对于稳定局部生态环境起到积极作用。

4）四楔：结合城郊氧源绿地分布，在中心城区东北、东南、西北、西南的四个角，结合森林公园、开场性绿地空间形成四片楔形绿地，将自然生态引入城市内部，加强城市内外的空气流通。东北角依托天然屏障黄河湿地，祭城和杨金产业园区以北的沿黄滩涂，低密度高绿化的马头岗军用机场及受其影响的禁止建设区域，打造东北片楔形绿地；东南角依托南水北调中线工程、金沙湖、潮河、潮湖森林公园、张庄森林公园、首阳山观光枣园，以及其他绿地，打造东南片楔形绿地；西北角依托黄河、黄河风景名胜区、邙岭、古荥汉文化遗址、大型市政廊道等；打造西北片楔形绿地；西南角依托南水北调中线工程、常庄水库、尖岗水库、水源保护区、樱桃沟以及其他绿地，打造西南片楔形绿地。

5）内外连通：对中心城区的路网进行生态廊道划定，结合生态节点进行有效串联，并与中区外部生态廊道进行有效结合，真正实现城内城外的生态网络有效联通。

6）多心均布：结合城市组团规模，规划多处组团绿心及郊野公园，形成绿色节点。

（3）绿道空间生态网络方案。

中心城区绿道空间网络方案强调整体性和连通性，注重突出人与城、水、绿地融为一体的生态化风貌，展现“城在林中，林在城中”的“绿城”形象，彰显古老悠久的历史文化内涵，从整体出发构筑城市生态安全。

绿道空间生态节点结合商业中心和教育科研用地、历史文化遗产用地、文化娱乐设施用地、体育场馆等具有开放性的用地类型，给予廊道建设和疏导，有利于提高高密度人居环境的生态环境质量，满足人们在周末或短期假期的休闲需求。总体布局中，将绿道空间生态网络分为中心城区、行政区、社区 3 个层级，实行均好型和公平性理念，充分考虑社区绿道层级与城市绿道的连通性，为郑州中心城区实现生态网络进行尝试。

4.3 多核网络化空间作用组织机制

中原城市群多核网络化空间作用组织机制必须走科学合理构建城市群协调发展机制的道路。一是建立中原城市群统筹管理的统一联席机构，并提升其权威性，使统一联席机构在处理中原城市群各项重大问题时有较大的话语权和处置权，主要处理跨行政区域的重大基础设施建设、生态环境保护和各类自然资源开发利用等区域事宜，做出统筹规划，有效督促规划的合理有序实施落地；二是将中原城市群联合会议讨论机制制度化、常态化，逐步引导中原城市群内部城市，通过跨各城市行政区域统筹管理机构组织并开展的基于多核网络化协作发展的联合会议，协商讨论机制的制度化、法制化建设，探索适合中原城市群多核网络化整体发展需要的常态化制度；三是在组织机制层面，构建多元化中原城市群发展网络体系，积极引导各级政府、社会群体、企业、个人等多元化主体参与到中原城市群的各项建设中，形成集民智、汇民力的组织机制体系；四是培育中原城市群优势产业，实现产业协同发展，发挥产业集聚的规模效应，既要加大吸引外部资金投资，也要扶持中原城市群各城市内部大型企业进行外部投资，结合“一带一路”、中部崛起，实现“走出去”的发展目标；五是建立适合中原城市群和其他城市群之间的，以及中原城市群内部发展的法律、法规建设，使区域性法律法规制度化、规范化，形成城市群发展的法律法规政策保障机制，突出城市群各项规划建设的法律地位；六是构筑畅通、一体化的人才流通机制。人才是促进中原城市群的协调发展、提升中原城市群综合竞争力的重要抓手，一体化的人才流动机制是一项重大的战略举措，涉及户籍政策、福利制度，聚焦薪资水平、子女教育等。发展中原城市群必须进一步发挥中心城市对人才的集聚作用，破除人才流动的藩篱，发挥各级政府和企事业单位在人才管理和运用上的主动性和创造力，完善中原城市群人才流动和保留机制建设。

4.3.1 区域合作

中原城市群区域合作分为两个层次，一是国际层面的区域合作，通过海、陆、空和互联网丝绸之路“四路”协同发展，在城市群层面加快落实“空中丝绸之路南南合作伙伴联盟”，建立互利共赢的国际区域合作新机制，充分发挥“一带一路”国际合作、中欧区域合作等区域合作机制的作用，探索建立中原城市群中欧区域经济航空、互联网经济合作中心，研究制定适用于中原城市群的国际创新产业、先进制造装备业合作长效机制。开展多式联运创新发展试点，构建中原城市群和国际互动的多式联运体系。二是深化中原城市群与其他城市，乃至省之间的区域合作。中原城市群在整体发展中，主动融入京津冀城市群，连通关中城市群，承接长三角城市群的产业转移，联合长江中游城市群，在“一带一路”建设和中部崛起、黄河流域生态保护和高质量发展战略统筹下，和周边城市群协同发展，推动建立立体交通一体化、产业协同协作、污染联防联控合作等区域合作机制。加强中原城市群各城市和北京市、上海市、广东省、湖南省、湖北省等省际战略合作，健全省际和城市之间产业、技术和资本的交流合作，推进晋陕豫黄河金三角、淮海经济区区域合作会商机制。推动中原城市群黄河流域、淮河流域、汉江生态经济带发展规划，完善流域内相关城市政府的协商合作机制，加强生态环境的区域共建共治、相关产业优势互补。

中原城市群区域合作，一是要全面审视中原城市群在国家城市群战略中的动能定位，贯彻“一带一路”、黄河流域生态保护和高质量发展等国家战略实施；全面审视中原城市群内部各城市间的功能定位，避免出现中原城市群和其他城市群之间或中原城市群内部各城市之间的过度竞争和同质化发展，实现中原城市群和其他城市群间、中原城市群内部各城市的协调发展。二是建立需求导向合作机制，充分考虑城市群各城市之间的组合关系，科学规划。各级政府在规划制定的全过程中，控制区域生产要素和各种自然资源，遵循区域合作共赢原则，综合平衡城市内部和城市之间的各种发展诉求，追求效率和公平统一的科学区域发展目标。

4.3.2 产业协作

中原城市群产业协同机制主要包括两方面内容：一是推进中原城市群在国际和国内市场中有竞争优势的主导产业，优先协作发展，并给予持续升级的发展动力，保证中原群的区域竞争力；二是通过产业协作使中原城市群内各城市联动发展，共享资源、集约利用、追求效益最大化。

中原城市群产业协作发展的具体路径有以下 4 个方面：

（1）在产业协作中突出经济引领和经济辐射作用。中原城市群发展的新经济增长极是郑州大都圈，航空港实验室区、河南自由贸易区和郑洛新创新示范区是中原城市群的重要经济引领高地，通过枢纽产业、开放产业和创新产业，引领整个中原城市群的产业分工，通过清晰的定位、有序的功能衔接，形成中原城市群产业协作、空间布局调整的基础。通过港区、自贸区和创新示范区的协同和对接建设，梳理产业协作的经验教训，推广产业联动的制度创新经验。发挥产业协作的经济叠加效应和外溢效应，强化产业协作产生的经济引领和辐射作用，打造中原城市群产业协作的催化触媒。

（2）建立中原城市群产业协作领域的协同创新机制。中原城市群各城市产业从要素推动转向创新驱动，集聚各种科技资源，将创新资源导向郑州大都市圈，建立科技创新的相关奖励体系，扶持科技创新，提升郑州创新产业经济的能级，高效使用郑洛新国家自主创新示范区。在城市群内重大产业项目上进行联合科技攻关，提高中原城市群整体的科技研发创新能力。建立创新类普惠性激励政策体系，鼓励各类创新优势，带动中原城市群各城市相关核心技术改革创新。建设中原城市群区域产业协作的创新平台、创新中心和技术研究院，成立中原城市群各城市联合协同科技研发平台、创新技术联盟组织等。

(3) 促进中原城市群产业空间重组，承接东部产业链、完善城际产业链、延伸城市产业链，郑州市和洛阳市以培育新的产业增长极为主，一方面引入跨国公司，另一方面发展内部需求，将一般制造业外迁，引入金融、咨询、创意等高附加值服务业，集聚发展形成产业总部、技术高地和服务中心。中原城市群内部其他城市在产业协同上可以根据自身区位优势，提高产业协同的环境友好度，对接郑州和洛阳中心城市的产业外延，寻找产业合作的切入点，转接中心城市的产业，参与区域产业升级，实现产业协同的扩容提质。

(4) 中原城市群各城市应突破产业协同的空间界限，创新产业协作模式。深入推进郑州开封同城化、郑州新乡同城化、郑州焦作同城化和郑州许昌同城化的产业集聚发展，搭接产业转移模式、企业间的合作和协作模式。在产业协同重组中，郑州和洛阳以中枢管理功能为主，主要作用是产业的研发孵化、作为区域产业的生产服务总部港。周边城市主要作用是集中生产，科技转化落地。政府在产业协同中以市场配置引导为主，搭建中原城市群城际产业协作的交流平台，可以利用互联网搭建云平台，及时发布产业协同的相关政策，创立产业协同基金，支撑产业发展。突破现有产业空间形态，发展"互联网＋"、人工智能等产业协作创新。扩大产业协作的城际交流叠加区域，增加交流便利，促进产业协作，强化中原城市群城际间产业外溢效应。

4.3.3 基础设施建设

基础设施的建设是中原城市群的发展的基础，具有先导性作用，是中原城市群高质量发展的必要条件。通过基础设施建设为中原城市群构建优势互补、分工合理的发展格局，提供良好的基础保障。中原城市群要实现高质量发展，在中部发挥引领和示范作用，就必须加强基础设施互联互通，推动中原城市群基础设施规划、建设和管理的统筹兼顾，建立一体化管理机制。

基础设施的共建共享的作用有：①促进中原城市群资源要素在区域内自由流动，尤其是跨区域的各种流要素，比如物流、人流、资金流、信息流、技术流和能量流等，通过基础设施共建共享，促进各种要素高效集聚，更利于集约优化配置，消除中原城市群各城市间的行政区域分割劣势，加强各城市区间基于基础设施共建共享的经济耦合优势，更好的促进中原城市群一体化发展；②促进中原城市群高质量发展，在基础设施互联互通基础上，一方面放大了中原城市群核心城市的投资效应，加快人力和物质资本积累，另一方面，也为区域其他城市承接转移产业提供支持，为中原城市群产业升级、新旧产业动能转换提供保障。区域基础设施和区域人口、产业、创新技术耦合，更有利于促进中原城市群经济可持续高质量发展，缩短区域贸易交流时空距离，降低交易成本，进而优化城市功能结构，提升中原城市群各城市产业协同发展的水平，扬长避短，形成中原城市群活跃的城市增长极核，促进中心城市郑州和副中心城市洛阳城市改革开放高地；③增长中原城市群民生福祉，基础设施是公共产品，服务民众，关乎民生福祉。基础设施共建共享将大量的普惠性、均等化和可持续性基础设施提供给区域民众，可以增强中原城市群民众的幸福感、获得感和安全感。如郑州高铁网络的通达度和覆盖范围，有助于郑州中心城市的产业发展，也提升了郑州及周边公众的出行体验。基于5G大数据网络的信息技术基础设施，给中原城市群民众带来高效、便捷的体验。完备的能源基础设施，为中原城市群民众提供绿色、稳定和高效的能源保障。

中原城市群基础设施建设对策：一是完善国家城市群战略空间格局和优化中原城市群城际空间布局，根据国家、区域、城市的各种需求，在中原城市群内部完善基础设施网络体系，在中原城市群外部联通其他城市群，加大国家层面的统筹规划。重点结合国家中部崛起战略、“一带一路”建设、黄河流域生态保护和高质量发展战略等，协同京津冀、长三角、粤港澳等国家重点区域进行协同规划和顶层设计。针对中原城市群中心强周边弱的空间不均衡状态，在基础设施共建互享上突破行政边界和局部利益掣肘，树立中原城市群整体思维和长远意识，发挥郑州中心城市带动作用，强化国际经贸往来、航空运输及创新产业功能，提升集聚配置资源能级和郑州中心城市的区域服务能力。推动周边城市发挥各自发展优势和资源禀赋，完善中原城市群基础设施布局，在互通互联中促进中原城市群基础设施均衡发展。二是完善中原城市群一体化综合交通运输体系。完善轨道交通网络、航空网络，满足居民出行和产业运转对交通网络的高品质需求，构建“半小时通勤圈”“一小时都市圈”和“两小时城市群”。以郑州为中心，统筹城际铁路项目，打造“一小时生活圈”和“两小时经济圈”。推动中原城市群城际间、城乡统筹互动的各级交通基础设施建设。重视交通体系的便捷接驳和顺畅衔接。从功能性和体验感上强化交通基础设施建设。三是推进中原城市群信息网络建设。优化现有网络体系，形成新型信息基础设施网络，做到5G全覆盖，实现中原城市群城际间高密度信息的互通共享，万物互联智联，同时建立中原城市群信息安全保障体系。四是能源基础设施的共建共享。五是绿色基础设施建设。统筹黄河流域生态保护和基础设施建设，节约利用资源，在基础设施项目上推广应用生态环保技术，利用技术创新提升绿色基础设施建设水平。

中原城市群基础设施运营机制对策：一是中原城市群城际间跨区域基础设施运营载体。成立城际基础设施运营集团，发挥市场机制，建设一体化投资、运行平台，吸纳各种资本，统筹航空、高铁、高速等基础设施的综合开发，统筹投资、建设和运营，整合资源、调整结果、提高效率，协同合作。二是基础设施建设融资机制，通过特许部分经营、对民间资本进行投资补助、政府直接参与购买等吸引民间资本，参与可经营性基础设施项目、创新类基础设施投资，主要将投资建设和监管分开，构建合理、高效的市场化管理和运行机制。三是提升中原城市群基础设施智慧管理能力。充分运用大数据、人工智能等技术，万物智联，构建中原城市群基础设施数据库和决策模拟系统，实时、动态采集和公布，基础设施的数据信息挖掘、整理和优化数据，满足中原城市群民众、企业的精细化需求。通过信息管理系统，降低各种要素的流动成本，节约时间、提升服务品质。

4.3.4 生态环境保护

中原城市群生态环境保护需要以党中央提出的生态文明目标为导向，综合运用各种区域生态环境保护利用技术，完善生态防护林、自然保护区、工农业生态园、水源地保护、城市绿地系统、文物古迹保护、环评和生态工程技术等规划建设，为中原城市群提供技术保障。

中原城市群生态环境保护对策从以下方面展开。

(1) 整合中原城市群的生态防护林，主要包括：①中原城市群生态防护林网络，可以从城际间的林业圈入手，营造环城林带，为城市形成天然生态屏障；在高速公路和高速铁路两边形成带状林地；借助水系形成沿河滨水绿道，同时贯穿城市内外林地，和周边水系网络协调；②构建中原城市群城际区域防护林网络体系。中原城市群西北部的太行山麓可以建设成为西北防护林带，中原城市群中黄河流经城市可以沿黄河建设固沙防护林，各大小城市也可以结合自身特点，形成局部林业区，在中原城市群西部、西北部和中部沿黄河形成中原城市群的生态防护林网络体系。

(2) 严控中原城市群的水源地保护。“以水定城、以水定地、以水定人、以水定产”已经成为国家层面城市发展的核心原则，这也表明，水资源对于中原城市群发展具有重要意义。中原城市群中有黄河流域、淮河流域和海河流域等区域水资源，所以必须加强水资源监管，防止水资源污染。同时，提高水资源的监测管理水平，严格打击水资源环境违法行为，优化中原城市群城际间产业结构和空间布局，限制污染水资源的工业发展，利用大数据建立水资源应急处理平台，降低危害。

（3）强化生态旅游宣教推行，推动自然保护区的保护利用，处理旅游开发和生态保护的矛盾，建立高效运转的自然保护环境管理体系。

（4）中原城市群各城市的城市绿地系统规划，首先执行国家城市绿地景观规划建设标准，通过绿环、绿楔、绿道、绿点等的点线面结合，形成网络化城市绿地系统。中原城市群各城市还应多采用乡土植物，满足植物本土化多样性，注重树种搭配，常绿和落叶结合，乔灌草结合，创造优化的植物生态环境。中原城市群各城市还应提升绿地质量和其服务水平，既可提升城市绿量，也可完善绿地多样性系统。

（5）辩证保护中原城市群文物古迹，避免追求经济、旅游效益的伪文物规划建设。

（6）落实中原城市群的环境影响评价，为生态环境保护留有余地。

（7）在中原城市群腹地开展美丽乡村、生态乡村规划建设，合理规划各类生态产业园区，开展循环经济，建立生态工业园区，鼓励绿色产业、循环产业的投资、运营。

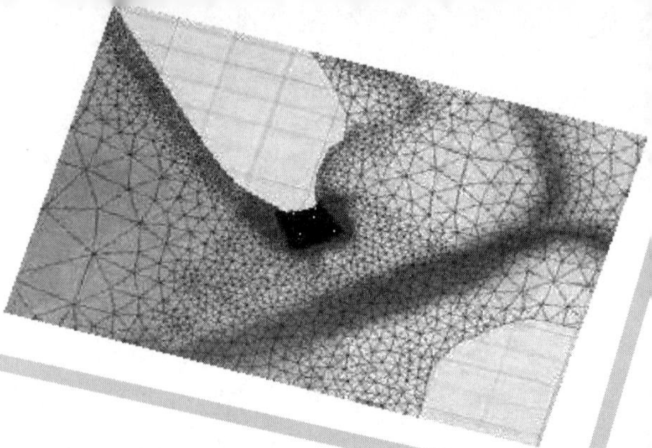

第5章

中心城市郑州市各区市发展演变分析

郑州市是中原城市群的中心城市，是国务院批复确定的中国中部地区重要的中心城市、国家重要的综合交通枢纽，对郑州市辖区内中原区、二七区、管城区、金水区、上街区、惠济区、经开区、高新区、郑东新区、航空港试验区、中牟县、巩义市、荥阳市、新密市、新郑市、登封市 16 个区市进行人口、经济、社会发展的发展演变分析，可以详细地了解郑州市域的具体演变状态，对进一步规划郑州市经济产业布局具有积极的意义。

5.1 郑州市各区市人口演化趋势分析

5.1.1 各区市人口演变过程

2011—2017 年间，郑州各县（市）区人口发展演变整体趋于平稳上涨，在 2011—2017 年间，人口数量由 885.7 万增长至 988.1 万，大多数县（市）区处于稳定缓速增长的趋势，如巩义市、新密市、登封市、荥阳市、管城区等，个别区市存在较大变化，如金水区呈现上下波动现象，航空港实验区、郑东新区出现人口激增的现象（图 5.1），这与郑州市的发展规划与经济发展具有重要的关系。

具体而言，金水区作为郑州市人口规模最大的区，人口在 2011—2015 年呈现稳步增长状态，在 2015—2016 年出现下降，2016—2017 年继续增长。航空港实验区的人口在 2011—2017 年呈现急速上升的趋势，尤其在 2012—2013 年间，航空港实验区的人口总数由 294034 人上升为 508079 人，增长到近

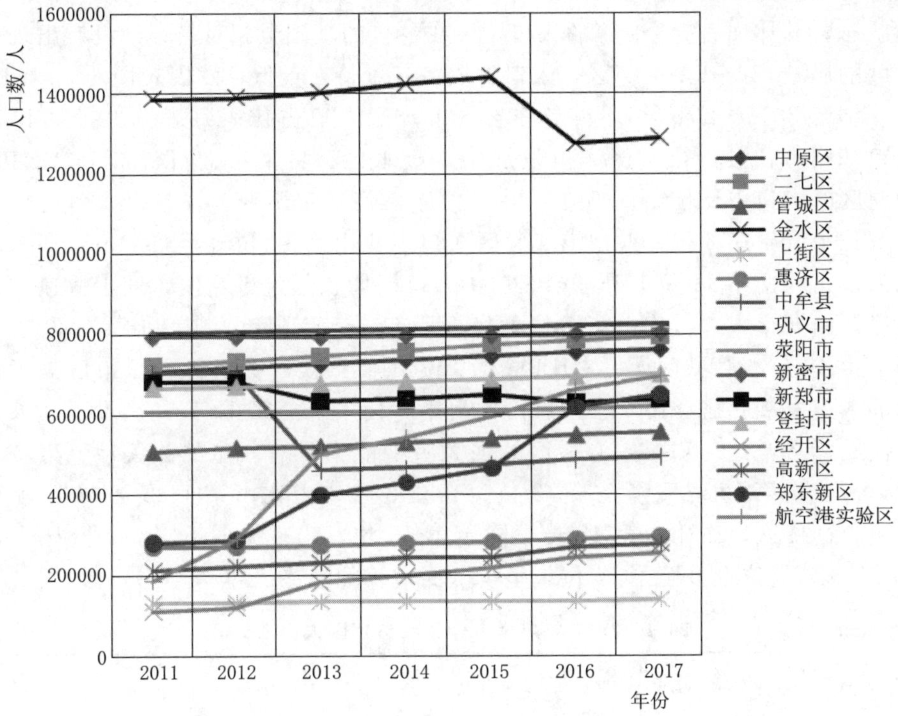

图 5.1 2011—2017 年郑州市分县（市）区人口演变图

1.73 倍，2017 年人口增长至 701466 人，较 2013 年增长至 1.38 倍。郑东新区的人口发展速度仅次于航空港实验区，2011—2017 年间人口由 284733 人增至 654461 人，位于郑州市第 8 位。巩义市、新密市作为郑州各县（市）区人口发展第 2 位和第 3 位的城市，人口发展趋于平稳，相比而言，二七区、中原区人口具有较大的增长。经开区人口发展速度较快，但是基数较小，所以 2011—2017 年人口数一直处于较低的位次。中牟县是郑州各县（市）区人口下降最为明显的，人口在 2011 年—2013 年下降剧烈，由 2011 年的 709268 人下降为 2013 年的 466902 人，下降 34.2%，2013 年以后呈现缓慢增长，这种变化与城镇化的发展息息相关。新郑市人口在 2011—2017 年间呈现上下浮动，整体下降的趋势，在 2011—2012 年、2013—2015 年、2016—2017 年处于上升状态，在 2012—2013 年、2015—2016 年处于下降状态，其中在 2012—2013 年间人口数量下降较多，这使得新郑市人口整体处于下降的状态。登封市、荥阳市、管城区人口发展趋于稳定，呈现缓慢增长的态势，均处于郑州市各县（市）区人口发展中段的位置。郑州各县（市）区中人口数量与发展较少的区还有惠济区、高新区、上街区，其中惠济区处于稳定的状态，人数增长较少，高新区在 2015—2016 年出现一定的涨幅后，又出现稳定发展的状态，总体而言，3 个区的人口发展在各自的基础上相对稳定，没有出现大幅度的增减，尤其是上街区，人口发展一直维持在最低，发展较慢。

结合 2011—2017 年郑州市分县（市）区人口占比表（表 5.1），可以看出，郑州市各县（市）区人口发展中，金水区、巩义市、新密市、二七区、中原区的人口占比位于前 5 名，并且位序始终稳定不变。登封市人口占比由第 8 位上升至第 6 位，航空港实验区人口占比由第 14 位升至第 7 位，郑东新区人口占比由第 11 位上升至第 8 位，人口的增长超过平均值，处于快速增长阶段。新郑市人口占比由第 7 位下降至第 9 位、荥阳市人口占比由第 9 位下降至第 10 位、管城区人口占比由第 10 位下降至第 11 位，这 3 个市区处于偏低的人口发展状态。中牟县人口占比由第 6 位下降至第 12 位，显示了其人口外流的趋势，这与郑州中心城区的强大吸纳能力具有一定的相关性。惠济区人口占比由第 12 位下降至第 13 位、高新区人口占比由第 13 位下降至第 14 位、上街区人口占比由第 15 位下降至第 16 位，出现微弱下降。经开区人口占比由第 16 位上升至第 15 位，呈现微弱增长的态势。

表 5.1　2011—2017 年郑州市分县（市）区人口占比表　%

地区＼年份	2011	2012	2013	2014	2015	2016	2017
全市	100.00	100.00	100.00	100.00	100.00	100.00	100.00
中原区	8.04	8.00	7.97	7.92	7.85	7.83	7.78
二七区	8.24	8.18	8.19	8.17	8.17	8.15	8.11
管城区	5.80	5.79	5.73	5.72	5.71	5.71	5.68
金水区	15.79	15.53	15.40	15.32	15.19	13.23	13.16
上街区	1.51	1.49	1.47	1.45	1.43	1.42	1.42
惠济区	3.09	3.04	3.03	3.02	2.99	3.00	3.02
中牟县	8.01	7.87	5.08	5.03	5.03	5.07	5.07
巩义市	9.15	9.00	8.88	8.74	8.61	8.51	8.43
荥阳市	6.93	6.80	6.69	6.56	6.44	6.39	6.34
新密市	9.03	8.86	8.70	8.57	8.40	8.30	8.19
新郑市	7.76	7.61	6.95	6.89	6.86	6.54	6.50
登封市	7.60	7.50	7.44	7.35	7.26	7.21	7.16
经开区	1.27	1.36	2.01	2.13	2.30	2.53	2.59
高新区	2.43	2.48	2.56	2.63	2.59	2.80	2.83
郑东新区	3.21	3.23	4.38	4.64	4.92	6.41	6.62
航空港实验区	2.14	3.26	5.53	5.85	6.27	6.89	7.10

城镇人口的数量与城镇化的发展正相关，随着我国城乡一体化的发展，城镇人口大量增长。结合图 5.2［2011—2017 年郑州市分县（市）区城镇人口演变图］可以看出，金水区城镇人口位于第一名位，远高于其他县市区，虽然在 2015—2016 年出现大幅下降，但 2016 年之后处于上升态势。位于第二、第三名的二七区、中原区处于第二梯队，城镇人口的发展均处于缓速上升的态势，2017 年城镇人口数均在 70 万人上下。航空港实验区自 2011 年起直线上涨，城镇人口由 2011 年的 145021 人升至 2017 年的 486256 人，增到原来的 3.35 倍，2017 年航空港实验区城镇人口居第 4 位，发展迅速。管城区、新密市、巩义市 2017 年末城镇人口均超过 46 万人以上，管城区超过 48 万人，在发展比率上一致。值得一提的是郑东新区，城镇人口由 2011 年的 17.6 万人快速增长到 2017 年的 43.78 万人，约为原来的 2.49 倍，在郑州市分县（市）区城镇人口发展中，发展速度仅次于航空港实验区，由 2011 年的第 12 位升至 2017 年的第 8 位。登封市、新密市、荥阳市城镇人口发展速度相当，整体均处于上涨的趋势，新郑市在 2012—2013 年曾出现少量的下降，但后期稳定上升，位于郑州市城镇人口发展的中间位置。中牟县在 2011—2017 年出现整体人口下降的状态，尤其在 2012—2013 年出现锐减，虽然之后每年稳步增

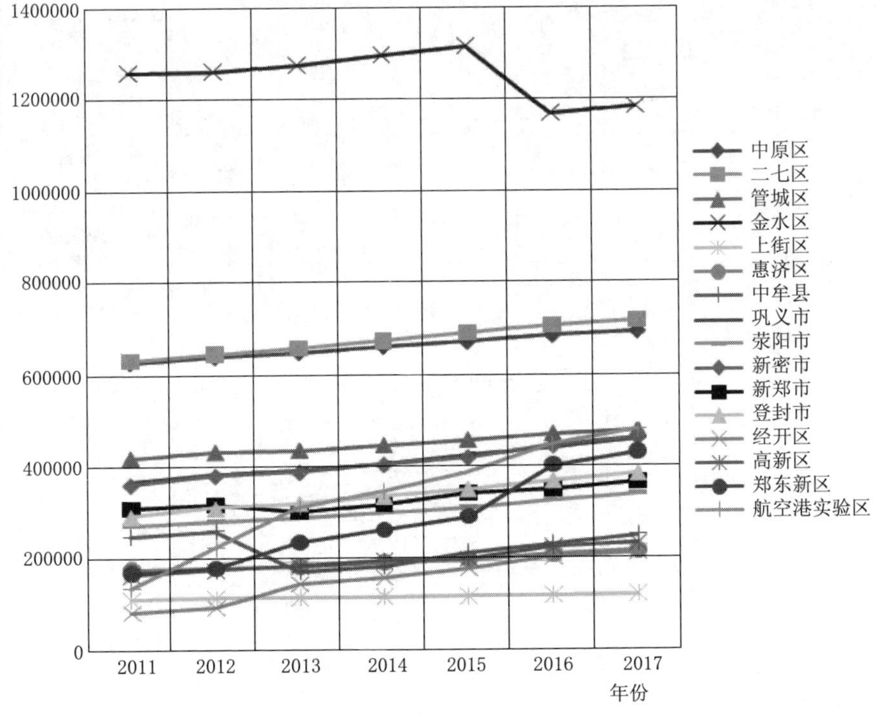

图 5.2　2011—2017 年郑州市分县（市）区城镇人口演变图

长，但是 2017 年城镇人口还未达到 2012 年的状态，中牟县也是郑州市唯一城镇人口出现下降的区域。高新区、惠济区发展趋势趋同，均稳步缓速增长。比较而言，经开区城镇人口增长稍快，由 2011 年的第 16 名升至 2017 年的第 15 名。上街区则因为城镇人口增长缓慢，位次由第 15 名变为最后一名。这些情况反映出各县市区在政策导向下出现的异构变化，也反映出经济发展对于城镇人口的吸纳具有重要的引导作用。

与城镇人口数量的变化相对应的是城镇人口占比的变化，不同的是在城镇人口占比变化中，大多数的县市区呈现下降的趋势，只有少数几个市区出现上涨，这反映了不同县（市）区在城镇化过程中人口的不同变化（图 5.3）。具体而言，人口最多的金水区在城镇人口占比上一直处于下滑的态势，尤其在 2015—2016 年占比下降较快，但整体上在郑州市城镇中人口占比最多。位于城镇人口占比第二梯队的是二七区和中原区，虽然人口数量处于增长的态势，但是增长的数量并未达到郑州市城镇人口数量增长的平均值，相对较缓，导致其城镇人口占比上一直处于下滑的态势，基于较好的城镇人口基础，虽处于下滑的态势，但仍占据第二梯队的位置。和其他县市区不同，航空港实验区与郑东新区的城镇人口占比均处于上升趋势，在城镇人口占比上一直快速

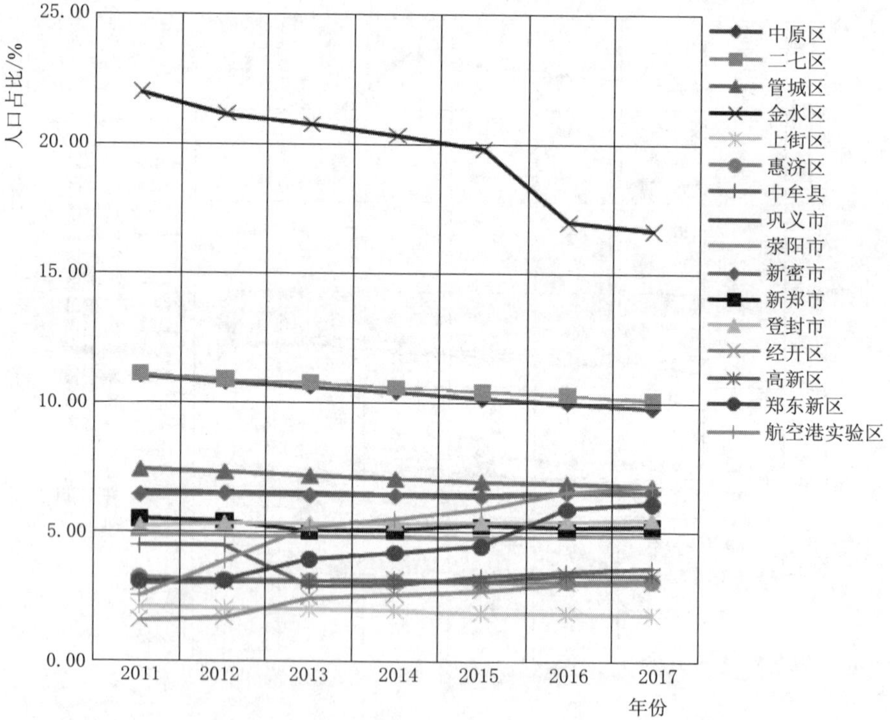

图 5.3　2011—2017 年郑州市分县（市）区城镇人口比重演变图

发展，2017年虽然城镇人口占比值并不高，仅超过6%，但从自身比较增长迅速，已经进入第三梯队。管城区在2011—2017年城镇人口占比一直处于下降的态势，2017年占比值为6.81%，位于第5位。新密市、巩义市两个市区的城镇人口占比均相对稳定，2017年占比均为6.55%。城镇人口第三梯队中的登封市，各年城镇人口占比发展均缓慢增长。荥阳市城镇人口占比发展变化较少，而中牟县的城镇人口占比在2012—2013年下降较快，在2011—2017年间总体处于下降的状态，是除金水区外下降较为明显的县（市）区。2011—2017年间，高新区城镇人口呈现稳定及缓慢增长的态势，惠济区呈现稳定且变化较小的态势，经开区在2012—2013年增势较大，此后一直缓慢增长，上街区一直呈现缓慢下降的状态。

5.1.2 人口规模与位序变化

郑州市作为中原城市群的中心城市，在人口发展方面一直处于较高的水平，且对周围城市人口的吸纳能力较强，这与郑州市16个县（市）区的人口增长息息相关（表5.2，表5.3），2011—2017年间，金水区、巩义市、新密市、二七区、中原区的人口规模均位于前5名，没有产生变化，登封市在2017年位于人口规模第6位，相比较2011年上升2位。航空港实验区与郑东新区人口规模涨幅较大，其中航空港实验区由2011年第14位上升为2017年的第7位，郑东新区由2011年第11位上升为2017年的第8位，此外，人口规模处于增长趋势的还有经开区，在2011—2017年位序上升至第15位。此外，还有一些县（市）区人口规模处于下降的状态，其中位序下降较少的有新郑市、荥阳市、管城区、惠济区、高新区、上街区，说明其人口增长少于平均值，中牟县人口规模位序下降最为明显，由2011年第6位下降至2017年的第12位。

表5.2　　2011—2017年郑州市分县（市）区人口演变表一

区域	2011年		2012年		2013年		2014年	
	规模/人	位序	规模/人	位序	规模/人	位序	规模/人	位序
中原区	712525	5	722370	5	732368	5	743174	5
二七区	729865	4	738629	4	752369	4	766392	4
管城区	513621	10	522945	10	526390	9	536486	10
金水区	1398579	1	1402077	1	1415301	1	1436529	1
上街区	133563	15	134548	15	135338	16	136138	16
惠济区	274028	12	274536	13	278423	13	282987	13
中牟县	709268	6	710568	6	466902	11	471892	11

续表

区域	2011年		2012年		2013年		2014年	
	规模/人	位序	规模/人	位序	规模/人	位序	规模/人	位序
巩义市	810240	2	813243	2	816310	2	819940	2
荥阳市	614124	9	614546	9	614986	8	615409	8
新密市	799802	3	799910	3	799994	3	803343	3
新郑市	687305	7	687405	7	638840	7	646108	7
登封市	673191	8	677602	8	683405	6	688942	6
经开区	112158	16	123073	16	184697	15	200146	15
高新区	214986	13	224218	14	234852	14	246595	14
郑东新区	284733	11	291386	12	402984	12	435270	12
航空港实验区	189397	14	294034	11	508079	10	548484	9
全市	8857385		9031090		9191238		9377835	

表5.3　2011—2017年郑州市分县（市）区人口演变表二

区域	2015年		2016年		2017年	
	规模/人	位序	规模/人	位序	规模/人	位序
中原区	751288	5	761628	5	768794	5
二七区	781445	4	792475	4	801533	4
管城区	545994	10	555149	11	561577	11
金水区	1453288	1	1286457	1	1300251	1
上街区	136785	16	138359	16	140500	16
惠济区	286008	13	291531	13	298326	13
中牟县	481361	11	493198	12	500609	12
巩义市	823597	2	827897	2	832665	2
荥阳市	615790	8	620980	10	626742	10
新密市	803685	3	806921	3	809661	3
新郑市	656732	7	635790	8	642004	9
登封市	694315	6	701432	6	707112	6
经开区	220280	15	246306	15	255772	15
高新区	247674	14	272032	14	279205	14
郑东新区	470501	12	623577	9	654461	8
航空港实验区	600192	9	670136	7	701466	7
全市	9568935		9723868		9880678	

2017年郑州市人口总数为988万，其中金水区人口最多，超过130万人，巩义市、新密市、二七区均超过80万人，中原区、登封市、航空港实验区人口为70万～80万人，郑东新区、新郑市、荥阳市人口为60万～70万人，以上10个县（市）区是郑州市人口规模较高的市区。管城区、中牟县人口规模在50万～60万人，而惠济区、高新区、经开区均在20万～30万人，上街区的作为最后一名人口规模仅为14万人。2018年郑州市成为突破千万的超大城市，人口发展（尤其是城镇人口的发展）相对处于较高的水平，城镇化率的发展也有了突破性的进步。

5.1.3 城镇化率演变

城镇化率是城市化的度量指标，也称城市化率，能客观反映城市化进程，因为在进行城镇人口计算时，凡列入城镇建设规划且城区建设已延伸到乡镇、居委会及村委会并已实现水、电、路“三通”的城镇，都纳入市镇人口计算，因此城镇化率可以具体的体现城市化的发展进程。2017年河南省常住人口城镇化率突破50%，达到50.16%，实现了河南由农业人口大省向新型城镇化人口大省的华丽转身，其中郑州市城镇化率达到72.23%。结合2011—2017年郑州市分县（市）区城镇化率演变图（图5.4）可以看到，位于城镇化率位

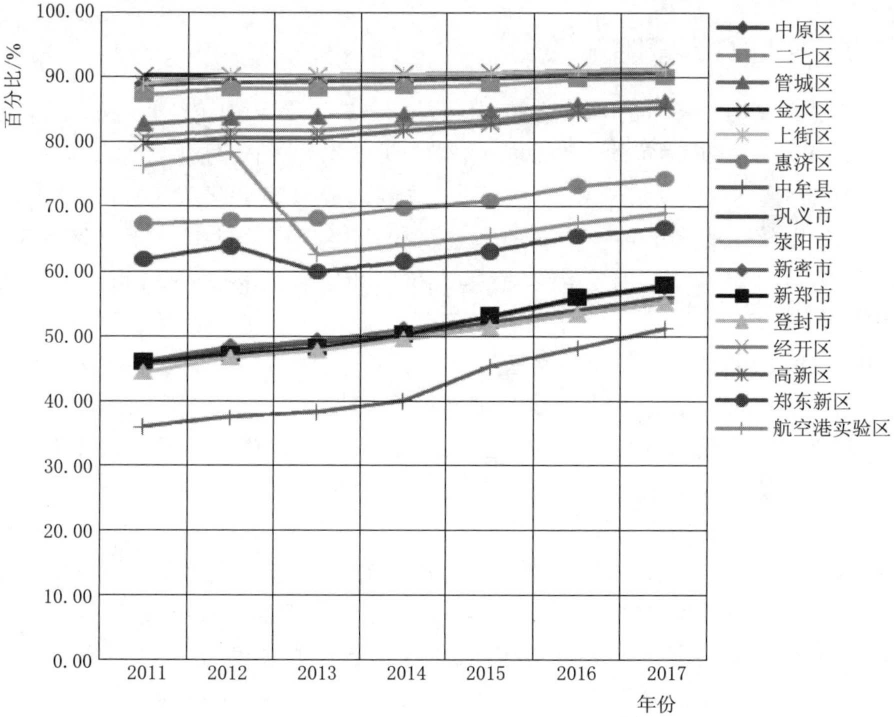

图5.4 2011—2017年郑州市分县（市）区城镇化率演变图

次前五名的区有金水区、上街区、中原区、二七区、管城区，城镇化率位次处于上升趋势的有惠济区、新郑市、高新区，城镇化率位次稳定不变的有中牟县、荥阳市、新密市、登封市、郑东新区，城镇化率位次下降的有巩义市、经开区、航空港实验区。具体而言，金水区、上街区、中原区、二七区4个区在2017年的城镇化率均超过90%，位于郑州市城镇化率前四名，其中金水区城镇化率在2011年已经超过90%，一直保持较高的水平。管城区、经开区、高新区在2017年城镇化率为80%～90%处于第二梯队，并且这3个区在2011年的城镇化率也均超过80%。此外，惠济区、郑东新区、航空港实验区3个区在2017年城镇化率为60%～80%处于第三梯队，其中航空港实验区、郑东新区在2012—2013年城镇化率剧烈下降，在2013—2017年则呈现上升的态势。2017年处于郑州市城镇化率第四梯队的县市区有新郑市、新密市、巩义市、荥阳市、登封市、中牟县，城镇化率均为50%～60%，其中中牟县的城镇化率在2017年仅为51.33%，处于最后一位，距离郑州市2017年城镇化率72.23%差距较大，这与中牟县的历史发展路径和产业经济相关度高。

5.2 郑州市各区经济发展空间演化分析

5.2.1 各区GDP时序演变分析

郑州市2011年的生产总值为49798455万元，2017年生产总值为91937679万元，2017年的生产总值是2011年的1.85倍，增长较快。根据各县（市）区的分区GDP演变（图5.5）可以看到，金水区生产总值在2011—2017年一直处于较高的水平，位于第一位序。位于第二梯队的县（市）区有巩义市、新密市、新郑市、航空港实验区、荥阳市、经开区、登封市、二七区，其中生产总值上升较快、位序上升的有巩义市、航空港实验区、经开区；生产总值发展稳定，位序不变的有荥阳市、新郑市；位序相对下降的有新密市、登封市、二七区。第二梯队中航空港实验区发展最快，从2011年的第15位上升到2017年的第5位，2017年生产总值是2011年的7.9倍，这是因为航空港实验区是国务院批准设立的航空经济先行区、国际航空物流中心、以航空经济为引领的现代产业基地、内陆地区对外开放重要门户、现代航空都市、中原经济区核心增长极，生产总值的迅速提升显示了航空经济对区域的强大带动能力。经开区生产总值从2011年的第11位上升到2017年的第7位，这与经开区的产业发展尤其在电子信息产业、装备制造产业、生物医药产业、现代物流产业有很大的相关，生产总值也由2011年的1168604万元增至2017年的6682872万元，2017年生产总值是2011年的5.7倍，发展迅速。生产总值位于第三梯队的县市区有郑东新区、中原区、管城区、中牟县、高新区，位序上升的有郑东新区，位序下降的有中原区、管城区、中牟县、高新区。郑东新区的生产总值由 2011 年的 1039414 万元增至 2017 年的 4821387 万元，2017 年生产总值是 2011 年的 4.64 倍，这与郑东新区的国际化区域性金融中心、国际化中央商务区和具有国际水平的生态宜居城市的城市定位和经济发展密切相关。中原区、高新区的生产总值在 2011—2017 年处于上涨的态势，管城区的生产总值处于上下波动、整体上扬的态势，中牟县生产总值下降较多，尤其在 2012—2013 年下降剧烈，在 2013—2017 年间生产总值缓慢上升。惠济区和上街区位于郑州市生产总值的第四梯队，相较于其他县市区，发展较为缓慢，尤其是上街区在 2016—2017 年出现小幅下降。总结以上可以看出，金水区、航空港实验区、经开区、郑东新区、高新区均呈现生产总值的大幅增长，是郑州市主要的经济发展区，这与目前经济结构转型与规划发展具有紧密关联。

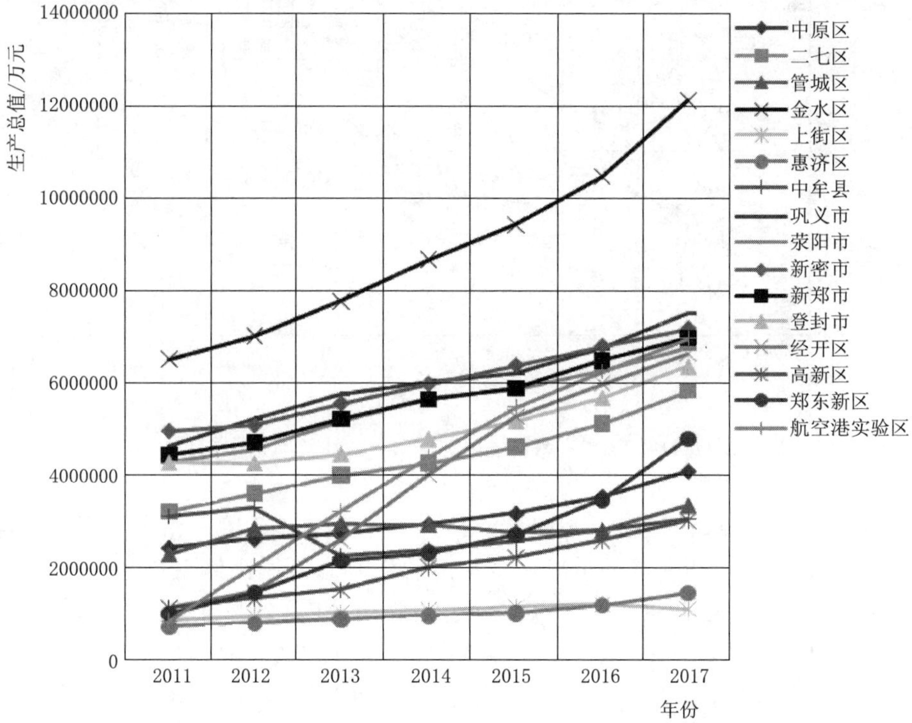

图 5.5　2011—2017 年郑州市分县（市）区生产总值演变图

在对郑州市各县市区的生产总值发展趋势演变进行分析的基础上，如图 5.6 所示，比较郑州市分县（市）区生产总值占比，占比值上涨的有金水区、航空港实验区、经开区、郑东新区、高新区，其中、航空港实验区、经开区、郑东新区3个区涨幅较高，远高于其他县市区。占比值发展相对平稳的是二七区、惠济区，而其他县（市）区则呈现占比值下降的状态，尤其是中牟县占比值下降最为显著，这显示了目前中牟县正处于经济结构转型与产业发展重组的阶段，还需要加大产业牵引的动力植入。

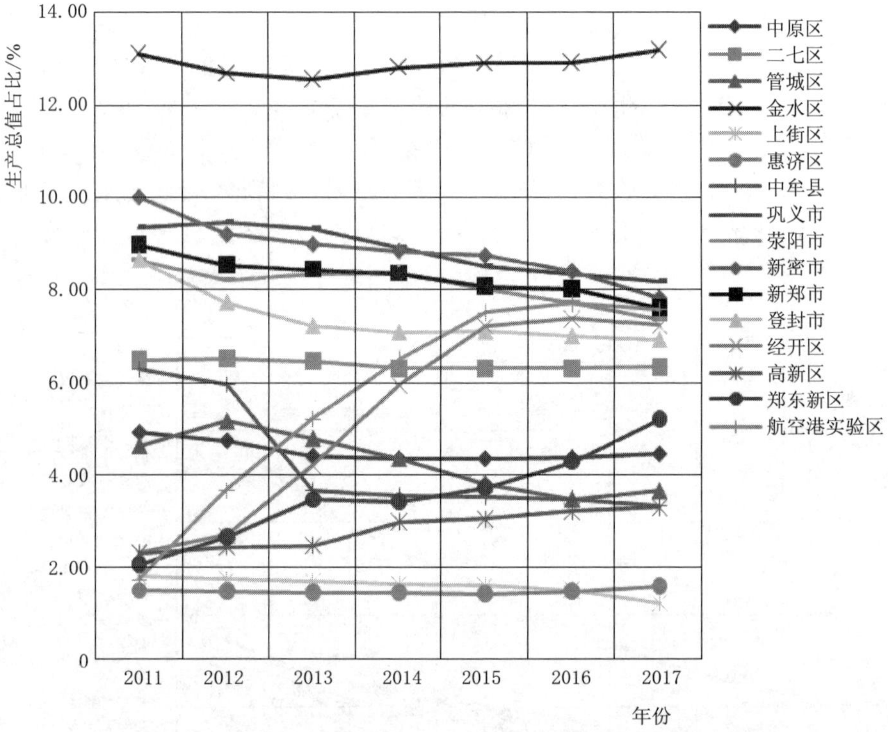

图5.6　2011—2017年郑州市分县（市）区生产总值占比趋势图

表5.4为2011—2017年郑州市分县（市）区生产总值占比表，可以具体看到郑州各个县（市）区的情况，金水区的生产总值占比值在2011—2017年呈现少量上涨，经开区的生产总值由2011年的2.35%上涨至2017年的7.27%，高新区的生产总值由2011年的2.35%上涨至2017年的3.34%，郑东新区的生产总值由2011年的2.09%上涨至2017年的5.24%，航空港实验区的生产总值由2011年的1.78%上涨至2017年的7.61%。而下降较多的县（市）区有管城区、中牟县、巩义市、荥阳市、新密市、新郑市、登封市，下降最多的中牟县由2011年的6.32%下降至2017年的3.37%，新密市由2011年的10.05%下降至2017年的7.85%。

表 5.4　　2011—2017 年郑州市分县（市）区生产总值占比表　　%

区域	2011 年	2012 年	2013 年	2014 年	2015 年	2016 年	2017 年
中原区	4.96	4.78	4.45	4.39	4.39	4.41	4.49
二七区	6.53	6.56	6.50	6.34	6.35	6.35	6.37
管城区	4.68	5.21	4.83	4.40	3.86	3.51	3.70
金水区	13.15	12.73	12.60	12.86	12.94	12.95	13.23
上街区	1.85	1.78	1.74	1.67	1.65	1.55	1.26
惠济区	1.54	1.52	1.50	1.49	1.46	1.52	1.63
中牟县	6.32	5.99	3.69	3.58	3.56	3.51	3.37
巩义市	9.40	9.51	9.37	8.97	8.55	8.38	8.22
荥阳市	8.69	8.25	8.39	8.41	8.05	7.76	7.39
新密市	10.05	9.24	9.03	8.88	8.78	8.43	7.85
新郑市	9.02	8.57	8.47	8.39	8.11	8.05	7.64
登封市	8.69	7.77	7.27	7.13	7.14	7.05	6.97
经开区	2.35	2.72	4.24	5.99	7.26	7.42	7.27
高新区	2.35	2.47	2.51	3.03	3.09	3.26	3.34
郑东新区	2.09	2.69	3.51	3.47	3.76	4.32	5.24
航空港实验区	1.78	3.72	5.25	6.53	7.55	7.75	7.61

5.2.2　人均 GDP 与郑州空间结构演变分析

1. 人均 GDP 发展演变

在对郑州市人均 GDP 进行数据统计的基础上，比较分析 16 个县（市）区人均 GDP，如图 5.7 所示。可以看出，与各县（市）区生产总值的发展态势不同，人均 GDP 最高的是经开区，并且在 2011—2017 年持续高速增长，而其余县市区则处于稳步增长。

具体而言，经开区 2011—2017 年人均 GDP 均在 10 万元以上，2014 年人均 GDP 突破 20 万元，位居郑州市第 1 位。位居第 2 位的高新区、新郑市、荥阳市在 2017 年的人均 GDP 均突破 10 万元，其中高新区的涨幅最大，2017 年的人均 GDP 为 110009 元，是 2011 年的 2 倍。2017 年人均 GDP 在 9 万元以上的省（市）区有航空港实验区、金水区、巩义市、登封市。航空港实验区 2017 年的人均 GDP 为 99804 元，是 2011 年 46741 元的 2.14 倍。金水区 2011 年的人均 GDP 为 46824 元，位居第 9 位，2017 年人均 GDP 为 93515 元，位居第 6 位。人均 GDP 涨幅较大的还有郑东新区，由 2011 年的第 14

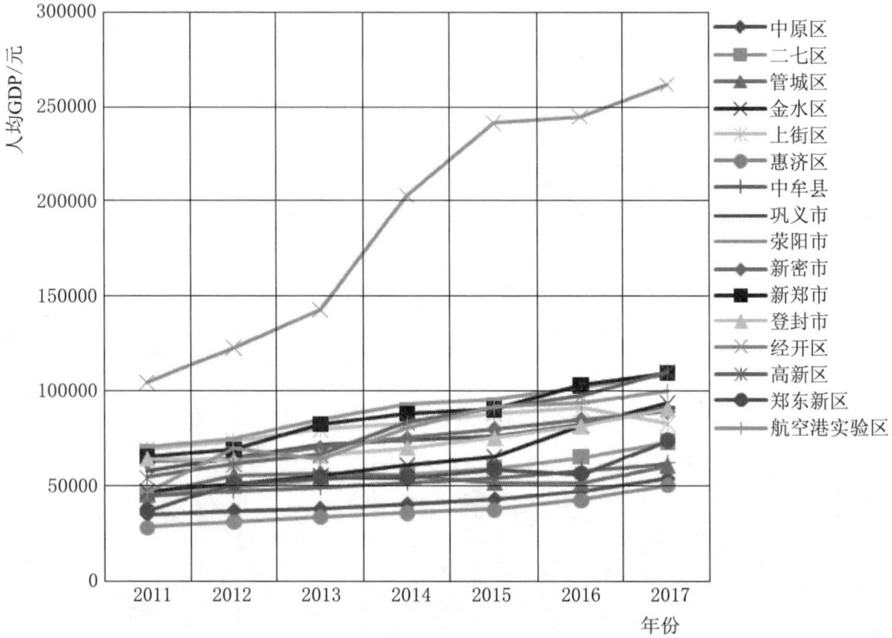

图 5.7　2011—2017 年郑州市分县（市）区人均 GDP 演变图

位上升至 2017 年的第 11 位，人均 GDP 值由 36505 元涨至 73670 元。在诸多的县（市）区中，上街区的人均 GDP 在 2016—2017 年出现下降，人均 GDP 由 91025 元降至 82762 元，位序也由 2011 年的第 3 名降至 2017 年的第 10 名（表 5.5、表 5.6）。

表 5.5　　2011—2017 年郑州市分县（市）区人均 GDP 及位序表一

区域	2011 年		2012 年		2013 年		2014 年		2015 年	
	人均 GDP /元	位序	人均 GDP /元	位序	人均 GDP /元	位序	人均 GDP /元	位序	人均 GDP /元	位序
全市	56223		61452		67476		72266		76409	
中原区	34679	15	36748	15	37646	15	40020	15	42718	15
二七区	44548	12	49263	13	53597	13	56066	11	59432	11
管城区	45333	11	55288	10	56949	10	55536	12	51633	14
金水区	46824	9	50381	12	55215	11	60661	10	65105	10
上街区	68793	3	73334	3	79520	4	82937	5	88059	6
惠济区	27905	16	30775	16	33317	16	35639	16	37234	16
中牟县	44402	13	46819	14	49020	14	51472	14	54056	13

续表

区域	2011年		2012年		2013年		2014年		2015年	
	人均GDP/元	位序	人均GDP/元	位序	人均GDP/元	位序	人均GDP/元	位序	人均GDP/元	位序
巩义市	57765	7	64901	6	71201	5	74099	8	75947	8
荥阳市	70451	2	74535	2	84564	2	92662	2	95529	2
新密市	62575	6	64122	7	69979	6	74920	7	79898	7
新郑市	65320	4	69155	5	82223	3	87982	3	90259	5
登封市	64285	5	63633	8	65979	8	70164	9	75226	9
经开区	104193	1	122576	1	142441	1	202727	1	240866	1
高新区	54320	8	61172	9	66289	7	83262	4	91297	4
郑东新区	36505	14	51249	11	53994	12	53989	13	58421	12
航空港实验区	46741	10	70149	4	64084	9	80735	6	91920	3

表 5.6　2011—2017年郑州市分县（市）区人均GDP及位序表二

区域	2015年		2016年		2017年	
	人均GDP/元	位序	人均GDP/元	位序	人均GDP/元	位序
全市	76409		83444		93048	
中原区	42718	15	46985	15	53716	15
二七区	59432	11	65031	11	73103	12
管城区	51633	14	51361	14	60502	14
金水区	65105	10	81681	9	93515	6
上街区	88059	6	91025	6	82762	10
惠济区	37234	16	42366	16	50359	16
中牟县	54056	13	57764	12	61801	13
巩义市	75947	8	82136	8	90768	7
荥阳市	95529	2	101391	3	108401	4
新密市	79898	7	84804	7	89145	9
新郑市	90259	5	102782	2	109350	3
登封市	75226	9	81544	10	90565	8
经开区	240866	1	244421	1	261282	1
高新区	91297	4	97147	4	110009	2
郑东新区	58421	12	56248	13	73670	11
航空港实验区	91920	3	93808	5	99804	5

2. 人均 GDP 空间结构演变

在对郑州市人均 GDP 进行数据分析的基础上，结合城市空间区位对空间结构的演变进行梳理，可以清楚地看出人均 GDP 在郑州不同区位的变化，这对于探寻经济发展路径和支撑规划前景具有重要意义。

如图 5.8 所示，2011 年郑州市 16 个县（市）区中超过人均 GDP 平均值的有上街区、巩义市、荥阳市、新密市、新郑市、登封市和经开区。按照具体的人均 GDP 值进行分析，经开区远超其他区位于第 1 位，位于第二梯队的有上街区、荥阳市、新密市、新郑市、登封市，第三梯队的城市有巩义市和

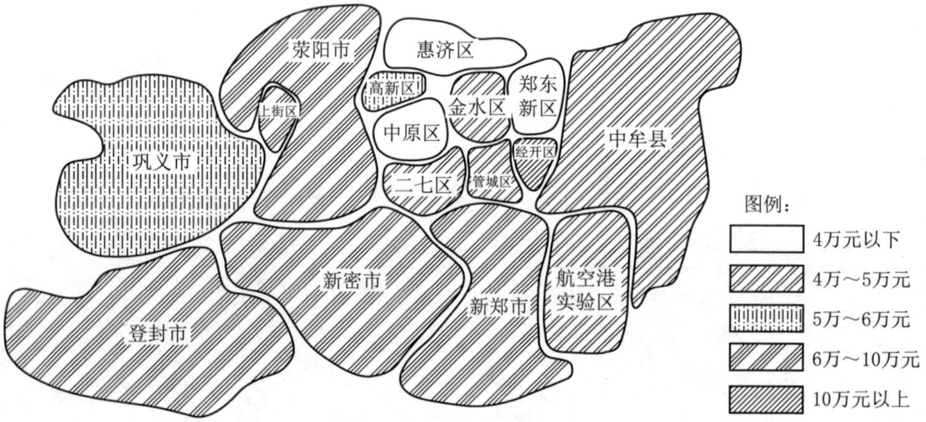

（a）2011年

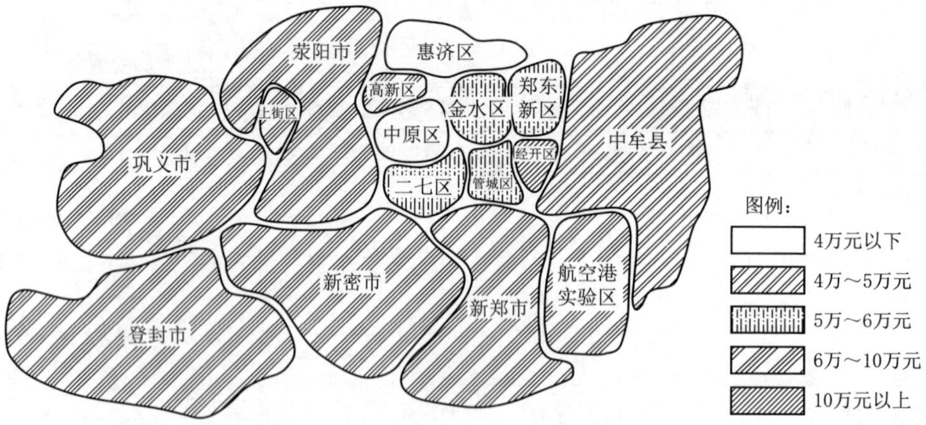

（b）2013年

图 5.8（一） 2011 年、2013 年、2015 年、2017 年郑州分县（市）区人均 GDP 空间对比示意图

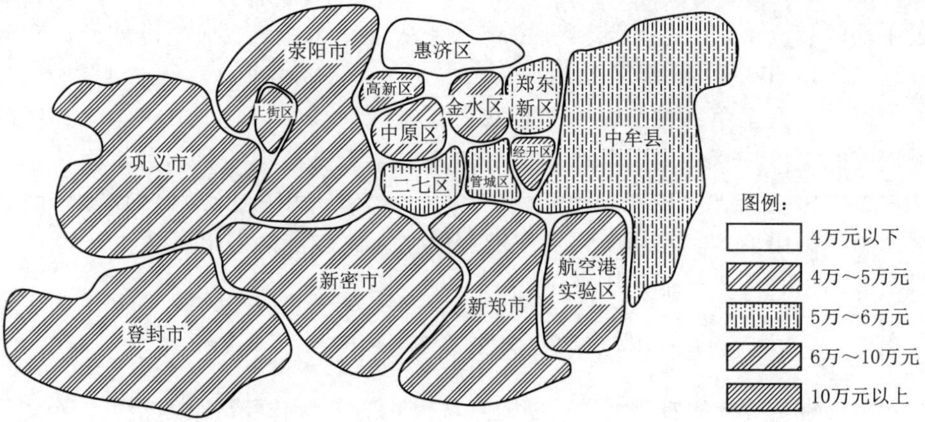

（c）2015年

（d）2017年

图 5.8（二） 2011 年、2013 年、2015 年、2017 年郑州分县（市）区人均 GDP 空间对比示意图

高新区，第四梯队的有金水区、二七区、管城区、航空港实验区和中牟县。而惠济区、中原区、郑东新区则位于人均 GDP 值较低的水平。2013 年的人居 GDP 对比图中，第一梯队仍然仅有经开区，且人均 GDP 值远高于其他县市区，第二梯队中增加了巩义市、高新区和航空港实验区，第三梯队中增加金水区、二七区、管城区和郑东新区。2013 年郑州各县市区中超过人均 GDP 的有上街区、巩义市、荥阳市、新密市、新郑市和经开区共 6 个县市区，登封市、高新区、航空港实验区相比平均值相差较小。通过 2015 年郑州人均 GDP 对比可以看出，经开区依然领跑全市，相比 2013 年上升至第二梯队的有金水

区，上升至第三梯队的有中牟县，而中原区升至第四梯队。其中人均GDP超过平均的有上街区、荥阳市、新密市、新郑市、高新区、航空港实验区和经开区。2017年超过人均GDP的有荥阳市、新郑市、高新区、航空港实验区和经开区，上升至第一梯队的有荥阳市、高新区、新郑市，上升至第二梯队的城市有二七区、管城区、郑东新区和中牟县，上升至第三梯队的有惠济区和中原区。可以看出，在2011—2017年间，人均GDP上升最快的有经开区、郑东新区、中原区、高新区、航空港实验区。而惠济区、中原区在人均GDP发展方面一直处于较低的水平。

5.2.3 三大产业与郑州空间结构演变分析

河南省是传统的农业大省，伴随着城镇化的发展和经济结构转型，经济发展中的产业比重有了很大的变化，郑州市作为河南省的省会城市，也作为中原城市群的中心城市，其三大产业在2011—2017年发生了很多变化，在对《郑州市统计年鉴》进行数据摘取后，分别对郑州市分县（市）区三大产业进行分析，这对于了解郑州市的经济发展轨迹和制定新的发展规划具有重要的现实意义。

1. 第一产业

在2017年第一产业最高的是荥阳市，中牟县位于第2位，2011—2017年郑州市分县（市）区第一产业总产值演变图（图5.9）可以看出，中牟县在2011年第一产业最高，且远高于其他县市区，在2012—2013年锐减，由483397万元降至253261万元，2013—2014年更是降至226004万元，2014—2017年中牟县第一产业反弹上升，2017年以250094万元位居第2位。新密市、新郑市、登封市位居第3、第4、第5位，在2011—2017年呈现稳步上涨的态势。航空港实验区、郑东新区、经开区的第一产业总产值在2012—2013年呈现激增的态势，在2013—2017年则处于上下波动、整体下降的态势。中原区、二七区、高新区、上街区管城区等在2011—2017年间则仅仅维持较低的水平，这与城镇化率呈现负相关。

郑州市各县（市）区在第一产业占比方面相差悬殊，中牟县在2011年以35.22%居于第一位并且遥遥领先于其他市区，在2013年锐减至17.23%，至2017年第一产业占比为16.50%，位居第2位。荥阳市在2011年的第一产值以15.44%位居第2名，至2017年以19.13%位居第1。位于第3位、第4位的市区是新密市、新郑市，其中新郑市的占比值变化不大，新密市占比上涨3%，增幅28.2%。位于第5位的登封市第一产值占比由7.83%升至11.96%，也是郑州市16各县（市）区中占比较高的市区。郑州市第一产值相对集中在中牟县、荥阳市、新密市、新郑市、登封市，共占第一产值总量的75%，其他11个县（市）区仅占25%，尤其是中原区、二七区、管城区、金

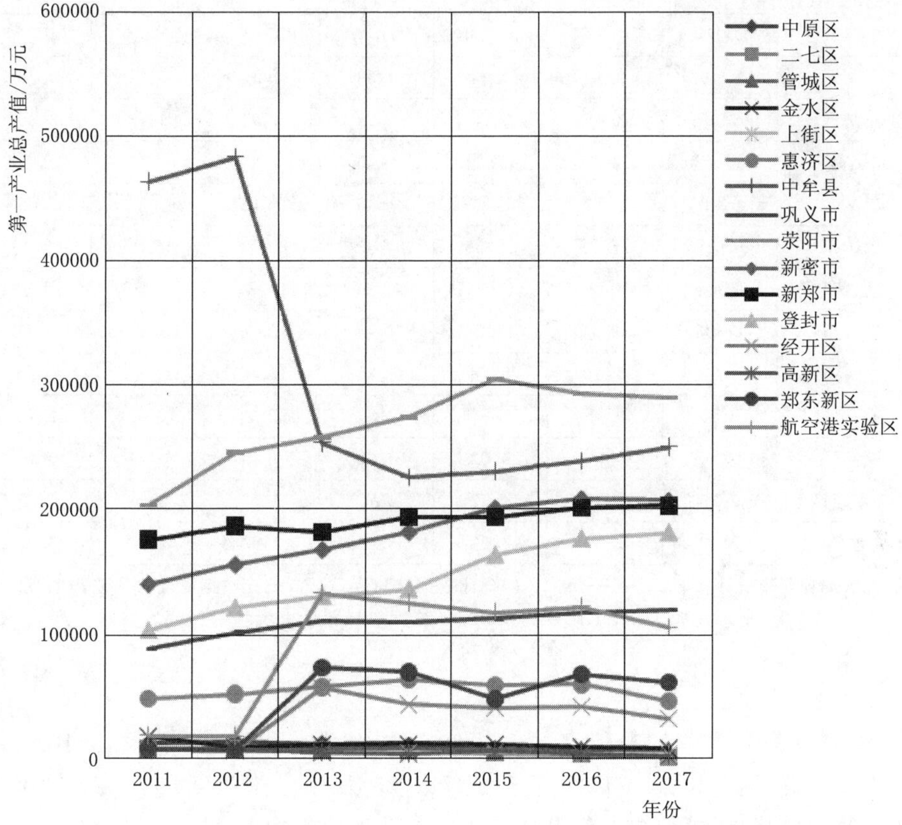

图 5.9　2011—2017 年郑州市分县（市）区第一产业总产值演变图

水区、上街区、高新区，第一产值占比均不超过 1%，这是城镇化率高的原因。值得一提的是，在 2011—2017 年航空港实验区、郑东新区、经开区的第一产值占比均处于上升的趋势，航空港实验区第一产值占比由 2011 年的 1.39%上升至 2017 年的 6.94%，郑东新区第一产值占比由 2011 年的 0.59%上升至 2017 年的 4.05%，增幅均较高（表 5.7）。

表 5.7　　2011—2017 郑州市分县（市）区第一产业总产值比重表　　%

区域	2011 年	2012 年	2013 年	2014 年	2015 年	2016 年	2017 年
全市	100.00	100.00	100.00	100.00	100.00	100.00	100.00
中原区	0.93	0.95	0.81	0.72	0.51	0.28	0.05
二七区	0.57	0.50	0.44	0.40	0.30	0.21	0.03
管城区	0.58	0.54	0.53	0.52	0.45	0.44	0.43
金水区	1.33	0.62	0.74	0.79	0.76	0.59	0.52

续表

区域	2011年	2012年	2013年	2014年	2015年	2016年	2017年
上街区	0.46	0.49	0.34	0.33	0.29	0.24	0.26
惠济区	3.69	3.66	3.93	4.31	3.93	3.83	3.06
中牟县	35.22	33.95	17.23	15.36	15.27	15.28	16.50
巩义市	6.70	7.13	7.54	7.46	7.46	7.51	7.88
荥阳市	15.44	17.28	17.56	18.64	20.21	18.75	19.13
新密市	10.65	10.94	11.42	12.36	13.32	13.35	13.67
新郑市	13.36	13.12	12.38	13.17	12.83	12.89	13.40
登封市	7.83	8.51	8.88	9.25	10.83	11.29	11.96
经开区	0.53	0.45	3.88	2.97	2.74	2.69	2.15
高新区	0.56	0.50	0.33	0.28	0.39	0.27	0.14
郑东新区	0.59	0.51	4.97	4.72	3.17	4.33	4.05
航空港实验区	1.39	1.26	9.03	8.49	7.82	7.80	6.94

注 根据郑州市统计年鉴、分县（市）区的统计数据求和后和全市统计数据之间有误差，本书计算分县（市）区统计数据占比采用分县（市）区统计数据和全市统计数据相比乘以100%获得，故此，占比分项总和和全市占比有误差，余表相同。

2. 第二产业

郑州市第二产业的产值在2011—2017年总体变化较大，如图5.10所示航空港实验区在2011年以第二产值721623万元位于第12位，2017年以4944955万元位于第1位。经开区的第二产业产值也由2011年的第10位升至2017年的第2位，产值增长至5.3倍。高新区的第二产业产值由第11位升至第8位。二七区的第二产值由第13位上升至第11位。而新密市第二产业产值由第1位下降至第7位，在2011—2017年由3652807万元降至3410079万元，反映了经济结构转型的影响。此外，在2011—2017年第二产值下降的还有中原区、中牟县、管城区，其中中原区由第7位下降至第10位，中牟县由第6位下降至第12位，管城区由第8位降至第13位，这一方面是由于自身的第二产值处于下降的趋势，另一方面是由于部分市区涨幅较快，可以看出，惠济区、郑东新区的第二产业发展均相对缓慢，一直处于最低的状态。

通过2011—2017年郑州市分县（市）区第二产业总产值比重（表5.8）表可以看出，2017年第二产业产值比重最高的是航空港实验区，占比12.11%，而占比超过10%的还有经开区和巩义市。位于第4位至第7位的是荥阳市、新郑市、登封市、新密市，其占比为8%～10%。第7位与第8位第二产值占比之间的差值较大，出现空档现象。位于第8位的高新区第二产业总产值仅占3.89%，位于第9位的金水区第二产业总产值占3.05%，中牟县

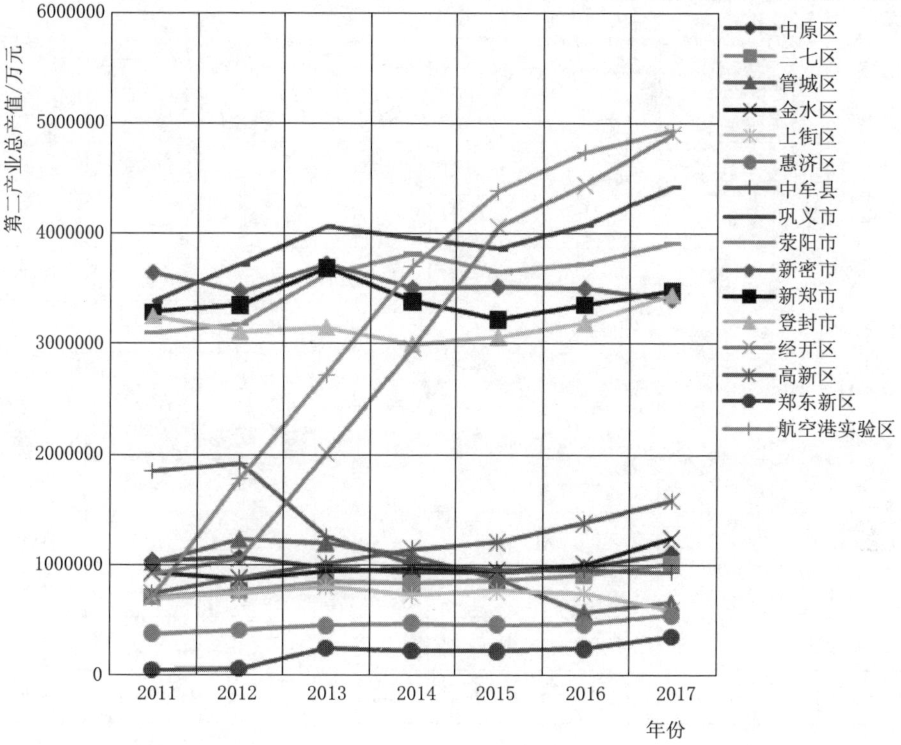

图 5.10　2011—2017 年郑州市分县（市）区第二产业总产值演变图

的第二产业产值由 2011 年的 6.47%下降为 2017 年的 2.29%，由第 6 位下降为第 12 位，管城区的第二产业产值由 2011 年的 3.60%下降为 2017 年的 1.64%，由第 8 位下降为第 13 位。而上街区、惠济区、郑东新区则由于第二产值位序一直保持不变，位于最后的梯队，其中郑东新区的第二产值占比一直小于 1%，说明第二产业并不是郑东新区的主导方向。

表 5.8　2011—2017 郑州市分县（市）区第二产业总产值比重表　/%

区域＼年份	2011 年	2012 年	2013 年	2014 年	2015 年	2016 年	2017 年
全市	100.00	100.00	100.00	100.00	100.00	100.00	100.00
中原区	3.63	3.43	2.82	2.68	2.60	2.60	2.72
二七区	2.49	2.46	2.44	2.40	2.39	2.40	2.48
管城区	3.60	3.95	3.47	3.12	2.44	1.53	1.64
金水区	3.26	2.81	2.72	2.78	2.65	2.66	3.05

续表

区域＼年份	2011年	2012年	2013年	2014年	2015年	2016年	2017年
上街区	2.45	2.38	2.33	2.10	2.14	1.98	1.47
惠济区	1.32	1.32	1.30	1.35	1.28	1.23	1.34
中牟县	6.47	6.14	3.63	2.92	2.68	2.53	2.29
巩义市	11.82	11.93	11.75	11.40	10.74	10.77	10.87
荥阳市	10.83	10.18	10.49	10.97	10.17	9.85	9.60
新密市	12.71	11.12	10.76	10.08	9.78	9.25	8.35
新郑市	11.48	10.74	10.66	9.75	8.97	8.87	8.54
登封市	11.37	9.96	9.11	8.63	8.53	8.44	8.48
经开区	3.21	3.38	5.82	8.52	11.31	11.73	12.03
高新区	2.63	2.85	2.94	3.31	3.37	3.66	3.89
郑东新区	0.20	0.20	0.73	0.66	0.62	0.65	0.87
航空港实验区	2.51	5.72	7.86	10.66	12.20	12.52	12.11

第二产业在郑州市空间分布的变化如图5.11所示可以看到，第一梯队的县（市）区有新密市、巩义市、新郑市、登封市、荥阳市，其第二产业产值均在300亿元以上，位于第二梯队的有中原区、管城区、中牟县，与第一梯队之间的差距较大，如中牟县的第二产业在2011年仅为新密市的51%。惠济区、郑东新区第二产业在这一阶段的发展水平较低，惠济区仅为新密市的10.4%，郑东新区仅为新密市的1.5%。2013年巩义市的第二产业产值超过新密市位居第一位，第一梯队包含的市区没有发生变化，但是产值有了很大的提升，第二梯队增加了航空港实验区、经开区、高新区，中原区下降为第三梯队。2015年在第二产业总产值方面，第一梯队增加航空港实验区、经开区，中牟县、管城区下降至第三梯队，第二梯队仅有高新区，说明2013—2015年在城市规划的政策引导下，部分区位产生了较大的产值变化。2017年郑州市第一梯队的县（区）市没有变化，第二产业总产值继续上涨，第二梯队增加中原区、二七区和金水区，第三梯队增加惠济区。在2011—2017年，郑东新区的第二产业产值增长相对缓慢，处于较低水平。

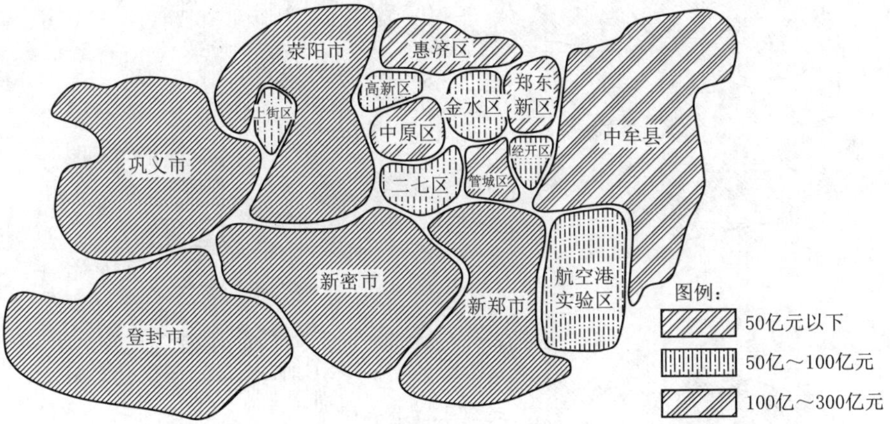

（a）2011年

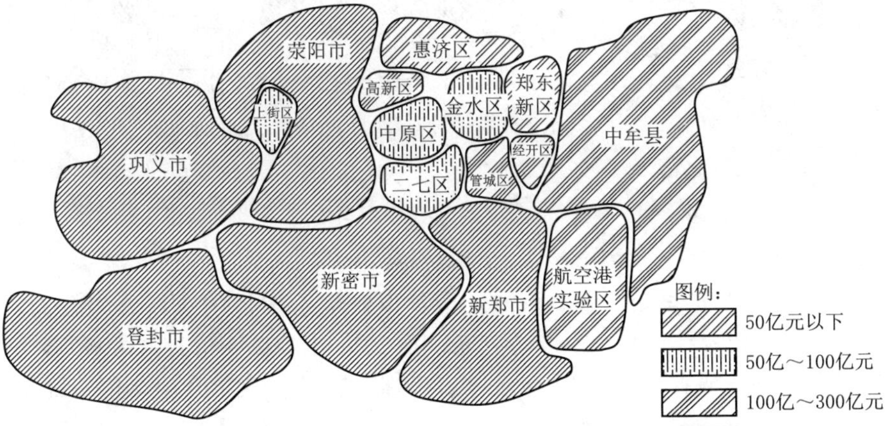

（b）2013年

图 5.11（一） 2011 年、2013 年、2015 年、2017 年郑州分县（市）区第二产业产值对比示意图

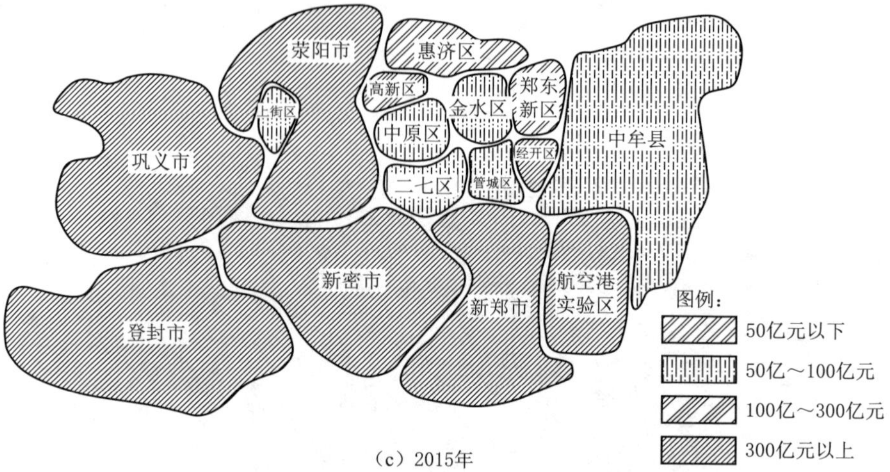

（c）2015年

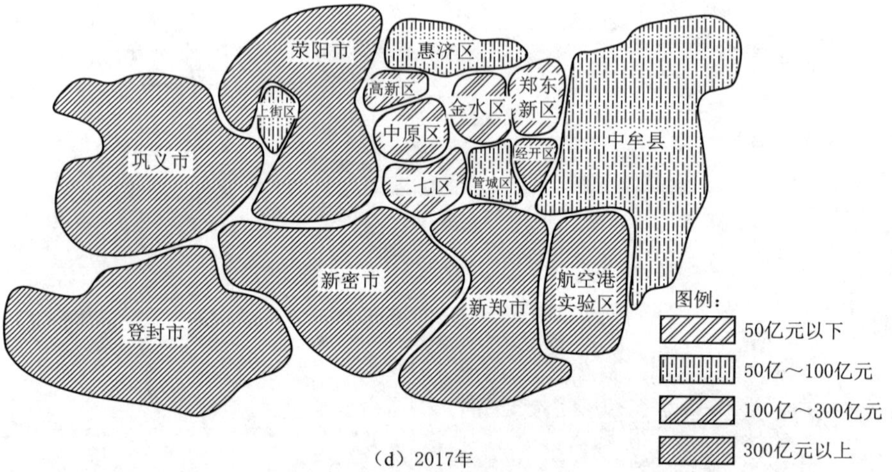

（d）2017年

图 5.11（二） 2011 年、2013 年、2015 年、2017 年郑州分县（市）区第二产业产值对比示意图

3. 第三产业

2011—2017 年郑州市各县（市）区第三产业总产值的总体增幅较大，如图 5.12 所示，2017 年共 49594557 万元，是 2011 年的 2.5 倍。具体来看，金水区第三产业总产值在 2011—2017 年一直远高于其他县（市）区，位于第 1 位，2017 年第三产业总产值占郑州市的 22%。位于第 2 位的是二七区，在 2011—2017 年第三产业总产值处于上升的态势，2017 年二七区第三产业产值占郑州市的 9.8%。郑东新区第三产业在 2011—2017 年发展较快，从第 9 位升至第 3 位，2017 年第三产业总产值占郑州市的 8.9%，显示出较高的发展水平。新郑市、登封市、航空港实验区在 2011—2017 年涨幅较大，处于较快的上升趋势，其中航空港实验区由 2011 年的第 16 位升至 2017 年的第 11 位，产值增长 13.43 倍，

表现出强劲的发展势头。而相比之下，中原区、管城区、荥阳市、高新区在第三产业发展中增幅较少，位序有所下降，其中中原区由 2011 年的第 3 位降至 2017 年的第 6 位，管城区由 2011 年的第 4 位降至 2017 年的第 9 位，说明一方面各区在第三产业的发展中还需要强力带动，加强产业植入与转型，一方面也反映了其他市区在此期间发展较快，可以进行区域的统筹分工，这为郑州市的后续城市发展规划提供了分析参考，为协调各个县市区的产业结构提供重要的参考方向。

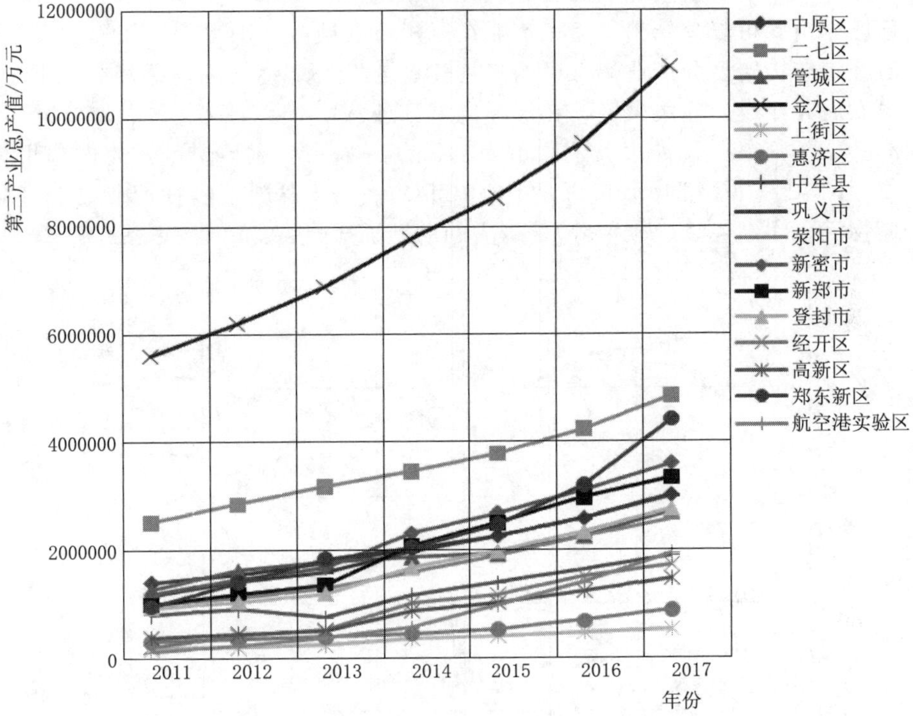

图 5.12　2011—2017 年郑州市分县（市）区第三产业总产值演变图

根据郑州市各县（市）区 2011—2017 年第三产业总产值上涨趋势可知，第三产业总产值占比趋势呈现部分上涨，部分下降的态势。金水区、二七区的占比趋势明显下降，分别由 2011 年的 28.34%、12.81%下降至 2017 年的 21.99%、9.77%，但由于历史路径原因仍处于第一和第二位序，说明部分市区第三产业产值上涨明显，占比增强更为显著。结合 2011—2017 年郑州市分县（市）区第三产业总产值占比趋势图（图 5.13）可以清楚地看到，郑东新区和航空港实验区涨势明显，分别由 2011 年的 4.94%和 0.74%上涨至 2017 年的 8.88%和 3.93%，在 2014 年之后上涨较为明显，此外，高新区和经开区的第三产值占比在 2013 年之后也呈现较强的上升趋势。新郑市、新密市占比值在 2013 年后呈现先升后降的态势，2015 年的第三产业占比值达到最高点，分别为7.58%、7.03%，随后呈现缓慢下降。其他省市区中，第三产业占比变化较小的有上街区、惠济区、巩义市、荥阳市，基本维持原有的占比值状态，仅有微小上涨。占比值处于下降趋势的还有中原区、管城区，中牟县，其中中原区第三产值占比由2011年的7.16%下降为2017年的6.08%，管城区第三产值占比由2011年的6.51%下降为2017年的5.49%，中牟县第三产值占比由2011年的4.18%下降为2017年的3.85%。而第三产业占比上涨的除郑东新区、航空港实验区外，还有新密市、新郑市、登封市、经开区、高新区，由此可以总结出，第三产业在郑州市老城区外围得到了快速的发展，这与经济结构转型和产业集聚区的规划建设与发展息息相关，尤其在2013年大力发展与建设产业集聚区，在郑州老城区外围区域（如高新区、航空港区、中牟县、新密市、登封市、荥阳市等）建设高水平产业集聚区，使得郑州除了作为国家交通枢纽城市和商业中心城市之一，还发展了多种产业类型（如仓储物流、印刷包装、服装等），极大的助推了郑州第三产业的发展。

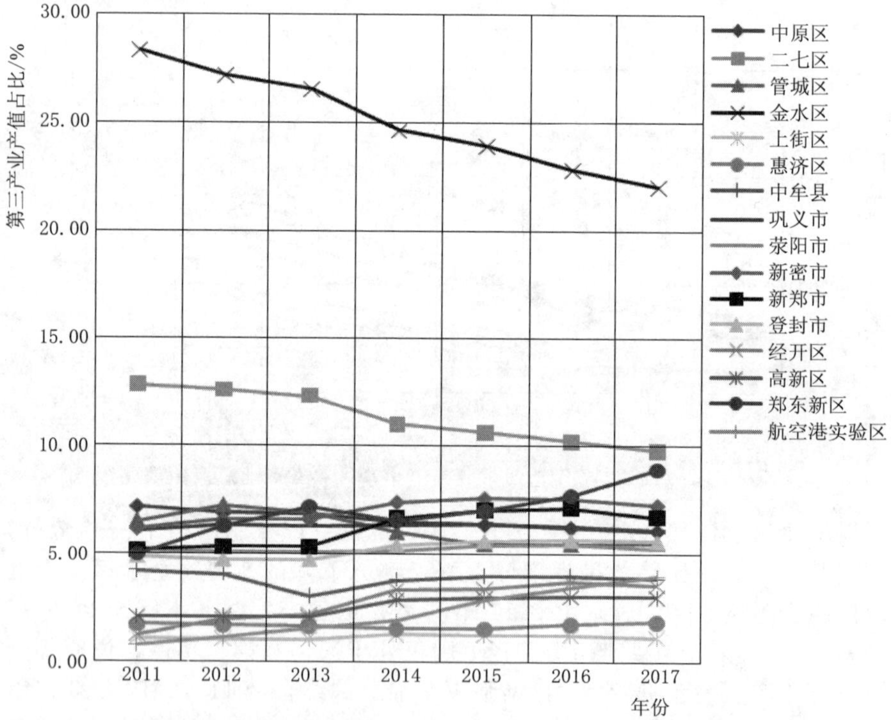

图5.13 2011—2017年郑州市分县（市）区第三产业总产值占比趋势图

郑州市第三产业空间发展在2011—2017年间呈现较大的变化，2011年位于第一梯队的仅有金水区，其第三产业总产值远高于其他县市区，这是因为郑州市是国家级商业中心，而金水区聚集大量商业区；位于第二梯队的有二七区、中原区、管城区、新密市、巩义市，新郑市、荥阳市共7个市区；第三产业总产值相对较少的有上街区、惠济区、经开区、高新区和航空港实验区。2013 年金水区的第三产业产值仍远高于其他县（市）区，第一梯队增加二七区，这与二七商圈的商业业态密切相关；第二梯队增加登封市、郑东新区，其中郑东新区第三产业产值在 2011—2013 年增长迅速，由第 9 位上升至第 3 位；第三梯队增加高新区和经开区。2015 年第三产业产值方面，第一梯队的金水区出现较大涨幅；继续领跑郑州，二七区仅为金水区第三产值的一半；第二梯队增加经开区、高新区、航空港实验区、中牟县，其中航空港实验区增长较大，2015 年第三产值是 2013 年的 2.5 倍以上；第三梯队增加惠济区，而上街区发展水平较低，发展缓慢。2017 年金水区第三产业产值突破千亿大关，第一梯队增至 7 个，增加了巩义市、新密市、新郑市、中原区、郑东新区，其中郑东新区增长较快，升至第 3 名；第三梯队中增加上街区，但是上街区与惠济区仍是郑州市第三产业发展水平较低的区域，需要通过经济牵引促进产业发展，提高其产业水平（图 5.14）。

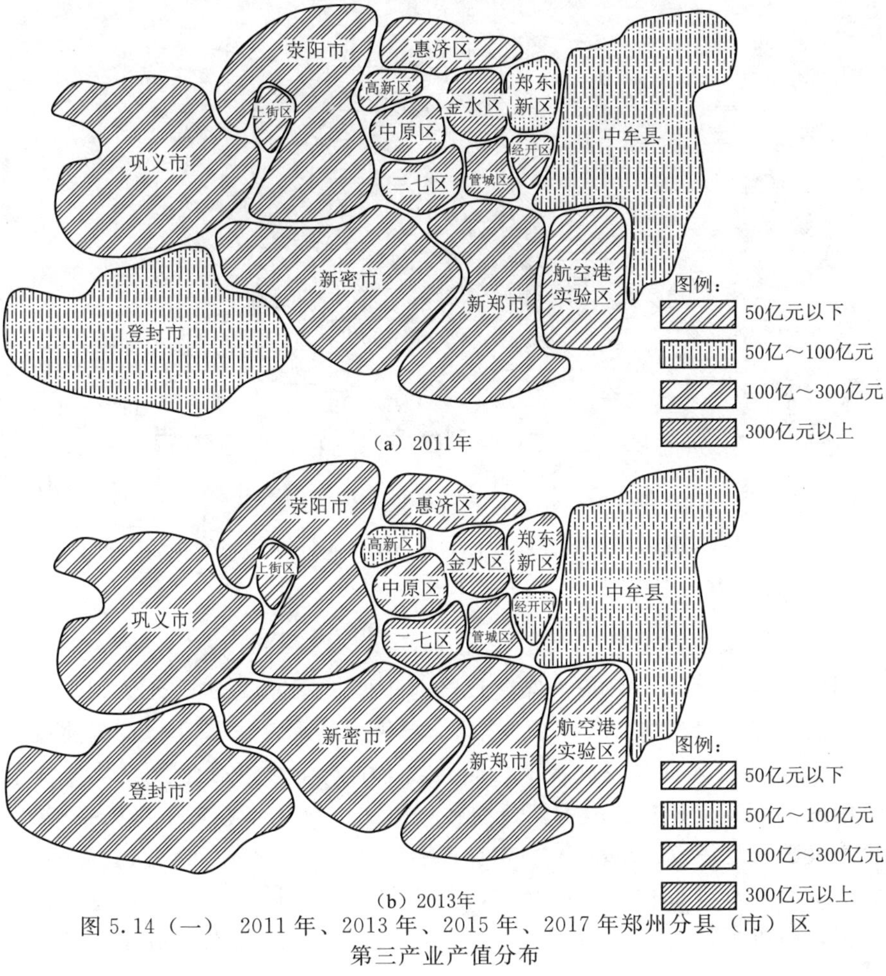

图 5.14（一） 2011 年、2013 年、2015 年、2017 年郑州分县（市）区第三产业产值分布

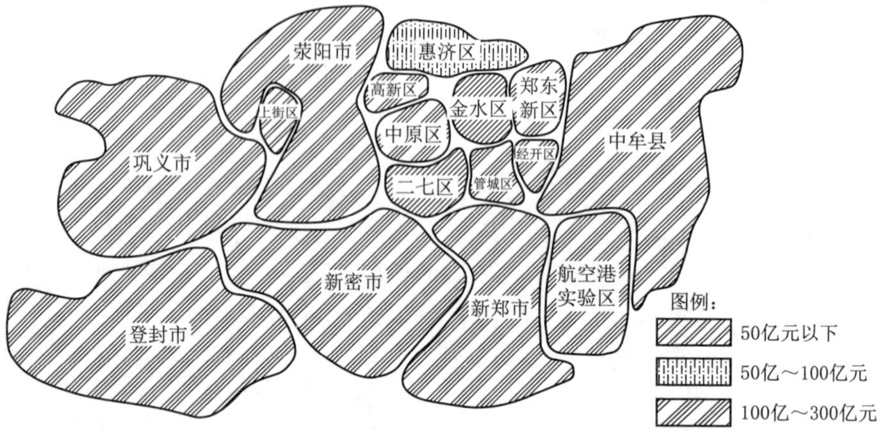

(c) 2015年

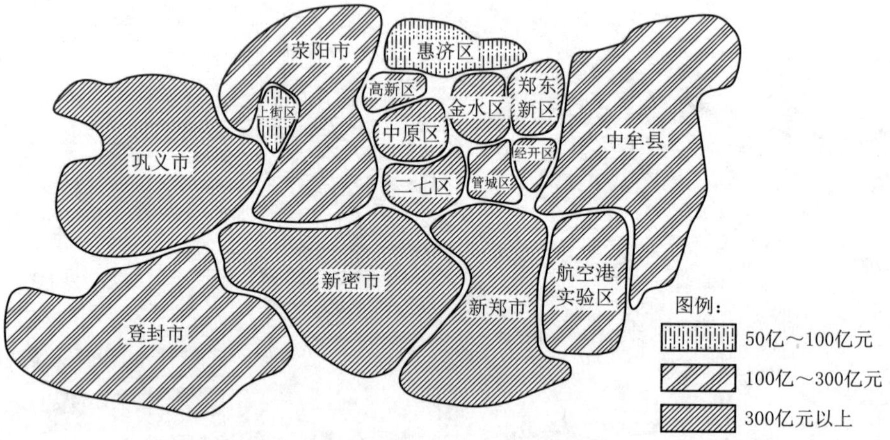

(d) 2017年

图 5.14（二） 2011 年、2013 年、2015 年、2017 年郑州分县（市）区第三产业产值分布

4. 产业集聚区建设

2010 年河南省人民政府发布建设产业集聚区公告，2012 年发布《2012 年河南省加快产业集聚区建设专项方案》，同年开展河南省产业集聚区建设引商工作，2013 年进入提高发展水平和提升优势的新阶段。故此，2014 年之前在产业集聚区方面统计数据较少。目前在《郑州市统计年鉴》中可以找到 12 个产业集聚区，见表 5.9、表 5.10 主导产业涉及面广，在电子信息、生物医药、新能源、汽车及零部件、仓储物流、印刷包装、新材料、装备制造业、食品加工和食品机械制造、粮油储运与加工、服装、铝品加工制造业、装备制造

业等多个方面均有建设，2017 年规模以上工业主营业务收入超过千亿的产业集聚区有 2 个，排名在前 50 名的集聚区有 6 个。

表 5.9　2014—2017 年郑州市产业集聚区主要经济指标一

区域	2014 年			2015 年		
	规模以上工业主营业务收入/亿元	规模以上工业平均用工人数/万人	固定资产投资/亿元	规模以上工业主营业务收入/亿元	规模以上工业平均用工人数/万人	固定资产投资/亿元
郑州高新技术产业集聚区	409.5	4.0	158.0	373.5	4.0	304.6
郑州经济技术产业集聚区	921.7	5.3	321.2	1007.9	5.3	413.0
郑州航空港产业集聚区	209.4	2.5	388.1	2645.1	2.5	524.0
郑州市中牟产业集聚区	34.5	0.6	123.4	29.0	0.6	172.2
郑州市中牟汽车产业集聚区	249.7	1.6	108.9	279.4	1.6	103.8
郑州市金岱产业集聚区	4.98	0.149	15.0	6.31	0.153	37.4
郑州市上街装备产业集聚区	161.9	0.7	31.4	160.7	0.7	38.2
郑州市马寨产业集聚区	152.3	1.4	53.4	156.1	1.4	28.3
郑州市新港产业集聚区	167.7	1.6	93.1	180.2	1.6	93.2
新密市产业集聚区	260.6	2.8	140.7	308.7	2.8	149.7
登封市产业集聚区	219.8	1.7	73.5	227.8	1.7	92.0
荥阳市产业集聚区	339.3	3.0	83.0	392.3	3.0	82.9
合计	3131.4	25.3	1589.7	5767.0	25.4	2039.3

表 5.10　2014—2017 年郑州市产业集聚区主要经济指标二

区域	2016 年			2017 年		
	规模以上工业主营业务收入/亿元	规模以上工业平均用工人数/万人	固定资产投资/亿元	规模以上工业主营业务收入/亿元	规模以上工业平均用工人数/万人	固定资产投资/亿元
郑州高新技术产业集聚区	346.0	4.3	350.5	450.9	4.2	268.4
郑州经济技术产业集聚区	1136.7	6.3	389.1	1094.5	6.5	447.5

续表

区域	2016年			2017年		
	规模以上工业主营业务收入/亿元	规模以上工业平均用工人数/万人	固定资产投资/亿元	规模以上工业主营业务收入/亿元	规模以上工业平均用工人数/万人	固定资产投资/亿元
郑州航空港产业集聚区	2665.8	23	628.5	2991.7	23.8	682.0
郑州市中牟产业集聚区	25.7	0.6	159.4	36.0	0.5	293.7
郑州市中牟汽车产业集聚区	319.9	2.3	165.2	279.9	2.6	124.0
郑州市金岱产业集聚区	7.0	0.1	19.2	8.9	0.2	91.9
郑州市上街装备产业集聚区	162.8	0.6	25.3	146.8	0.6	43.6
郑州市马寨产业集聚区	158.6	1.3	36.4	182.0	1.4	60.1
郑州市新港产业集聚区	366.7	2.8	119.9	355.8	2.7	99.1
新密市产业集聚区	319.3	2.2	145.8	331.8	2.6	103.8
登封市产业集聚区	219.2	1.7	92.1	254.9	1.7	99.5
荥阳市产业集聚区	399.6	2.8	106.2	385.4	2.7	100.9
合计	6127.3	48	2237.6	6518.6	49.5	2414.5

对比分析2014—2017年郑州市产业集聚区各项数据，2014年在规模以上工业主营业务收入方面，位于前3位的分别是郑州经济技术产业集聚区、郑州高新技术产业集聚区、荥阳市产业集聚区，其中郑州经济技术产业集聚区年收入921.7亿元，远超于其他产业集聚区，2015年，郑州航空港产业集聚区异军突起，以年业务收入2645.1亿元位居第1，郑州经济技术产业集聚区位居第2，业务收入为航空港产业集聚区的38%，第3名荥阳市产业集聚区年业务收入392.3亿元，比第4名郑州高新技术产业集聚区年业务收入高18.8亿元。2016年产业集聚区前3名仍为郑州航空港产业集聚区、郑州经济技术产业集聚区、荥阳市产业集聚区，郑州市新港产业集聚区发展迅速，超过郑州高新技术产业集聚区成为第4名。2017年，郑州高新技术产业集聚区由第5名上升至第3名，远超第4名荥阳市产业集聚区和第5名郑州市新港产业集聚区。可以看出，各个产业集聚区在年业务收入方面存在较大差距，这与产业类型与规模密切相关，但随着高质量高水平的经济政策引导，具有高

新技术与互联网信息技术的相关产业提升潜力巨大，成为新的经济增长引擎。目前郑州各个产业集聚区正处于快速发展阶段，在各个产业发展方向（如新材料产业、生物及医药产业、现代食品制造业、家居和品牌服装制造业、汽车及装备制造业、铝及铝精深加工业、批发零售业、住宿餐饮业、现代物流业、房地产业、金融业、文化创意旅游业、公共服务业、新兴产业、电子商务产业等）都将发挥重要的经济带动作用。

5.3 郑州市各区社会发展演化分析

郑州市各县市区社会发展数据来自《郑州市统计年鉴》，由于城市建设时序与年鉴统计年份不同，统计口径不同，部分区域早期数据有所缺失，但是结合近几年的整体分析，依旧可以展现各个县市区的发展与变化过程，因此在分析过程中，注重整体的对比与分析，尽量对各个方面进行对比性剖析。

5.3.1 居民生活水平分析

1. 社会消费品零售总额

社会消费品零售总额是在各类与消费有关的统计数据中最直接表现国内消费需求的数据，社会消费品零售总额是国民经济各行业直接售给城乡居民和社会集团的消费品总额，是反映各行业通过多种商品流通渠道向居民和社会集团供应的生活消费品总量，是研究零售市场变动情况、反映经济景气程度的重要指标。在对郑州市各县（市）区 2011—2017 年社会消费品零售总额（表 5.11）进行对比分析可以看到，金水区是历年社会消费品零售总额最高的区，远高于其他县市区，2017 年社会消费品零售总额达到 7708308 万元，是上街区的 12.8 倍。二七区、管城区在社会消费品零售总额位序上发展稳定，在 2011—2017 年始终位于第 2 位、第 3 位，但在社会消费品零售总额数值上与金水区差距较大，2011 年二七区、管城区的数值仅为金水区的 47%和 42%，在 2017 年二七区、管城区的数值为金水区的 61%和 41%，相比而言二七区发展速度明显加快。此外，2017 年新密市、巩义市的社会消费品零售总额位居第 4、第 5 位，社会消费品零售总额均超过 3000000 万元，相对处于较高的水平；处于第三梯队的有荥阳市、新郑市、登封市、经开区，社会消费品零售总额均超过 2000000 万元。对比各县市区可以发现，上街区和高新区在社会消费品零售总额发展方面处于最低的水平，航空港实验区、中牟县、惠济区、郑东新区的社会消费品零售总额在 2017 年处于较低的水平，这与各区人口发展与经济发展水平关系密切。

表 5.11　　2011—2017 年郑州市分县（市）区社会消费品零售总额　单位：万元

区域＼年份	2011 年	2012 年	2013 年	2014 年	2015 年	2016 年	2017 年
全市	18728617	23409022	23984441	29553888	32978535	36658274	40575222
中原区	1342771	1501733	1613687	1570309	1766468	1586343	1763263
二七区	2317790	2654449	3013193	3488220	3935900	4248832	4709987
管城区	2075684	3139495	2454618	2418870	2590826	2836090	3152212
金水区	4938618	6736291	6292376	6353630	6732180	7207380	7708308
上街区	292007	333738	375018	425375	476292	542635	601588
惠济区	636339	746821	870320	1010878	1081401	1189102	1243703
中牟县	875077	1018350	1076585	806307	943737	1061567	1188775
巩义市	1455199	1684318	1943007	2198206	2482916	2767267	3092172
荥阳市	1185434	1373092	1565387	1873856	2227747	2568785	2889013
新密市	1332040	1542785	1758327	2042300	2429384	2804982	3146533
新郑市	1246307	1480243	1655616	1670890	1991952	2331063	2655212
登封市	1031351	1197707	1366307	1613142	1917259	2210831	2477444
经开区	—	—	—	1164443	1410632	1806113	2156307
高新区	—	—	—	489057	578219	993023	993812
郑东新区	—	—	—	1726254	1607937	1585686	1697038
航空港实验区	—	—	—	702151	805685	918575	1099855

2. 公共预算收入

郑州市公共预算收入在 2011—2017 年一直处于前列的是郑东新区、金水区、新郑市、经开区，其中郑东新区由 2011 年的 277745 万元增至 2017 年的 819428 万元，增长了约 2 倍，新郑市的公共预算收入由 2011 年的第 4 位升至 2017 年的第 2 位，经开区公共预算收入由 2011 年的第 13 位升至 2017 年的第 3 位，均处于较快的增长趋势。金水区公共预算收入由 2011 年的第 1 位下降至 2017 年的第 4 位，处于相对增长缓慢的态势。2011—2017 年，公共预算收入快速上升的还有荥阳市、高新区、航空港实验区，中牟县，其中航空港实验区由 2011 年第 16 位升至第 9 位，荥阳市由 2011 年第 11 位升至第 6 位，高新区由 2011 年第 12 位升至第 8 位，显示了在 2011—2017 年，郑州市在保障和改善民生方面重点支持的区域正在成为经济发展较快的区域。比较而言，郑州市老城区（如中原区、二七区、管城区、上街区、惠济区和登封市）则公共预算收入相对较少，这与城区发展成熟度和经济发展的结构转型存在很大关系。2011—2017 年郑州市分县（市）区公共预算收入见表 5.12。

表 5.12　　2011—2017 年郑州市分县（市）区公共预算收入　　单位：万元

区域＼年份	2011 年	2012 年	2013 年	2014 年	2015 年	2016 年	2017 年
全市	5023175	6066488	7236091	8338761	9428968	10111833	10566713
市本级	2088362	2524352	4068842	4852042	5617913	6129260	6275095
中原区	186002	216811	260590	278288	287789	284919	266334
二七区	187159	217699	248780	283898	306946	295023	293517
管城区	168981	188110	208676	217963	229612	240825	265586
金水区	350509	410383	501474	517700	551140	525325	554861
上街区	75585	85358	100616	110850	120338	103970	123693
惠济区	89748	100718	110943	116286	125065	163262	200188
中牟县	192177	271777	299143	316544	360516	416156	480166
巩义市	223216	260515	300105	318355	347335	383698	423575
荥阳市	140843	165023	201450	264803	316038	372152	429063
新密市	201294	244227	284149	300088	303097	398469	320423
新郑市	215666	269588	380299	501299	600369	653118	683887
登封市	202267	239554	271024	260645	262810	235656	250325
经开区	99332	120899	179422	230610	330217	504678	591817
高新区	120215	151640	202274	254688	289044	340116	365299
郑东新区	277745	323243	579173	682183	778533	770178	819428
航空港实验区	38966	72666	150728	211666	295001	329620	362720

3. 固定资产投资

固定资产投资是社会固定资产再生产的主要手段。固定资产投资额是以货币表现的建造和购置固定资产活动的工作量，它是反映固定资产投资规模、速度、比例关系和使用方向的综合性指标。2011—2017 年郑州市各县（市）区固定资产投资的发展情况不同，侧面显示了经济发展的后劲与积累差异，见表 5.13。可以看出，郑东新区、航空港实验区、经开区 3 个区的固定资产投资额上升最快，其中郑东新区固定资产投资额由第 8 位上升至第 1 位，显示了郑东新区的城市发展速度较快，航空港实验区固定资产投资额由第 15 位上升至第 2 位，经开区的固定资产投资额由第 13 位上升至第 9 位，显示其处于发展速度较快的建设期，在基本建设、更新改造、房地产开发投资等方面发展迅速。相比较而言，金水区、中牟县、新密市、管城区等在固定资产投资方面处于位序下降的态势，尤其是金水区由 2011 年的第 1 位下降为 2017 年的第 6 位，中牟县由 2011 年的第 3 位下降为 2017 年的第 10 位，新密市由

2011 年的第 2 位下降为 2017 年的第 7 位，管城区由 2011 年的第 10 位下降为 2017 年的第 14 位，而上街区、惠济区、高新区、登封市的固定资产投资位序变化较小。2011—2017 年郑州市分县（市）区固定资产投资见表 5.13。

表 5.13　　2011—2017 年郑州市分县（市）区固定资产投资　　单位：万元

区域＼年份	2011 年	2012 年	2013 年	2014 年	2015 年	2016 年	2017 年
全市	29000424	35612211	44002102	52596482	62880031	69986438	75734425
中原区	1260706	1533496	1919079	2254204	2723872	2835448	3220114
二七区	1893944	2365639	2926295	3389372	4073295	3642240	4135848
管城区	1558688	1841378	2134476	2507026	2975041	2712262	3052584
金水区	3205052	3104384	3500595	4028583	4683331	4799627	5282582
上街区	658467	807310	1001091	1184998	1394912	1102916	1238589
惠济区	824332	932539	1153668	1368253	1656842	1880827	2146951
中牟县	2478288	3068534	2302940	2733740	3277526	3961213	4377427
巩义市	2466793	3047430	3725449	4041698	4754894	5435402	6182140
荥阳市	2462396	3046874	3464700	4044476	4832388	5792667	5992576
新密市	2496440	3069708	3293806	3837903	4536940	5091624	5141622
新郑市	2186764	2702922	3275608	3924161	4731540	5662319	5916584
登封市	2085130	2576204	2930485	3416461	4047692	4683531	4643519
经开区	1126194	1421256	2720753	3285939	4053557	3844483	4475290
高新区	1199470	1514384	2206706	2662539	3195771	3590880	3479660
郑东新区	1976348	2670251	4459502	5020491	6089897	7082758	8018265
航空港实验区	800770	1160314	22090217	4008656	5217536	6285088	6805223

4. 城镇人均可支配收入

城镇居民人均可支配收入是指反映居民家庭全部现金收入能用于安排家庭日常生活的部分收入。居民可支配收入被认为是消费开支的决定性因素，常被用来衡量一个国家生活水平。在 2011—2017 年郑州市各县（市）区中，郑州市中心城区人均可支配收入明显高于各个县市，在 2017 年，金水区、上街区、二七区等的人均可支配收入远超各个县市，其中中牟县人均可支配收入仅为金水区人均可支配收入的 66%，差距明显。2017 年人均可支配收入位于第二梯队的有二七区、中原区、管城区，均为郑州中心城区中较为成熟的城区。而中牟县、登封市人均可支配收入在 2011—2017 年均处于较低的位序，这与城镇化的发展水平息息相关。

5．法人单位从业人数

2011—2017 年郑州各县（市）区法人单位从业人数呈现上下波动、整体上升的趋势（图 5.15），其中金水区一直位于郑州的第 1 位，二七区在 2014—2016 年增速较快，2016—2017 年间虽有下降，但在 2017 年仍位居郑州市第 2 位，郑东新区法人单位从业人数在 2011—2017 年增速很大，从 2011 年的第 14 位升至 2017 年的第 3 位，反映了郑东新区经济发展的蓬勃生机，航空港实验区法人单位从业人数在 2011—2017 年也有很大提升，从 2011 年的第 16 位升至 2014 年的第 2 位，再下降至 2017 年的第 4 位，整体涨幅很高，反映了航空港实验区较高的经济活力，此外，处于上升态势的还有荥阳市，由 2011 年的第 9 位升至 2017 年的第 6 位，显示了产业集聚与经济发展的正向带动作用。在 2011—2017 年，法人单位从业人数起于稳定或者变化较小的有管城区、上街区、经开区、高新区，其中管城区、经开区、高新区人数均有上涨，属于涨幅较小引起的位序下降，而上街区人数下降。法人单位从业人数位序下降变化较大的有中牟县、惠济区、中原区、新密市、新郑市和登封市，中原区在法人单位从业人数上出现下降的趋势，其他各县（市）区人数虽有上涨，但是整体增势较小，所以在位序上处于下降较多的状态。整体来看，郑州一些老城区（如上街区、中原区）近几年的经济发展相对较缓，需要提高经济活力，以带动法人单位从业人数的增加。

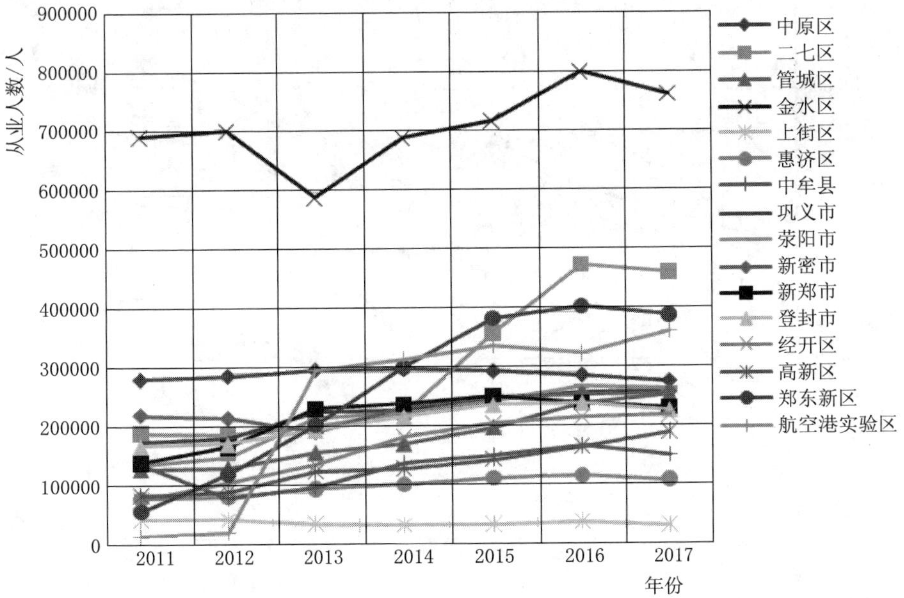

图 5.15　2011—2017 年郑州市分县（市）区法人单位从业人数演变图

5.3.2 文化与交通发展分析

1. 教育支出

一般而言，教育支出受到人口、经济发展、百姓教育需求等多方面的影响，随着人口的数量、密度、地区分布与年龄构成等因素的变化，教育支出会受到明显的影响。如图5.16所示，2011—2017年郑州16个县（市）区呈现教育支出上下波动、位序反复的状态，2011—2012年较多市区教育支出上涨，但是在2012—2013年间下降较多，2015年是教育支出的谷底，在2016—2017年呈现较大的上扬，这反映出教育支出受到整体大环境的影响较多。位序整体上升的有新郑市、中牟县、金水区、郑东新区、航空港实验区；位序下降的有登封市、巩义市、新密市、管城区、上街区；位序相对稳定的有中原区、二七区、荥阳市、高新区。其中位序上升幅度较大的有郑东新区、金水区、中牟县，郑东新区的教育支出在2017年达到123935万元，从2011年的第8位上升至2017年的第4位，显示出新区建设后人口聚集对于教育支出的强大需求，金水区在2016—2017年的教育支出增幅较大，教育支出位序由2011年的第6位上升至2017年的第3位，显示了文化教育中心区的强大需

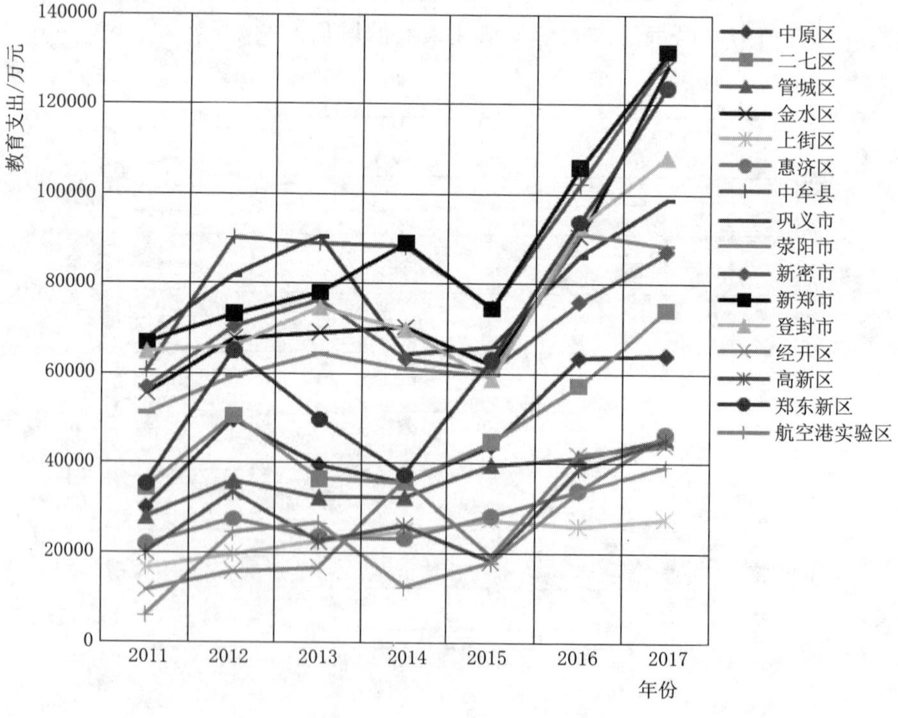

图5.16 2011—2017年郑州市分县（市）区教育支出演变图

求，中牟县教育支出方面由2011年的第4位升至2017年的第2位，受到百姓需求和经济发展的影响较多。2011—2017年，教育支出位序下降较为明显的巩义市，在教育支出涨幅上相对较少，由2011年的第1位降至第6位，新密市的教育支出位序相对下降较多，由2011年的第5位降至2017年的第8位，登封市的教育支出位序由2011年的第3位降至2017年的第5位，虽然在2015—2017年间增幅较大，但是增提呈现发展较慢的态势。

2. 图书馆藏书

郑州市域图书馆藏书量随地区特点的不同，呈现较大的差距，郑州市内省级图书馆、郑州市图书馆以及多家高校的学校图书馆使郑州市中心城区的图书馆藏书量相对较多，2017年郑州市图书馆藏书量达到3153千册，省本级藏书量达到3971千册，中原区在2017年藏书量为137千册，上街区藏书量为248千册，此外，荥阳市、巩义市、新密市和新郑市藏书量相对较多，而二七区、管城区、登封市的藏书量相对较少，综合来讲，由于受到互联网等信息化传播途径的影响，各区藏书量处于增长减慢的趋势。

3. 交通运输支出

郑州市在交通运输支出方面，呈现各个县（市）区变化起伏较大，相互差距明显的态势，这与城区建设时序不同有很大关系。2011—2017年，交通运输支出位于第1位的是新郑市，2017年交通运输支出数值是2011年的4.57倍，增幅明显。位于第2位的是巩义市，在2012年与2016年、2017年增幅加大，迅速提升了巩义市交通运输支出的位序。登封市在2016年、2017年在交通运输支出方面增长较快，位于第3位。结合2011—2017年郑州市各县市区交通运输支出情况可以看出，2011—2015年，郑州市整体交通运输支出持续加大，呈现近些年的峰值状态，随后在2016—2017年，出现下滑的态势。2015年新郑市和经开区涨幅较大，而中牟县呈现锐减的态势，2017年中牟县下降剧烈，排名第六位。2017年交通运输支出在数值上呈现上升态势的有新郑市、巩义市、登封市、荥阳市、航空港试验区、上街区、管城区，而其余市区则出现不同程度的减少，以中牟县、经开区、金水区表现最为明显。

5.3.3 社会保障分析

社会保障制度是增进全体社会成员的物质和文化福利、保持社会安定、促进经济增长和社会进步的社会经济制度之一，社会保障支出是为居民的最低生活水准提供保障的一种支出形式，在社会生活中具有承担调节分配关系，减缓收入和财产差距，保障社会公平，维护社会安定等作用，对于社会发展具有重要意义。

1. 医疗卫生与计划生育支出

通过2011—2017年的医疗卫生与计划生育支出演变图（图5.17），可以看出郑州市在2011—2017年的医疗卫生与计划生育支出呈现逐年上涨、分层级发展的态势。巩义市一直保持第1名的位序，医疗卫生与计划生育支出在2011—2016年间呈现快速增长，在2016—2017年间有所下降，但仍处于第1位。荥阳市医疗卫生与计划生育支出呈现大幅度的提高，由2011年的第6位升至2017年的第2位，此外，新郑市、新密市、中牟县、登封市、金水区、二七区均属于医疗卫生与计划生育支出涨幅较大、位序靠前的县（市）区，而经开区、上街区相对落后。

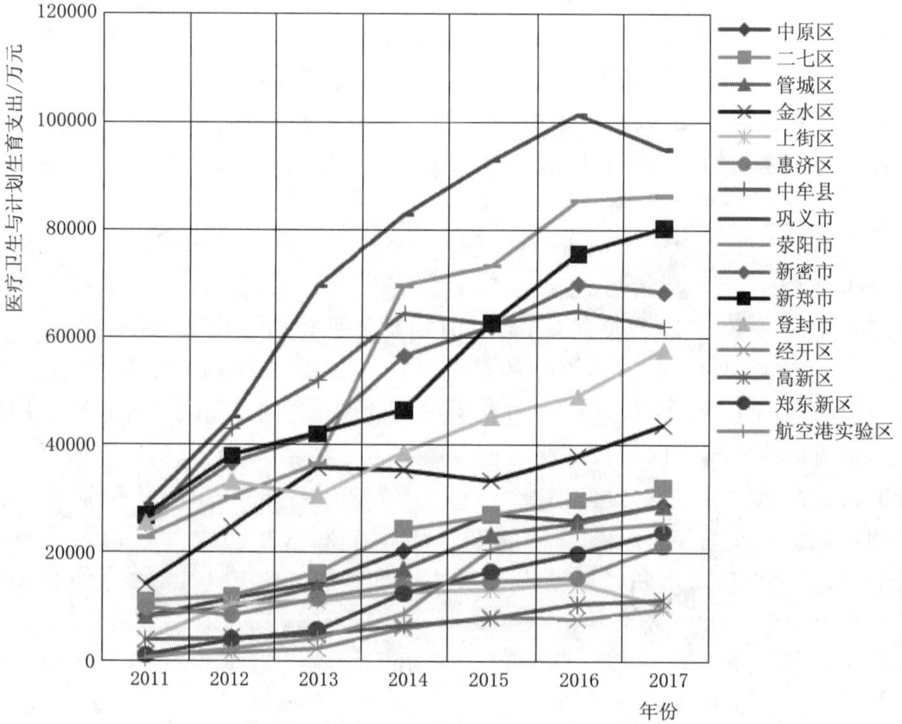

图5.17 2011—2017年郑州市分县（市）区医疗卫生与计划生育支出演变图

2. 社会保障和就业支出

2011—2017年郑州市各个县（市）区社会保障和就业支出的情况差别较大（图5.18），2011—2017年郑州市社会保障和就业支出总体上持续增长，部分区域增长较快、部分区域增长较少或稳定增长态势。2017年巩义市社会保障和就业支出最多，位序由2011年的第6位升至2017年的第1位。新密市、新郑市、荥阳市在2011—2017年间社会保障和就业支出也分别位于前列，在支出数值上均有较大的增长。中牟县在2011—2015年间社会保障和就业支出增长迅速，随后在2015—2017年间呈现锐减态势。登封市在2011—2017年间社会保障和就业支出持续增长，2017年位于第7位。经开区、高新区、上街区、航空港实验区、惠济区、郑东新区均为社会保障和就业支出相对较少的城区。

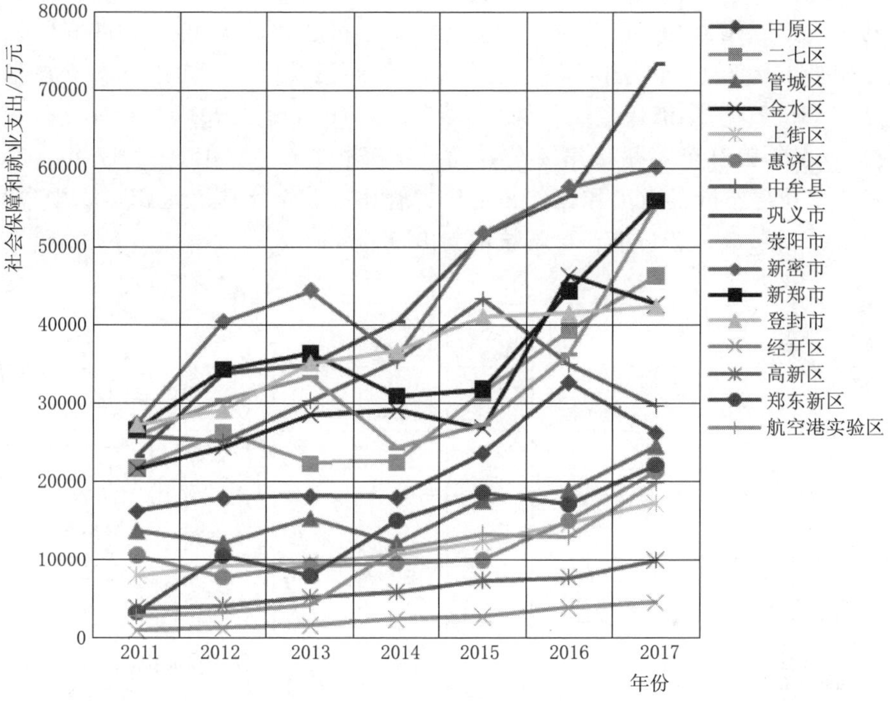

图5.18　2011—2017年郑州市分县（市）区社会保障和就业支出演变图

5.3.4　创新发展分析

创新发展是我国在新时期为提高综合国力倡导的战略指引，科技创新是提升社会生产力、进行经济结构转型的重要支撑，因此创新发展对于城市的发展非常重要。本节在讨论创新发展分析方面，选用3个指标进行分析——科学技术支出、规模以上工业企业R&D经费内部支出、规模以上工业企业新产品销售收入，对郑州各个县市区的创新发展进行多角度对比。

1. 科学技术支出

如图5.19所示，2011—2017年，高新区科学技术支出一直处于较高的状态，尤其在2016—2017年间，高新区的科学技术支出激增，由30494万元增至77265万元，增加到2.53倍。2017年科学技术支出位于第2位的巩义市在

2011—2016 年增速缓慢，在 2016—2017 年迅速激增，2017 年科学技术支出是上一年的 4.56 倍，涨势明显。经开区作为科学技术支出第 3 位的区，在 2011—2017 年投入相对稳定，在 2015—2017 年增势加强。金水区在 2016—2017 年科学技术支出相对较多，由第 6 位上升至第 4 位，但在 2011—2017 年整体处于下降的位序。荥阳市科学技术支出在 2011—2017 年上下波动、总体增长较大，由 2011 年的第 11 位升至 2017 年的第 5 位，2017 年科学技术支出达到 12180 万元，位于第 5 位。航空港实验区科学技术支出在 2011—2017 年上涨较多，从 2011 年的第 15 位升至 2017 年的第 6 位，郑东新区科学技术支出在 2011—2017 年涨幅较快，从 2011 年的第 16 位升至 2017 年的第 9 位，尤其在 2015 年曾升至郑州市第 1 位，随后下降较快。在 2011—2017 年，科学技术支出位序下降的有中原区、二七区、管城区、金水区、上街区、中牟县、新密市、新郑市、登封市，科学技术支出较低。

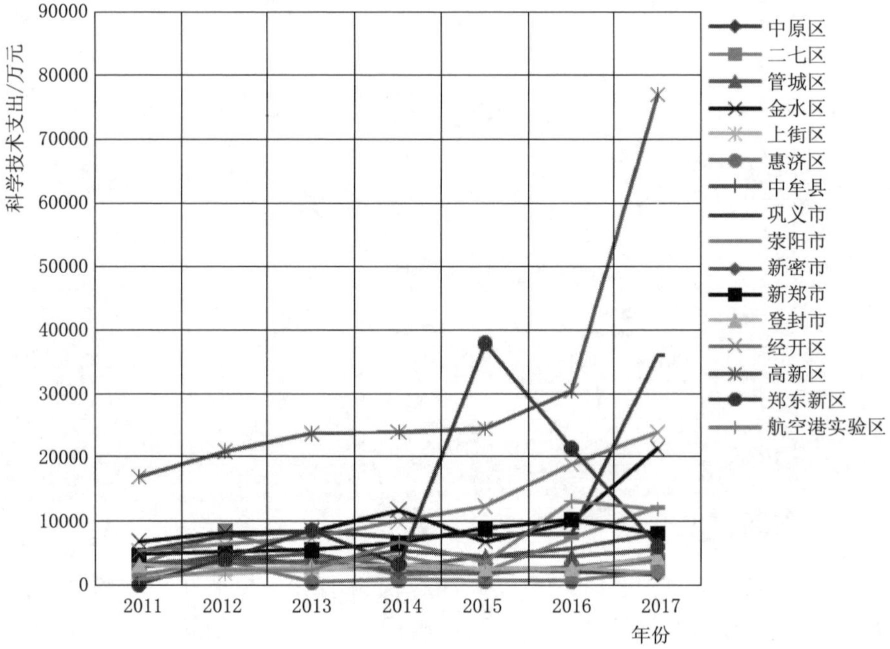

图 5.19　2011—2017 年郑州市分县（市）区科学技术支出演变图

2. 规模以上工业企业 R&D 经费内部支出

如图 5.20 所示，2011—2017 年郑州市 16 个县（市）区规模以上工业企业 R&D 经费内部支出整体上涨，部分县市区下降明显，各个县市区差距较大。经开区在 2011—2017 年规模以上工业企业 R&D 经费内部支出呈现直线上涨态势，由 2011 年的第 7 位升至 2017 年的第 1 位，增大 6.3 倍。高新区和管城区在2011—2017年规模以上工业企业R&D经费内部支出处于较快的发展趋势，位居第2位和第3位。航空港实验区在2011—2017年规模以上工业企业R&D经费内部支出增幅最大，从2011年的第14位上升至2017年的第4位，增大到11.9倍，显示了在创新发展方面强劲的动力。登封市由2011年的第9位上升至2017年的第6位，但是在2016—2017年规模以上工业企业R&D经费内部支出有所下降。2016—2017年规模以上工业企业R&D经费内部支出下降的还有新郑市、新密市、荥阳市和金水区，其中新郑市、新密市、金水区在2011—2017年下降幅度均比较大，显示了经济结构调整过程中的变化差异。郑东新区、惠济区、中牟县在2011—2017年规模以上工业企业R&D经费内部支出增幅明显，位序均有较大提升。

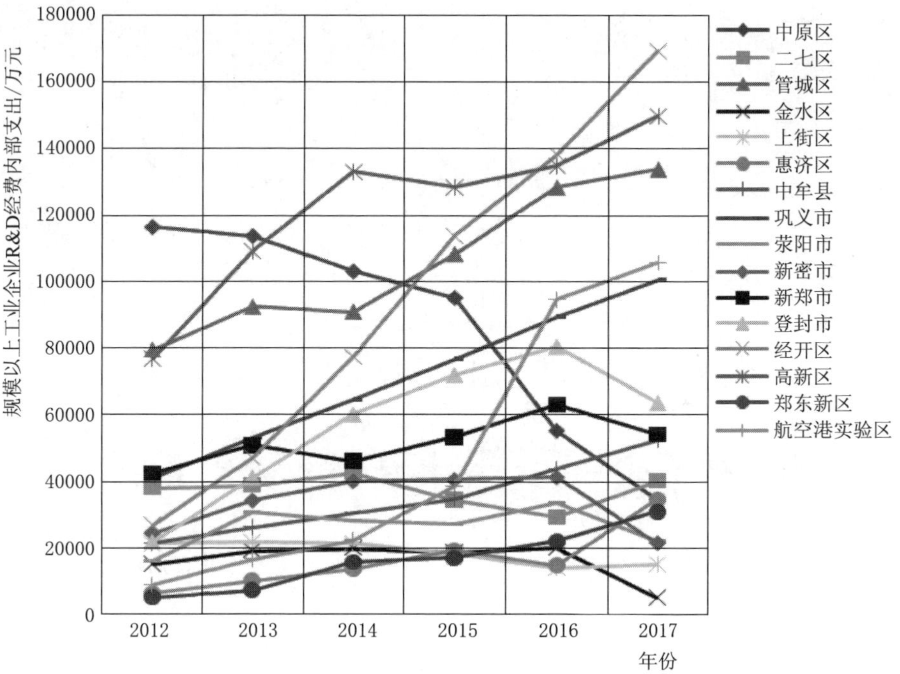

图5.20　2012—2017年郑州市分县（市）区规模以上工业企业R&D经费内部支出演变图

3. 规模以上工业企业新产品销售收入

如图5.21所示，2012—2017年郑州市分县（市）区规模以上工业企业新产品销售收入整体呈现两极分化的状态，航空港实验区的规模以上工业企业新产品销售收入呈现个体增长迅猛，远超于其他县（市）区，在2011—2017年间，航空港实验区规模以上工业企业新产品销售收入由35785万元激增到27818997万元，涨到777倍，显示了航空港实验区作为国家级航空经济的先行区，作为一个拥有航空、高铁、地铁、城铁、普铁、高速公路与快速路等多种交通方式的立体综合交通枢纽，在经济发展方面的强大动力。此外，经开区、惠济区、上街区的规模以上工业企业新产品销售收入呈现明显的上升趋势，如经开区由 2011 年的第 8 位上升至 2017 年的第 2 位，而郑东新区、中原区、金水区、管城区、高新区、荥阳市则均出现不同程度的下降，如高新区由 2011 年的第 2 位下降至 2017 年的第 4 位，郑东新区由 2011 年的第 4 位下降至 2017 年的第 11 位，与涨幅区域形成较大的反差。

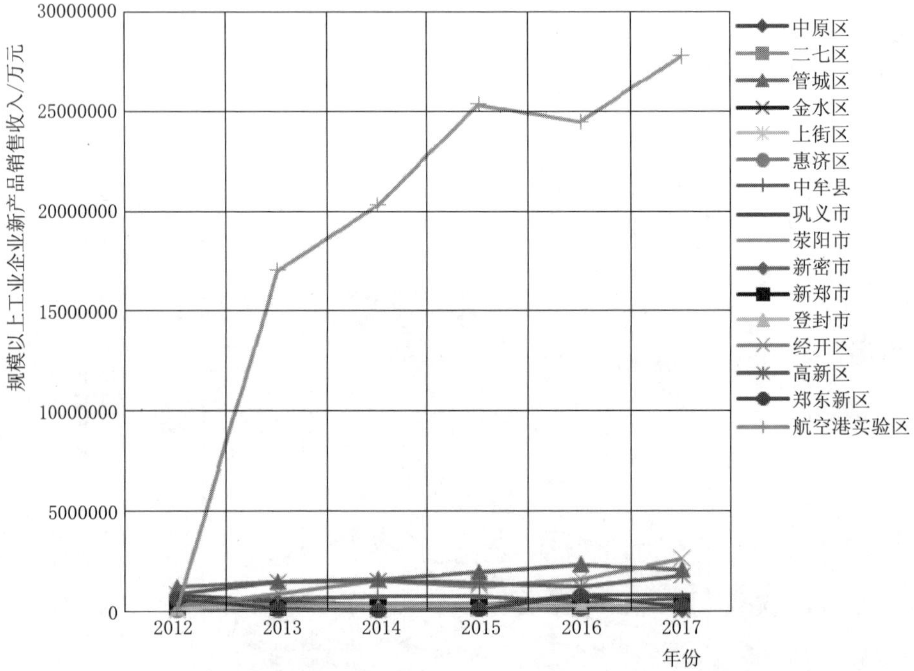

图 5.21　2012—2017 年郑州市分县（市）区规模以上工业企业新产品销售收入演变图

5.3.5　对外开放发展分析

对外开放是一项促进我国经济发展与社会繁荣的基本国策。十三五规划指出：“开放是国家繁荣发展的必由之路，必须顺应我国经济深度融入世界经济的趋势，奉行互利共赢的开放战略”。十九大报告中指出，推动形成全面开放新格局。中国开放的大门不会关闭，只会越开越大。要以“一带一路”建设为重点，坚持引进来和走出去并重，遵循共商共建共享原则，加强创新能力开放合作，形成陆海内外联动、东西双向互济的开放格局。本节对郑州市各县（市）区进出口情况和实际使用外资情况进行逐年对比，对当前郑州市对外开放发展情况进行具体的分析。

1. 郑州市各县（市）区进出口情况

在摘取郑州市各县（市）区进出口数据时发现，郑州市统计年鉴在2011—2014年间仅对出口总值进行了数据统计，在2014—2017年间对进出口总值进行了统计，这反映了经济发展的变化与导向正在进行较大的转型。见表5.14和表5.15，对比2011—2014年各县（市）区出口总值和2014—2017年的进出口总值，可以看到，后者数据呈现倍数增长，并且出口数值位序较高的县区市在进出口总值的位序相当，位序变化较小。总体来看，航空港实验区在2011—2017年间处于第1位，进出口总值远超其他区域，在2017年的进出口总值中，航空港实验区占到郑州市总体的83.5%，具有主导作用。经开区、金水区、郑东新区在进出口总值上位于第2位至第4位，2017年进出口总值超过100000万美元，总体而言发展持续稳定，位序变化较小。管城区进出口总值位于第5位，进出口总值随年份上下波动，还处于发展变化期间。高新区、巩义市、中牟县、中原区、荥阳市等市区进出口总值均缓慢增长，位序相对稳定。

表5.14　　2011—2014郑州市分县（市）区出口总值　　单位：万美元

区域	2011年	2012年	2013年	2014年
全市	975428	2028708	2477374	2660400
中原区	30748	34029	34871	26460
二七区	12923	14382	15628	11215
管城区	29994	41709	57829	7369
金水区	133814	133875	125550	142548
上街区	23612	23853	9894	4854
惠济区	6989	7568	8426	5782
中牟县	14202	18537	20758	10883
巩义市	20802	15157	18748	36259
荥阳市	7544	8510	9743	8852
新密市	12707	13767	13791	6942
新郑市	2760	3586	8636	7201
登封市	4509	4875	7774	6998
经开区	60314	70865	94735	134234
高新区	55952	60511	40340	56119
郑东新区	61375	63807	71092	86473
航空港实验区	497183	1513677	1939559	2041886

表 5.15　2014—2017 年郑州市分县（市）区进出口总值　单位：万美元

区域	2014 年	2015 年	2016 年	2017 年
全市	4643089	5702633	5507034	5963543
中原区	30945	27990	20306	21007
二七区	13918	11879	10402	10703
管城区	81418	78072	81637	75979
金水区	236826	197911	170235	174724
上街区	7861	8281	3909	4089
惠济区	6011	5181	5262	5640
中牟县	20608	21123	27447	28339
巩义市	49472	54959	38719	52660
荥阳市	9407	9691	10932	12809
新密市	6949	8726	5115	7239
新郑市	8717	6886	7863	5999
登封市	7696	5139	4434	4998
经开区	206838	290772	360747	396473
高新区	61165	58581	56598	74780
郑东新区	103662	84333	84010	107312
航空港实验区	3791596	4833109	4619418	4980792

2014—2017 年间进出口总值发展变化中，位于第二梯队的有经开区、金水区、郑东新区，经开区 2017 年进出口总值 396473 万美元，占郑州市总体的 6.65%，金水区占郑州市总体的 2.9%，郑东新区占郑州市总体的 1.8%，可以看出，在进出口总值上地方差距非常巨大，这与规划战略与经济导向具有重要的关联。

2. 实际使用外资

如图 5.22 所示，2011—2017 年郑州市各县（市）区实际使用外资总体上起伏跳动很大，16 个县市区中有一半存在大起大落的情况，反映了活跃的对外开放状态和激烈的经济市场变化。具体来看，2017 年实际使用外资最多的为经开区，第 2 位为航空港实验区、第 3 位为郑东新区，这 3 个区在实际使用外资方面位于第一梯队，其中经开区在 2011—2012 年间涨幅较大，在 2012—2013 年下降剧烈（主要受到当年国际经济大环境的影响），在 2014—2017 年稳定上涨。航空港实验区在 2011—2012 年间大幅下降，在 2012—2014 年间急速反弹，上升至第 1 位，在 2014—2015 年又出现下降，在 2015—2017 年年间呈现稳步上升的态势，大起大落的实际使用外资情况反映了国际经济对具体产业导向的变化。郑东新区在 2011—2015 年增速不断加大，在 2015—2016 年间下降，2017 年稳步回升。处于第二梯队的巩义市、金水区、高新区在 2011—2017 年的实际使用外资出现起伏现象，巩义市在 2011—2017 年的实际使用外资相对稳定上涨，金水区在 2012—2013 年间实际使用外资处于下降的态势，2013—2017 年间持续稳定上涨，2017 年位于第 5 位。高新区 2012—2013 年间实际使用外资出现下降的态势，2013—2017 年间持续稳定上涨，2017 年增至第 6 位。除此以外，在实际使用外资方面位序上涨的还有中原区、新密市、荥阳市，其中中原区由 2011 年的第 12 位升至 2017 年的第 7 位，新密市由 2011 年的第 13 位升至 2017 年的第 8 位，荥阳市由 2011 年的第 14 位升至 2017 年的第 11 位。而在 2011—2017 年间位序下降的有惠济区、新郑市、登封市，在实际使用外资方面发展较缓，这与区域经济的产业发展息息相关。

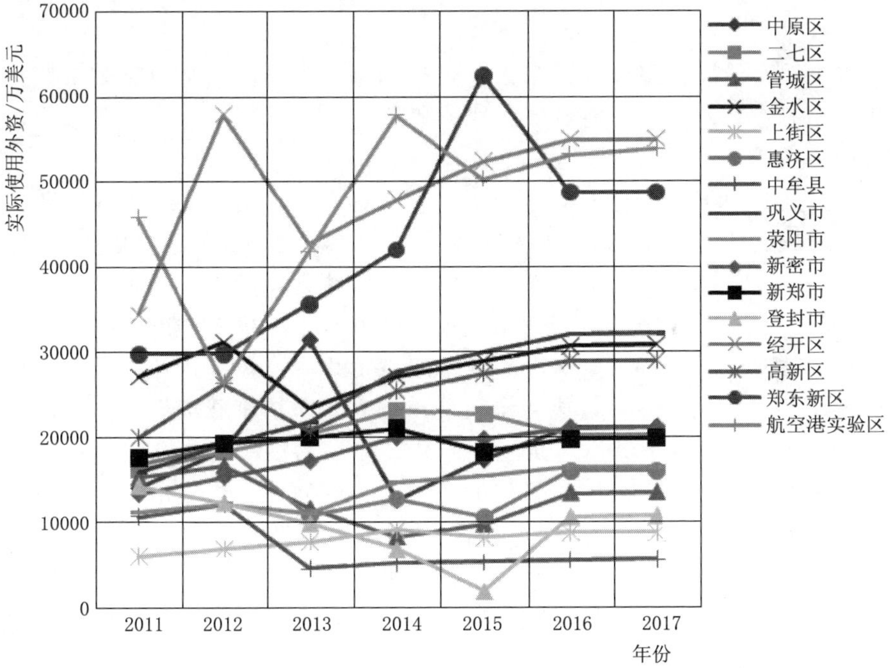

图 5.22　2011—2017 年郑州市分县（市）区实际使用外资演变图

第6章

结 论 与 展 望

6.1 结　　论

本书在对中原城市群进行多角度分析的基础上，提出对中原城市群空间优化和生态空间构建的一些建议和建构思路，对中原城市群多核网络化空间布局进行探索，得出以下结论：

（1）通过经济发展空间演化分析，可以得出，伴随各地经济的活跃程度与产业集聚区的蓬勃发展，一些核心城市呈现出对劳动力的吸纳能力，例如，郑州市 2018 年城镇化率为 69.69%，郑州市常住人口的平均增长率较高，郑州市作为中心城市在 2018 年人口突破 1000 万，成为超大城市，形成城市人口的马太效应；洛阳市、焦作市等城市的城镇化率也较高，副中心洛阳市在 2018 年人口规模为 689 万，成为特大城市，人口向核心城市集中的趋势仍在持续。中原城市群各个城市节点呈现碎化式发展特征，整体空间呈现均质发展的空间发展格局，从区域网络化的角度看，新乡市、焦作市、许昌市、济源市、平顶山市、开封市均位于郑州周边，是大都市区的联动城市。面对中原城市群南部经济低凹的现状，应该增加南部地区级中心城市，一方面是由于中原城市群南部区域较中心城市较远，另一方面是由于中心城市郑州市的经济牵引与辐射能力有待发展，而周口市与商丘市最具备地区级中心城市的特征，这对于促进南部区域经济发展显得尤为重要。

（2）从产业空间的演变与经济集聚联系的角度分析，可以看出，郑州市的经济活动开始向周边城市辐射，但整体表现为较强的集聚力特征。洛阳市的经济集聚力 R 值显示出洛阳市对周边城市具有一定的带动作用。放在整个中原经济区的尺度和视野下重新审视，郑州市和洛阳市目前还处于加快自身集聚力的发展阶段，需要增强中心极核效应，以较高的经济集聚力增强辐射与拉动效应。根据第二、第三产业空间演变分析，近9年来，中原城市群的第二产业发展中，晋城市和亳州市的年平均增长率涨幅位居前两名，其次是郑州市、周口市、新乡市、洛阳市、许昌市、济源市。在2010—2018年的中原城市群第三产业发展中，许昌市以年均增长率涨幅21%处于第一名，周口市、漯河市、鹤壁市的以年均增长率涨幅17%处于前4名。第三产业产值方面，2018年郑州市第三产业值为5545.53亿元，洛阳市第三产业值为2336.12亿元，产值总量分别位居中原城市群的第1、第2位，新乡市以1091.2亿元、许昌市以1047.35亿元、周口市以1025.6亿元、商丘市以1019.57亿元分列第3～6位。在第三产业增长量方面，郑州市和洛阳市是中原城市群第三产业发展增长量最大、最具发展潜力的城市，许昌市、周口市、商丘市、新乡市4个城市的2018年第三产业值也突破千亿元大关，处于增长较快的第二梯队。可以看出，晋城市和亳州市的经济发展增速较快，而周口市、商丘市在经济发展方面具有一定的产业优势，具有作为地区级中心城市的发展潜力，对于带动中原城市群南部区域的整体发展具有积极意义。

(3) 从产业集聚与交通信息网络建设的分析角度，以规模以上工业主营业务收入作为依据，可以看出，第二产业产值城市出现围绕郑州市、洛阳市聚集、并从中心向外扩散延伸的态势，在空间分布上，呈现沿西南向东北、由中心向边缘扩散的态势，周口市在连续的产业发展中表现突出，完成两次梯队升级，发展更为迅猛。以人均GDP空间结构演进来看，中原城市群发展水平较高的城市整体集中在两个区位，一是聚集在洛阳—郑州—濮阳的城市带上，一是东南角位置。总体来说，邯郸市位于中原城市群的北部，开封市、平顶山市、焦作市等城市是大都市区范围的城市及联动城市，周口市、商丘市在区位上位于中原城市群的中南部地带，中原城市群在空间发展上出现多点多极的发展趋势。

(4) 在多核网络化空间生态建设方面，以城际间区域层级作为尺度，在界定绿道空间基本单元的基础上，以生态绿环、生态绿楔、生态绿廊、生态绿心（点）作为基本构成要素，探讨市域层级绿道空间生态网络的空间结构，还探讨了市域绿道空间以及组合模式。在城市绿道空间尺度，以郑州中心城区生态网络构建作为实证研究，在进行生态节点、生态廊道梳理的基础上，对郑州中心城区绿道空间生态网络体系和空间生态网络方案进行了评估，构建了郑州中心城区绿道空间生态网络。

(5) 根据对中原城市群中心城市郑州市的实证研究，以郑州市域为研究范围，对其进行人口、经济、社会3个层次的分析，可以看到：

郑州各区人口演化趋势分析，从各区人口演变过程、人口规模与位序变化、城镇化率3个角度进行研究。金水区、巩义市、新密市、二七区、中原区的人口数量和占比位于前五名，登封市、航空港实验区、郑东新区人口发展均超过平均值，处于快速增长阶段。金水区城镇人口位于第一名，远高于其他县市区，二七区、中原区处于第二梯队，航空港实验区和郑东新区城镇人口发展迅速。中牟县在2011—2017年城镇人口出现整体下降的状态，也是郑州市唯一城镇人口下降的区域。城镇化率位于前五名的区有金水区、上街区、中原区、二七区、管城区，城镇化率位次处于上升趋势的有惠济区、新郑市、高新区，城镇化率位次稳定不变的有中牟县、荥阳市、新密市、登封市、郑东新区，城镇化率位次下降的有巩义市、经开区、航空港实验区。

从3个方面对郑州各区经济发展空间演化分析，即各区GDP时序演变分析、人均GDP与郑州空间结构演变分析、二三产业与郑州空间结构演变分析。各区GDP发展方面，金水区、航空港实验区、经开区、郑东新区、高新区生产总值均呈现上涨趋势，航空港实验区、经开区、郑东新区3个区涨幅较高，生产总值占比值远高于其他县市区。人均GDP最高的是经开区，位居第二位的高新区、新郑市、荥阳市在2017年的人均GDP均突破10万元，在2011—2017年间，人均GDP上升最快的有经开区、郑东新区、中原区、高新区、航空港实验区。而惠济区、中原区在人均GDP发展方面一直处于较低的水平。郑州市第一产值相对集中在荥阳市、中牟县、新密市、新郑市、登封市，共占第一产值总量的75%，其他11个县市区仅占25%，其中中原区、二七区、管城区、金水区、上街区、高新区的第一产值占比均不超过1%。2017年第二产业产值最高的是航空港实验区，其次为经开区和巩义市。位于第4位至第7位的是荥阳市、新郑市、登封市、新密市。而上街区、惠济区、郑东新区则位于最后的梯队。第三产业方面，金水区、二七区处于第1和第2位，郑东新区和航空港实验区涨势明显，第三产业占比上涨的还有新密市、新郑市、登封市，相比而言，中原区、管城区、荥阳市、高新区在第三产业发展中增幅较小。产业集聚区建设方面，郑州航空港产业集聚区、郑州经济技术产业集聚区、郑州高新技术产业集聚区等具有高新技术与互联网信息技术的相关产业，提升潜力巨大。

对郑州市各区社会发展演化分析主要包括5个方面，即居民生活水平分析、文化与交通设施发展分析、社会保障分析、创新发展分析、对外开放发展分析。第一方面中，金水区是历年来社会消费品零售总额最高的区，二七区、管城区位于第2位、第3位，新密市、巩义市位居第4、第5位。公共预算收入方面，2011—2017年一直处于前列的是郑东新区、金水区、新郑市、经开区，公共预算收入处于快速上升态势的还有荥阳市、高新区、航空港实验区，中牟县。郑东新区、航空港实验区、经开区 3 个区的固定资产投资额上升最快，相比而言，金水区、中牟县、新密市、管城区等在固定资产投资方面处于位序下降的态势。在人均可支配收入方面，金水区、上街区、二七区等远超各个县市，其中中牟县人均可支配收入仅为金水区人均可支配收入的 66%，差距明显。在法人单位从业人数方面，金水区以较大差距领跑郑州，位于第 1 位，二七区位居第 2 位，郑东新区 2017 年为第三位，航空港实验区为第 4 位。第二方面中，2011—2017 年教育支出位序上升幅度较大的有郑东新区、金水区、中牟县、航空港实验区、新郑市。郑州市中心城区的图书馆藏书量相对较多，郑州市图书馆藏书量达到 3153 千册，中原区、上街区、荥阳市、巩义市、新密市和新郑市藏书量也较多。在交通运输支出方面，新郑市位于第一位，巩义市位于第二位，登封市位于第 3 位。第三方面，郑州市 2011—2017 年的医疗卫生与计划生育支出呈现逐年上涨、分层级发展的态势。巩义市一直保持第 1 位，荥阳市第 2 位，此外，新郑市、新密市、中牟县、登封市、金水区、二七区均涨幅较大。2017 年巩义市社会保障和就业支出最多，新密市、新郑市、荥阳市也分别位于前列，中牟县、登封市社会保障和就业支出持续增长。第四方面，在科学技术支出方面，高新区一直处于较高的状态，巩义市为第 2 位，经开区为第 3 位，金水区为第 4 位，荥阳市第 5 位，航空港实验区第 6 位，郑东新区从 2011 年的第 16 位升至 2017 年的第 9 位。规模以上工业企业 R&D 经费内部支出方面，经开区在 2017 年升至第 1 位，高新区和管城区位居第 2 位和第 3 位。航空港实验区增幅最大，从 2011 年的第 14 位上升至 2017 年的第 4 位，登封市于 2017 年升至第 6 位。航空港实验区在规模以上工业企业新产品销售收入方面增长迅猛，远超于其他县市区，此外，经开区、惠济区、上街区呈现明显的上升趋势。第五方面，航空港实验区在 2017 年的进出口总值中占到郑州市总体的 83.5%，在进出口方面具有主导作用，经开区、金水区、郑东新区在进出口总值上位于第 2～4 位，管城区位于第 5 位。2017 年实际使用外资最高的为经开区，第 2 位的是航空港实验区、第 3 位的是郑东新区，这 3 个区在实际使用外资方面位于第一梯队。

通过以上分析，可以总结出 3 点：一是强核，加强郑州中心城市与洛阳市副中心城市的极核作用；二是多核，增加多核经济发展地区性中心城市，结合多角度分析，确立北部邯郸市、晋城市，南部周口市、商丘市作为地区级中心城市；三是网络化，城市间的经济沟通需要交通系统的支撑与以信息技术为载体的信息交流，大力发展交通与互联网信息网络建设，是必不可少的基础设施建设。

6.2 展　　望

本书在对中原城市群人口、经济发展、产业集聚、交通信息网络等多角度进行研究的基础上，结合中原城市群发展规划（2016 年）的前提下，在中原城市群的空间发展方面，提出多核网络化的空间结构模式，在生态环境的建设方面，提出市域绿道空间的构建模式及郑州中心城区的绿道空间生态网络模式。由于时间仓促，相关数据获取存在一定难度，所以研究过程难免有不足之处，将在今后的后续研究中继续完善，不断修正。此外，对于中原城市群的研究涉及面广，中原城市群发展是一个复杂的系统过程，还需要通过区域合作、产业协作、地域文化融合等多角度进行全面的研究，同时，可深入研究郑州大都市圈，洛阳副中心城市，以及中原城市群城际各个城市的统筹共建，这需要在后续研究中进一步的修正与完善。

附　表

附表 1　**中原城市群常住人口规模和比重表（14 个核心城市）**

城市	2011 年		2012 年		2013 年		2014 年		2015 年		2016 年		2017 年		2018 年	
	规模/万人	比重/%	规模/万人	比重/%	规模/万人	比重/%	规模/万人	比重/%	规模/万人	比重/%	规模/万人	比重/%	规模/万人	比重/%	规模/万人	比重/%
郑州市	886	13.27	903	13.51	919	13.69	938	13.91	957	14.11	972	14.25	988	14.41	1014	14.68
开封市	466	6.98	465	6.95	465	6.93	455	6.75	454	6.70	455	6.67	455	6.64	456	6.60
洛阳市	657	9.84	659	9.86	662	9.86	668	9.91	674	9.94	680	9.97	682	9.95	689	9.98
平顶山市	492	7.37	493	7.37	496	7.39	496	7.36	496	7.31	498	7.30	500	7.29	503	7.28
鹤壁市	158	2.37	159	2.38	161	2.40	160	2.37	161	2.37	161	2.36	162	2.36	163	2.36
新乡市	566	8.47	567	8.48	568	8.46	571	8.47	572	8.44	574	8.41	577	8.42	579	8.38
焦作市	353	5.29	352	5.26	351	5.23	352	5.22	353	5.21	355	5.20	356	5.19	359	5.20
许昌市	430	6.44	430	6.43	430	6.41	432	6.41	434	6.40	438	6.42	441	6.43	444	6.43
漯河市	255	3.82	256	3.83	258	3.84	260	3.86	263	3.88	264	3.87	265	3.87	267	3.87
商丘市	736	11.02	732	10.95	728	10.84	726	10.77	727	10.72	728	10.67	730	10.65	733	10.61
周口市	895	13.40	881	13.18	878	13.08	880	13.05	881	12.99	882	12.93	876	12.78	868	12.57
济源市	68	1.02	70	1.05	72	1.07	72	1.07	73	1.08	73	1.07	73	1.06	73	1.06
晋城市	229	3.43	229	3.43	230	3.43	231	3.43	231	3.41	232	3.40	233	3.40	234	3.39
亳州市	488	7.28	490	7.32	495	7.37	500	7.42	505	7.44	510	7.48	517	7.55	524	7.59

附表 2　中原城市群常住人口规模和位序表

城市	2011 年		2012 年		2013 年		2014 年		2015 年		2016 年		2017 年		2018 年	
	规模/万人	位序	规模/万人	位序	规模/万人	位序	规模/万人	位序	规模/万人	位序	规模/万人	位序	规模/万人	位序	规模/万人	位序
郑州市	886	4	903	3	919	3	938	2	957	2	972	2	988	2	1014	1
开封市	466	19	465	19	465	19	455	19	454	19	455	19	455	19	456	19
洛阳市	657	10	659	10	662	10	668	10	674	10	680	10	682	10	689	10
平顶山市	492	17	493	17	496	17	496	18	496	18	498	18	500	18	503	18
安阳市	515	16	508	16	509	16	509	16	512	16	513	16	513	17	518	17
鹤壁市	158	29	159	29	161	29	160	29	161	29	161	29	162	29	163	29
新乡市	566	13	567	13	568	13	571	13	572	13	574	13	577	13	579	13
焦作市	353	22	352	22	351	22	352	22	353	22	355	22	356	22	359	22
濮阳市	356	21	360	21	358	21	360	21	361	21	363	21	364	21	361	21
许昌市	430	20	430	20	430	20	432	20	434	20	438	20	441	20	444	20
漯河市	255	25	256	25	258	25	260	25	263	25	264	25	265	25	267	25
三门峡市	224	27	223	27	224	27	225	27	225	27	226	27	227	27	227	27
南阳市	1013	1	1015	1	1009	1	999	1	1002	1	1007	1	1005	1	1001	2
商丘市	736	7	732	7	728	7	726	7	727	8	728	8	730	8	733	8
信阳市	611	11	640	11	638	11	641	11	640	11	644	11	645	11	647	11

续表

城市	2011年		2012年		2013年		2014年		2015年		2016年		2017年		2018年	
	规模/万人	位序	规模/万人	位序	规模/万人	位序	规模/万人	位序	规模/万人	位序	规模/万人	位序	规模/万人	位序	规模/万人	位序
周口市	895	3	881	4	878	4	880	4	881	4	882	4	876	4	868	5
驻马店市	709	9	694	9	690	9	693	9	696	9	699	9	700	9	704	9
济源市	68	30	70	30	72	30	72	30	73	30	73	30	73	30	73	30
长治市	335	23	337	23	339	23	340	23	342	23	344	23	345	23	347	23
晋城市	229	26	229	26	230	26	231	26	231	26	232	26	233	26	234	26
运城市	517	15	519	15	522	15	525	15	528	15	531	15	534	15	536	15
邯郸市	924	2	929	2	933	2	937	3	943	3	949	3	951	3	953	3
邢台市	716	8	719	8	722	8	726	8	729	7	732	7	735	7	738	7
聊城市	585	12	589	12	591	12	594	12	597	12	604	12	606	12	607	12
菏泽市	832	5	834	5	837	5	844	5	850	5	862	5	874	5	877	4
蚌埠市	318	24	318	24	322	24	326	24	329	24	333	24	338	24	339	24
淮北市	212	28	212	28	214	28	216	28	218	28	221	28	223	28	225	28
阜阳市	762	6	764	6	772	6	782	6	790	6	799	6	809	6	821	6
亳州市	488	18	490	18	495	18	500	17	505	17	510	17	517	16	524	16
宿州市	537	14	538	14	543	14	549	14	554	14	560	14	566	14	568	14

附表 3　中原城市群各城市市域 GDP 及占比表（14 个核心城市）

城市	2010 年		2011 年		2012 年		2013 年		2014 年		2015 年		2016 年		2017 年		2018 年	
	市域 GDP /亿元	占比 /%	市域 GDP /亿元	占比 /%	市域 GDP /亿元	占比 /%	市域 GDP /亿元	占比 /%	市域 GDP /亿元	占比 /%	市域 GDP /亿元	占比 /%	市域 GDP /亿元	占比 /%	市域 GDP /亿元	占比 /%	市域 GDP /亿元	占比 /%
郑州市	4040.89	23.20	4979.85	24.15	5549.79	24.55	6201.90	25.10	6776.99	25.33	7311.52	25.88	8113.97	26.26	9193.77	26.89	10143.32	27.34
开封市	927.16	5.32	1072.42	5.20	1207.05	5.34	1363.54	5.52	1492.06	5.58	1605.84	5.68	1755.10	5.68	1887.55	5.52	2002.23	5.40
洛阳市	2320.25	13.32	2702.76	13.11	2981.12	13.19	3140.76	12.71	3284.57	12.28	3469.03	12.28	3820.11	12.36	4290.19	12.55	4640.78	12.51
平顶山市	1310.84	7.52	1484.61	7.20	1495.80	6.62	1556.88	6.30	1637.17	6.12	1705.78	6.04	1825.14	5.91	1994.66	5.83	2135.23	5.76
鹤壁市	429.12	2.46	500.52	2.43	545.78	2.41	622.12	2.52	682.20	2.55	717.25	2.54	771.79	2.50	827.65	2.42	861.90	2.32
新乡市	1189.94	6.83	1489.41	7.22	1619.77	7.17	1766.10	7.15	1918.00	7.17	1975.03	6.99	2166.97	7.01	2357.76	6.90	2526.55	6.81
焦作市	1245.93	7.15	1442.62	7.00	1551.35	6.86	1707.36	6.91	1844.31	6.89	1926.08	6.82	2095.08	6.78	2280.10	6.67	2371.50	6.39
许昌市	1316.49	7.56	1588.74	7.70	1716.19	7.59	1877.56	7.60	2087.23	7.80	2171.16	7.68	2377.71	7.70	2632.92	7.70	2830.62	7.63
漯河市	680.49	3.91	751.70	3.64	797.12	3.53	861.54	3.49	941.16	3.52	992.85	3.51	1081.93	3.50	1165.04	3.41	1236.66	3.33
商丘市	1143.79	6.57	1308.37	6.34	1397.28	6.18	1538.22	6.23	1697.64	6.35	1812.16	6.41	1989.15	6.44	2195.55	6.42	2389.04	6.44
周口市	1228.30	7.05	1407.49	6.82	1574.72	6.97	1790.65	7.25	1992.08	7.45	2089.70	7.40	2263.86	7.33	2459.70	7.19	2687.22	7.24
济源市	343.38	1.97	373.36	1.81	440.10	1.95	460.13	1.86	480.46	1.80	494.27	1.75	538.91	1.74	600.12	1.76	641.84	1.73
晋城市	730.54	4.19	894.98	4.34	1012.81	4.48	1031.91	4.18	1035.82	3.87	1040.24	3.68	1049.34	3.40	1151.54	3.37	1351.85	3.64
亳州市	512.78	2.95	626.65	3.04	715.66	3.16	791.10	3.18	883.63	3.29	942.61	3.34	1046.10	3.39	1149.79	3.37	1277.19	3.46
合计	17419.90	100.00	20623.48	100.00	22604.54	100.00	24709.77	100.00	26753.32	100.00	28253.52	100.00	30895.16	100.00	34186.34	100.00	37095.93	100.00

附表 4　　中原城市群各城市市区 GDP 及占比表（14 个核心城市）

城市	2010 年		2011 年		2012 年		2013 年		2014 年		2015 年		2016 年		2017 年		2018 年	
	市区 GDP /亿元	占比 /%	市区 GDP /亿元	占比 /%	市区 GDP /亿元	占比 /%	市区 GDP /亿元	占比 /%	市区 GDP /亿元	占比 /%	市区 GDP /亿元	占比 /%	市区 GDP /亿元	占比 /%	市区 GDP /亿元	占比 /%	市区 GDP /亿元	占比 /%
郑州市	1753.92	31.34	2293.51	33.61	2811.78	36.13	3335.73	38.00	3702.56	38.08	4080.36	39.31	4609.71	38.69	5385.00	40.02	6012.93	40.72
开封市	217.48	3.89	247.66	3.63	273.23	3.51	352.60	4.02	540.27	5.56	580.75	5.59	637.10	5.35	688.74	5.12	743.04	5.03
洛阳市	726.28	12.98	896.63	13.14	1059.25	13.61	1223.67	13.94	1301.83	13.39	1323.14	12.75	1488.51	12.49	1655.58	12.30	1783.53	12.08
平顶山市	481.30	8.60	528.75	7.75	450.21	5.78	452.84	5.16	466.53	4.80	470.70	4.53	510.96	4.29	564.94	4.20	644.71	4.37
鹤壁市	222.24	3.97	242.54	3.55	278.37	3.58	310.28	3.53	323.76	3.33	343.83	3.31	369.40	3.10	388.05	2.88	400.10	2.71
新乡市	331.62	5.93	441.72	6.47	507.92	6.53	568.50	6.48	624.55	6.42	652.11	6.28	720.11	6.04	800.51	5.95	885.03	5.99
焦作市	252.22	4.51	285.58	4.18	341.07	4.38	303.77	3.46	411.99	4.24	431.85	4.16	473.56	3.97	516.29	3.84	540.23	3.66
许昌市	202.08	3.61	250.65	3.67	270.82	3.48	297.67	3.39	246.55	2.54	258.12	2.49	660.04	5.54	749.55	5.57	805.90	5.46
漯河市	396.23	7.08	456.41	6.69	472.02	6.06	507.78	5.78	561.40	5.77	593.82	5.72	647.63	5.44	702.80	5.22	750.39	5.08
商丘市	233.49	4.17	270.12	3.96	280.32	3.60	305.81	3.48	351.59	3.62	384.39	3.70	430.05	3.61	479.30	3.56	527.71	3.57
周口市	110.58	1.98	136.67	2.00	146.47	1.88	172.05	1.96	187.76	1.93	195.78	1.89	211.18	1.77	236.00	1.75	254.39	1.72
济源市	343.38	6.14	373.36	5.47	440.10	5.65	460.13	5.25	480.46	4.94	494.27	4.76	538.91	4.52	600.12	4.46	641.84	4.35
晋城市	149.20	2.67	180.72	2.65	203.35	2.62	215.09	2.46	229.88	2.36	239.94	2.31	249.81	2.10	268.11	1.99	325.49	2.20
亳州市	175.57	3.13	220.14	3.23	248.30	3.19	271.64	3.09	293.38	3.02	331.85	3.20	367.61	3.09	421.24	3.14	452.75	3.06
合计	5595.60	100.00	6824.48	100.00	7783.21	100.00	8777.55	100.00	9722.53	100.00	10380.92	100.00	11914.59	100.00	13456.22	100.00	14768.04	100.00

附表 5　**中原城市群各城市人均 GDP（14 个核心城市）**

单位：万元

城市	2010 年	2011 年	2012 年	2013 年	2014 年	2015 年	2016 年	2017 年	2018 年
郑州市	46063	52981	62054	64521	70505	74357	82826	94477	101352
开封市	23833	27672	25922	40529	33687	36283	39506	42413	43933
洛阳市	39755	44783	45316	63402	61742	67366	68603	75677	67707
平顶山市	49307	50959	30380	46208	43600	43538	47257	52117	42587
鹤壁市	36635	37788	34456	49251	49327	52472	56042	58502	53084
新乡市	32135	42052	28598	54664	56840	58451	63407	69375	43696
焦作市	28625	33103	44029	30997	41606	42813	46140	50079	66329
许昌市	40357	50066	39947	44297	48735	50741	51110	57640	63988
漯河市	30768	35175	31211	36531	42129	42129	48198	51980	46532
商丘市	15290	17146	19029	16711	20899	22427	24329	26550	32670
周口市	22384	22589	17734	32462	26362	27391	29507	33019	30821
济源市	50491	60429	62358	64899	66777	68054	73722	83671	87761
晋城市	32337	37747	42239	58131	47219	49001	50783	54209	57819
亳州市	12059	13438	17303	16266	17564	20094	20003	25262	24547

附表 6

中原城市群第二产业产值、比重表（14 个核心城市）

城市	2010 年		2011 年		2012 年		2013 年		2014 年		2015 年		2016 年		2017 年		2018 年	
	市域第二产业产值/亿元	比重/%	市域第二产业产值/亿元	比重/%	市域第二产业产值/亿元	比重/%	市域第二产业产值/亿元	比重/%	市域第二产业产值/亿元	比重/%	市域第二产业产值/亿元	比重/%	市域第二产业产值/亿元	比重/%	市域第二产业产值/亿元	比重/%	市域第二产业产值/亿元	比重/%
郑州市	2270	22.34	2874	23.57	3133	25.57	3471	24.51	3487	24.35	3604	23.96	3797	24.88	4083	24.59	4451	25.27
开封市	401	3.94	470	3.86	533	4.35	610	4.31	678	4.73	657	4.37	713	4.67	760	4.58	776	4.41
洛阳市	1396	13.74	1657	13.58	940	7.67	1813	12.81	1677	11.71	2389	15.88	1791	11.74	1998	12.03	2068	11.74
平顶山市	869	8.56	974	7.98	911	7.43	907	6.40	879	6.14	890	5.92	895	5.86	972	5.86	1017	5.77
鹤壁市	302	2.97	354	2.90	385	3.14	446	3.15	460	3.21	468	3.11	503	3.30	537	3.24	542	3.08
新乡市	686	6.75	881	7.22	926	7.56	999	7.06	1086	7.58	983	6.53	1074	7.04	1147	6.91	1209	6.87
焦作市	855	8.42	994	8.15	1047	8.54	1151	8.13	1140	7.96	1151	7.65	1242	8.14	1333	8.03	1342	7.62
许昌市	902	8.88	1078	8.84	1150	9.39	1255	8.86	1268	8.86	1281	8.52	1399	9.16	1556	9.37	1635	9.28
漯河市	475	4.67	520	4.26	546	4.46	584	4.13	600	4.19	625	4.15	675	4.42	714	4.30	741	4.21
商丘市	532	5.24	630	5.16	653	5.33	720	5.09	736	5.14	757	5.03	824	5.40	931	5.61	988	5.61
周口市	558	5.49	654	5.36	749	6.12	894	6.31	1026	7.17	960	6.38	1040	6.82	1125	6.78	1213	6.89
济源市	260	2.56	278	2.28	335	2.74	344	2.43	327	2.29	331	2.20	350	2.29	395	2.38	416	2.36
晋城市	465	4.57	586	4.80	654	5.34	644	4.55	609	4.25	576	3.83	554	3.63	613	3.69	718	4.08
亳州市	192	1.87	248	2.04	289	2.36	320	2.26	349	2.42	370	2.47	405	2.65	440	2.63	497	2.82

附表 7　　中原城市群第三产业产值、比重表（14 个核心城市）

城市	2010 年		2011 年		2012 年		2013 年		2014 年		2015 年		2016 年		2017 年		2018 年	
	市域第三产业产值/亿元	比重/%	市域第三产业产值/亿元	比重/%	市域第三产业产值/亿元	比重/%	市域第三产业产值/亿元	比重/%	市域第三产业产值/亿元	比重/%	市域第三产业产值/亿元	比重/%	市域第三产业产值/亿元	比重/%	市域第三产业产值/亿元	比重/%	市域第三产业产值/亿元	比重/%
郑州市	1646	31.55	1974	31.98	2274	32.05	2584	33.84	3142	32.11	3556	31.55	4161	32.11	4959	33.08	5546	32.86
开封市	307	5.89	365	5.91	416	5.86	474	6.20	529	5.41	664	5.90	755	5.82	848	5.66	953	5.65
洛阳市	736	14.11	842	13.65	969	13.66	1079	14.12	1375	14.05	1537	13.64	1795	13.85	2072	13.82	2336	13.84
平顶山市	327	6.26	375	6.08	439	6.19	488	6.39	591	6.04	649	5.75	753	5.81	856	5.71	958	5.67
鹤壁市	78	1.50	90	1.47	103	1.45	115	1.50	159	1.63	187	1.66	207	1.59	232	1.55	259	1.54
新乡市	346	6.64	421	6.83	494	6.96	554	7.26	605	6.18	769	6.83	870	6.71	994	6.63	1091	6.47
焦作市	289	5.54	335	5.42	382	5.39	423	5.54	568	5.80	638	5.66	719	5.55	816	5.44	895	5.30
许昌市	265	5.07	339	5.49	388	5.47	438	5.73	634	6.48	721	6.39	817	6.30	928	6.19	1047	6.21
漯河市	119	2.29	137	2.22	153	2.16	170	2.22	232	2.38	262	2.32	293	2.26	342	2.28	384	2.28
商丘市	312	5.98	368	5.97	421	5.93	147	1.92	587	6.00	678	6.01	779	6.01	892	5.95	1020	6.04
周口市	305	5.84	364	5.89	408	5.75	451	5.91	506	5.18	676	6.00	766	5.91	878	5.85	1026	6.08
济源市	68	1.29	77	1.25	85	1.20	95	1.24	131	1.34	142	1.26	165	1.28	186	1.24	207	1.23
晋城市	235	4.51	270	4.38	316	4.46	344	4.51	383	3.92	415	3.68	445	3.43	488	3.25	585	3.47
亳州市	184	3.53	214	3.46	246	3.47	276	3.62	340	3.48	377	3.35	435	3.37	500	3.35	570	3.36

附表 8　中原城市群各城市市区人均 GDP 及位序表

城市	2011 年			2013 年			2015 年			2017 年		
	人均 GDP /元	比重 /%	位序	人均 GDP /元	比重 /%	位序	人均 GDP /元	比重 /%	位序	人均 GDP /元	比重 /%	位序
郑州市	52981	5.19	2	64521	5.26	2	74357	5.75	1	94477	6.40	1
开封市	27672	2.71	21	40529	3.31	15	36283	2.81	20	42413	2.88	18
洛阳市	44783	4.38	6	63402	5.17	3	67366	5.21	3	75677	5.13	3
平顶山市	50959	4.99	3	46208	3.77	13	43538	3.37	14	52117	3.53	11
安阳市	34141	3.34	16	39808	3.25	16	41181	3.19	17	48635	3.30	15
鹤壁市	37788	3.70	11	49251	4.02	10	52472	4.06	7	58502	3.97	8
新乡市	42052	4.12	8	54664	4.46	6	58451	4.52	5	69375	4.70	4
焦作市	33103	3.24	17	30997	2.53	22	42813	3.31	15	50079	3.39	13
濮阳市	46257	4.53	5	52890	4.32	8	51411	3.98	8	60258	4.08	6
许昌市	50066	4.90	4	44297	3.61	14	50741	3.93	9	57640	3.91	9
漯河市	35175	3.44	15	36531	2.98	18	42129	3.26	16	51980	3.52	12
三门峡市	39823	3.90	10	51596	4.21	9	57580	4.46	6	64155	4.35	5
南阳市	28300	2.77	20	31954	2.61	21	36210	2.80	21	40189	2.72	20
商丘市	17146	1.68	28	16711	1.36	28	22427	1.74	28	26550	1.80	28
信阳市	26651	2.61	22	27241	2.22	25	35977	2.78	22	41472	2.81	19

续表

城市	2011年			2013年			2015年			2017年		
	人均GDP/元	比重/%	位序	人均GDP/元	比重/%	位序	人均GDP/元	比重/%	位序	人均GDP/元	比重/%	位序
周口市	22589	2.21	25	32462	2.65	20	27391	2.12	27	33019	2.24	27
驻马店市	25788	2.52	23	32795	2.68	19	32434	2.51	23	37230	2.52	25
济源市	60429	5.92	1	64899	5.30	1	68054	5.27	2	83671	5.67	2
长治市	36875	3.61	14	48746	3.98	11	44867	3.47	13	48705	3.30	14
晋城市	37747	3.70	12	58131	4.74	5	49001	3.79	10	54209	3.67	10
运城市	20452	2.00	26	26278	2.14	26	30256	2.34	24	34987	2.37	26
邯郸市	42010	4.11	9	58665	4.79	4	46034	3.56	12	37796	2.56	23
邢台市	30050	2.94	18	30263	2.47	23	30186	2.34	25	38163	2.59	21
聊城市	29761	2.91	19	36636	2.99	17	38152	2.95	19	43501	2.95	17
菏泽市	22995	2.25	24	29427	2.40	24	38606	2.99	18	38143	2.59	22
蚌埠市	43655	4.27	7	53790	4.39	7	60148	4.65	4	46538	3.15	16
淮北市	37109	3.63	13	48396	3.95	12	46784	3.62	11	59210	4.01	7
阜阳市	14026	1.37	29	16110	1.31	30	19808	1.53	30	23855	1.62	30
亳州市	13438	1.32	30	16266	1.33	29	20094	1.55	29	25262	1.71	29
宿州市	17594	1.72	27	22190	1.81	27	27704	2.14	26	37389	2.53	24

附表 9

中原城市群公路里程表（14 个核心城市）

单位：km

时间	公路	郑州市	开封市	洛阳市	平顶山市	鹤壁市	新乡市	焦作市	许昌市	漯河市	商丘市	周口市	济源市	晋城市	亳州市	合计
2010 年	公路总长	12284	8636	17837	13316	4401	12897	7316	9161	5226	22712	21375	2222	8447	10803	156633
	高速公路	398	263	247	393	75	311	187	260	126	348	436	96	287	176	3602.9
	一级公路	85		8	99	18	40	56	109		72		27	110	10	634.2
	二级公路	1667	1112	1611	1688	486	1946	1603	1069	577	1580	1569	449	611	613	16580.6
	三级公路	1616	314	1850	926	301	798	880	548	390	1235	1223	444	1457	1478	13460
	四级公路	6552	4973	9072	9128	3308	7130	3257	4574	2886	11098	11229	846	5707	7848	87607.9
2011 年	公路总长	10381	7171	17949	10844	4443	10999	7348	9243	5242	19683	18574	2255	8632	10843	143607
	高速公路	407	253	247	328	75	285	187	260	126	317	387	96	319	215	3502
	一级公路	79		8	99	18	40	56	109		72		27	112	10	630
	二级公路	1614	969	1653	1323	498	1752	1615	1131	565	1357	1399	470	613	630	15589
	三级公路	1216	226	1998	855	310	667	875	647	405	1035	1018	456	1488	1476	12672
	四级公路	6001	4098	9063	7598	3328	6201	3485	4802	3031	10726	11230	861	5834	7983	84241
2012 年	公路总长	12695	8838	18331	13467	4460	13061	7365	9287	5250	23052	21828	2285	8757	10843	159519
	高速公路	475	302	501	392	75	270	187	260	126	416	436	96	319	215	4070
	一级公路	163	7	8	99	18	83	56	109		98	31	27	114	165	978
	二级公路	1758	1113	1680	1716	499	2030	1618	1183	564	1613	1572	487	633	476	16942
	三级公路	1642	312	2033	1048	317	812	880	660	408	1364	1224	470	1491	1476	14137
	四级公路	7369	5218	9178	9424	3346	7232	3500	4799	3041	12570	13275	879	5962	8120	93913

续表

时间	公路	郑州市	开封市	洛阳市	平顶山市	鹤壁市	新乡市	焦作市	许昌市	漯河市	商丘市	周口市	济源市	晋城市	亳州市	合计
2013年	公路总长	12719	8839	18324	13468	4463	13104	7365	9288	5250	23050	21840	2284	8882	11440	160316
	高速公路	503	302	500	392	75	269	187	260	126	416	436	96	319	215	4096
	一级公路	168	7	8	99	52	120	98	121	54	219	102	27	155	169	1399
	二级公路	1808	1145	1731	1728	468	2028	1651	1193	535	1547	1635	492	658	499	17118
	三级公路	1648	309	2008	1081	324	811	849	669	450	1243	1172	469	1501	1522	14056
	四级公路	7329	5227	9248	9395	3343	7340	3524	4819	3009	12774	13817	924	6011	8643	95403
2014年	公路总长	12702	8844	18342	13468	4464	13106	7383	9288	5250	23050	21845	2284	8961	11440	160427
	高速公路	486	302	500	392	75	269	205	126	260	416	436	96	319	215	4097
	一级公路	195	9	8	99	52	156	105	54	68	228	102	27	155	169	1427
	二级公路	1801	1149	1770	1764	469	2015	1654	541	944	1585	1635	496	661	499	16983
	三级公路	1648	309	2029	1157	324	854	868	465	898	1243	1172	469	1503	1529	14468
	四级公路	7315	5228	9217	9311	3343	7308	3531	3005	5421	12830	13824	928	6087	8636	95984
2015年	公路总长	10561	7306	18404	10894	4465	11059	7389	9302	5253	19887	18907	2290	9014	12078	146809
	高速公路	438	374	500	328	75	231	205	275	126	379	447	96	319	286	4079
	一级公路	207	2	30	99	52	156	105	131	54	228	45	43	155	194	1501
	二级公路	1648	1016	1874	1370	469	1725	1664	1250	542	1442	1506	517	661	476	16160
	三级公路	1232	243	1983	921	334	699	869	650	513	995	957	435	1494	1547	12872
	四级公路	6044	4208	9301	7588	3336	6334	3552	4891	3088	11192	12492	961	6165	9189	88341

续表

时间	公路	郑州市	开封市	洛阳市	平顶山市	鹤壁市	新乡市	焦作市	许昌市	漯河市	商丘市	周口市	济源市	晋城市	亳州市	合计
2016年	公路总长	11372	7697	19390	11747	4573	11435	8013	9936	5374	21149	20701	2504	9135	13454	156480
	高速公路	499	421	500	328	75	232	240	275	126	379	447	96	319	320	4257
	一级公路	424	33	83	138	125	163	175	234	54	242	81	68	155	202	2177
	二级公路	1767	998	1831	1353	349	1809	1592	1137	501	1418	1579	532	682	472	16020
	三级公路	1119	154	2079	917	299	1045	947	729	465	979	972	387	1493	1569	13154
	四级公路	6604	4904	12761	8980	3180	7359	4413	5896	3519	12023	16805	1245	6269	10547	104505
2017年	公路总长	13768	9512	19403	14668	4566	13492	8021	9954	5375	24698	23859	2507	9327	14158	173308.5
	高速公路	582	471	500	427	75	258	240	275	126	494	495	96	389	320	4747.105
	一级公路	501	56	114	168	126	163	213	234	80	243	241	68	159	202	2567.005
	二级公路	1988	1124	1888	1807	347	2243	1603	1173	488	1724	1567	545	706	467	17670.46
	三级公路	1564	262	2005	1216	317	1219	929	711	514	1269	1271	401	1522	1546	14747.09
	四级公路	7987	6318	12970	10898	3201	8713	4415	6043	3561	14666	18915	1236	6336	11362	116621.6
2018年	公路总长	13861	9493	19585	14689	4573	13482	8032	10007	5405	24753	23993	2516	9506	15574	175469
	高速公路	631	461	500	427	77	241	240	281	126	511	495	96	389	320	4795
	一级公路	588	98	128	168	129	163	213	264	80	243	260	94	159	202	2789
	二级公路	1950	1169	1964	1842	331	2305	1623	1179	502	1776	1623	550	710	476	18000
	三级公路	1553	254	2082	1286	321	1214	906	777	508	1318	1269	378	1557	1595	15018
	四级公路	8261	6485	13632	10869	3232	8842	4525	6377	3770	15952	18933	1256	6506	12981	121621

附表 10　　　　中原城市群公路客运量

城市	2011年		2013年		2015年		2017年		2018年	
	客运量/万人	位序	客运量/万人	位序	客运量/万人	位序	客运量/万人	位序	客运量/万人	位序
郑州市	30233	1	34431	1	13914	2	8815	4	8235	4
开封市	7494	16	8568	16	3923	17	3144	18	2905	17
洛阳市	16019	4	18878	4	12855	5	10965	3	10665	2
平顶山市	9621	12	11242	11	11642	6	6600	6	7135	6
安阳市	8350	14	9291	13	3784	18	5246	11	4237	13
鹤壁市	6885	18	8026	18	1398	29	985	28	888	25
新乡市	6340	21	7400	19	5968	11	5391	10	5522	9
焦作市	4397	26	5051	26	4082	16	1603	26	1543	23
濮阳市	5039	24	5762	23	4294	15	3105	19	3093	16
许昌市	6320	22	7375	20	2801	25	4144	14	4591	11
漯河市	4050	27	4684	27	2240	26	2437	21	1887	22
三门峡市	4475	25	5234	25	3230	23	2291	24	2277	19
南阳市	20029	3	23695	3	13341	3	11035	2	10212	3
商丘市	13749	8	16314	8	11159	7	7499	5	7528	5
信阳市	11741	10	13720	9	9646	8	4495	13	4586	12
周口市	10908	11	12718	10	7523	9	6119	8	5577	8
驻马店市	15882	5	18619	5	18363	1	12839	1	12152	1
济源市	2680	29	3103	29	917	30	721	29	672	26
长治市	3476	28	3487	28	3537	20	3187	17	—	—
晋城市	2646	30	2067	30	1657	28	—	—	—	—
运城市	5210	23	5355	24	3129	24	2761	20	2668	18
邯郸市	15519	7	18372	6	7129	10	5515	9	—	—
邢台市	8062	15	8126	17	3495	21	2364	22	—	—
聊城市	8726	13	9305	12	1728	27	1863	25	2029	21
菏泽市	15791	6	6552	22	4705	14	4873	12	4972	10
蚌埠市	13508	9	18032	7	3337	22	2343	23	2049.4	20
淮北市	7034	17	9235	14	3603	19	1507	27	1347.5	24
阜阳市	22295	2	29531	2	13221	4	6517	7	6020.8	7
亳州市	6646	19	9209	15	5643	12	4034	15	3496.2	14
宿州市	6346	20	7209	21	5571	13	3671	16	3270	15

附表 11　　中原城市群公路货运量

城市	2011 年		2013 年		2015 年		2017 年		2018 年	
	客运量/万 t	位序	客运量/万 t	位序	客运量/万 t	位序	客运量/万 t	位序	客运量/万 t	位序
郑州市	20888	5	26202	4	21813	4	22073	6	25679	4
开封市	7482	20	9469	20	2762	30	3667	28	4001	25
洛阳市	16276	11	21222	11	17524	9	24287	4	26249	3
平顶山市	14674	14	18612	13	9705	19	11792	18	13532	18
安阳市	20177	6	25360	5	12199	17	13351	16	16597	12
鹤壁市	5881	22	7520	23	5434	25	8028	23	8817	20
新乡市	9500	19	12177	19	16656	10	14175	14	18016	10
焦作市	16218	12	21492	10	15566	14	10545	20	13917	16
濮阳市	3867	28	5017	28	3365	29	5576	26	5918	24
许昌市	18788	7	24320	7	6438	23	9083	21	10481	19
漯河市	4280	26	5509	26	5762	24	6124	25	6434	23
三门峡市	3933	27	5100	27	4463	27	6554	24	6948	21
南阳市	17615	10	22744	9	17765	8	20144	9	21232	8
商丘市	20931	4	27199	3	16000	11	13174	17	18570	9
信阳市	7086	21	8994	21	6723	22	5386	27	6831	22
周口市	10825	18	14216	17	15842	12	14201	13	15876	14
驻马店市	17986	8	23016	8	9758	18	11260	19	13692	17
济源市	3715	29	4815	30	4105	28	2295	29	2393	26
长治市	5597	25	7391	25	7959	21	8802	22	–	–
晋城市	3460	30	4862	29	5385	26	–	–	–	–
运城市	5700	23	7448	24	8572	20	15567	12	16076	13
邯郸市	26548	2	34565	1	38704	2	20867	8	–	–
邢台市	11762	17	14320	16	18711	7	21950	7	–	–
聊城市	14747	13	15711	15	15578	13	20054	10	22572	7
菏泽市	27595	1	12945	18	13066	16	16016	11	17029	11
蚌埠市	14007	15	19405	12	19448	6	23559	5	23826.1	6
淮北市	5611	24	7725	22	14686	15	14130	15	14293.8	15
阜阳市	24420	3	33170	2	54526	1	48987	1	49516.1	1
亳州市	12788	16	17699	14	24519	3	29758	2	30104.7	2
宿州市	17830	9	25179	6	20791	5	25227	3	25497	5

附表 12　　中原城市群国际互联网用户表（全市，14 个核心城市）　单位：户/百人

城市	2010 年	2011 年	2012 年	2013 年	2014 年	2015 年	2016 年	2017 年	2018 年
郑州市	68	84	102	109	107	121	148	176	198
开封市	26	36	49	54	56	66	78	86	100
洛阳市	41	49	61	68	67	77	91	123	141
平顶山市	32	39	52	57	58	68	76	89	102
鹤壁市	32	43	59	60	61	70	89	106	122
新乡市	39	47	65	70	70	81	96	120	138
焦作市	39	50	64	67	67	78	91	129	148
许昌市	32	41	55	60	59	69	79	99	114
漯河市	30	38	50	56	55	64	73	88	102
商丘市	23	31	45	51	51	61	80	89	102
周口市	19	25	36	41	41	49	60	67	78
济源市	39	50	64	70	69	81	107	136	157
晋城市	5	5	14	15	17	19	23	24	24
亳州市	3	5	5	6	7	8	10	17	21

附表 13　　2011—2017 年郑州市分县（市）区人口演变表　　单位：人

区域	2011 年	2012 年	2013 年	2014 年	2015 年	2016 年	2017 年
全市	8857385	9031090	9191238	9377835	9568935	9723868	9880678
中原区	712525	722370	732368	743174	751288	761628	768794
二七区	729865	738629	752369	766392	781445	792475	801533
管城区	513621	522945	526390	536486	545994	555149	561577
金水区	1398579	1402077	1415301	1436529	1453288	1286457	1300251
上街区	133563	134548	135338	136138	136785	138359	140500
惠济区	274028	274536	278423	282987	286008	291531	298326
中牟县	709268	710568	466902	471892	481361	493198	500609
巩义市	810240	813243	816310	819940	823597	827897	832665
荥阳市	614124	614546	614986	615409	615790	620980	626742
新密市	799802	799910	799994	803343	803685	806921	809661
新郑市	687305	687405	638840	646108	656732	635790	642004
登封市	673191	677602	683405	688942	694315	701432	707112
经开区	112158	123073	184697	200146	220280	246306	255772
高新区	214986	224218	234852	246595	247674	272032	279205
郑东新区	284733	291386	402984	435270	470501	623577	654461
航空港实验区	189397	294034	508079	548484	600192	670136	701466

附表14　　2011—2017年郑州市分县（市）区城镇人口演变表　　单位：人

区域	2011年	2012年	2013年	2014年	2015年	2016年	2017年
全市	5741357	5985806	6165482	6406256	6669069	6905891	7137072
中原区	634860	646521	656055	667965	677736	691101	699295
二七区	638632	652948	665771	680173	696736	713386	723623
管城区	426305	439064	443062	453223	464094	477373	486044
金水区	1265713	1269020	1281272	1303794	1322346	1175436	1190640
上街区	119138	121766	122508	123518	124405	126377	128628
惠济区	184969	186959	190330	198119	203351	214013	222521
中牟县	256046	267174	179290	189559	218489	238412	256962
巩义市	375141	390357	400482	413824	431364	449134	467125
荥阳市	280041	289451	295316	306289	317378	332969	347403
新密市	369429	388196	395277	410910	425470	450746	467579
新郑市	316985	325877	309646	326026	350103	357505	373132
登封市	299983	317795	327966	342818	357849	376108	391810
经开区	90848	100919	151525	165941	183735	209803	218941
高新区	171989	181617	190324	202257	205569	230547	239279
郑东新区	176534	186487	242193	268562	297450	408879	437834
航空港实验区	145021	231022	319074	353279	394446	454017	486256

附表15　　2011—2017年郑州市分县（市）区城镇人口占比表　　%

区域	2011年	2012年	2013年	2014年	2015年	2016年	2017年
全市	100.00	100.00	100.00	100.00	100.00	100.00	100.00
中原区	11.06	10.80	10.64	10.43	10.16	10.01	9.80
二七区	11.12	10.91	10.80	10.62	10.45	10.33	10.14
管城区	7.43	7.34	7.19	7.07	6.96	6.91	6.81
金水区	22.05	21.20	20.78	20.35	19.83	17.02	16.68
上街区	2.08	2.03	1.99	1.93	1.87	1.83	1.80
惠济区	3.22	3.12	3.09	3.09	3.05	3.10	3.12
中牟县	4.46	4.46	2.91	2.96	3.28	3.45	3.60
巩义市	6.53	6.52	6.50	6.46	6.47	6.50	6.55
荥阳市	4.88	4.84	4.79	4.78	4.76	4.82	4.87
新密市	6.43	6.49	6.41	6.41	6.38	6.53	6.55
新郑市	5.52	5.44	5.02	5.09	5.25	5.18	5.23
登封市	5.22	5.31	5.32	5.35	5.37	5.45	5.49
经开区	1.58	1.69	2.46	2.59	2.76	3.04	3.07
高新区	3.00	3.03	3.09	3.16	3.08	3.34	3.35
郑东新区	3.07	3.12	3.93	4.19	4.46	5.92	6.13
航空港实验区	2.53	3.86	5.18	5.51	5.91	6.57	6.81

附表 16　　**2011—2017 年郑州市分县（市）区城镇化率**　　%

区域	2011 年	2012 年	2013 年	2014 年	2015 年	2016 年	2017 年
全市	64.82	66.28	67.08	68.31	69.69	71.02	72.23
中原区	89.10	89.50	89.58	89.88	90.21	90.74	90.96
二七区	87.50	88.40	88.49	88.75	89.16	90.02	90.28
管城区	83.00	83.96	84.17	84.48	85.00	85.99	86.55
金水区	90.50	90.51	90.53	90.76	90.99	91.37	91.57
上街区	89.20	90.50	90.52	90.73	90.95	91.34	91.55
惠济区	67.50	68.10	68.36	70.01	71.10	73.41	74.59
中牟县	36.10	37.60	38.40	40.17	45.39	48.34	51.33
巩义市	46.30	48.00	49.06	50.47	52.38	54.25	56.10
荥阳市	45.60	47.10	48.02	49.77	51.54	53.62	55.43
新密市	46.19	48.53	49.41	51.15	52.94	55.86	57.75
新郑市	46.12	47.41	48.47	50.46	53.31	56.23	58.12
登封市	44.56	46.90	47.99	49.76	51.54	53.62	55.41
经开区	81.00	82.00	82.04	82.91	83.41	85.18	85.60
高新区	80.00	81.00	81.04	82.02	83.00	84.75	85.70
郑东新区	62.00	64.00	60.10	61.70	63.22	65.57	66.90
航空港实验区	76.57	78.57	62.80	64.41	65.72	67.75	69.32

附表 17　　**2011—2017 年郑州市分县（市）区生产总值**　　单位：万元

区域	2011 年	2012 年	2013 年	2014 年	2015 年	2016 年	2017 年
全市	49798455	55497869	62018473	67769890	73115210	81139666	91937679
中原区	2470942	2654531	2757060	2974210	3209381	3578526	4129670
二七区	3251389	3638709	4032477	4296889	4644298	5153575	5859477
管城区	2328418	2891245	2997715	2979412	2819107	2851300	3397641
金水区	6548770	7063773	7814623	8714195	9461678	10507930	12159323
上街区	918822	986688	1076214	1129090	1204511	1259417	1162800
惠济区	764686	844883	927609	1008546	1064918	1235099	1502328
中牟县	3149275	3326795	2288743	2428912	2602069	2848902	3093792
巩义市	4680336	5278013	5812240	6075672	6254991	6799975	7557943
荥阳市	4326548	4580493	5200572	5702519	5882601	6296185	6793950
新密市	5004789	5129160	5598308	6018650	6421296	6843020	7217734
新郑市	4489462	4753768	5252762	5684615	5927598	6534760	7020345
登封市	4327632	4311803	4509039	4833880	5223041	5719747	6403962
经开区	1168604	1508582	2630845	4057493	5305794	6020229	6682872
高新区	1167802	1371582	1556804	2053195	2261191	2642709	3071510
郑东新区	1039414	1493321	2175869	2349973	2748732	3507504	4821387
航空港实验区	885268	2062627	3255990	4428209	5516946	6286425	7000931

附表 18　　2011—2017 年郑州市分县（市）区第一产业总产值　　单位：万元

区域	2011 年	2012 年	2013 年	2014 年	2015 年	2016 年	2017 年
全市	1316609	1424047	1469617	1471498	1509211	1563546	1515948
中原区	12192	13535	11854	10540	7661	4395	718
二七区	7545	7189	6526	5845	4552	3337	492
管城区	7593	7746	7777	7699	6826	6941	6483
金水区	17494	8850	10927	11670	11513	9174	7888
上街区	6098	7047	4939	4800	4374	3738	3870
惠济区	48598	52146	57822	63380	59296	59894	46418
中牟县	463690	483397	253261	226004	230513	238834	250094
巩义市	88159	101528	110762	109772	112630	117474	119429
荥阳市	203337	246066	258010	274304	305022	293132	289968
新密市	140284	155800	167764	181910	201012	208737	207217
新郑市	175890	186894	181931	193724	193678	201562	203211
登封市	103060	121207	130571	136131	163490	176598	181339
经开区	6997	6408	57071	43693	41340	42086	32574
高新区	7366	7100	4913	4175	5932	4220	2103
郑东新区	7729	7250	73000	69433	47789	67700	61414
航空港实验区	18358	17915	132779	124939	118003	122002	105159

附表 19　　2011—2017 年郑州市分县（市）区第二产业总产值　　单位：万元

区域	2011 年	2012 年	2013 年	2014 年	2015 年	2016 年	2017 年
全市	28742174	31329217	34705173	34871370	36041501	37969300	40827174
中原区	1044525	1075775	978839	933970	937391	985606	1111870
二七区	715041	772255	847708	836199	862506	912684	1013542
管城区	1035886	1238835	1205085	1089063	879459	580478	668683
金水区	937539	879113	943936	968106	953301	1009378	1245039
上街区	705203	746584	807338	733041	769729	751902	599958
惠济区	380188	411990	452625	472058	461787	466235	547010
中牟县	1860088	1925073	1258658	1018937	965427	961577	936548
巩义市	3396152	3736918	4078071	3974781	3870061	4090093	4437017
荥阳市	3111724	3188829	3638972	3824965	3666660	3739371	3919990
新密市	3652807	3484293	3733239	3514807	3525365	3510691	3410079
新郑市	3300670	3364440	3698790	3400097	3233181	3366937	3485810
登封市	3267663	3120991	3162063	3009176	3076086	3204940	3460185
经开区	922538	1060389	2021111	2971135	4074810	4454315	4910714
高新区	754876	891372	1018884	1154366	1213134	1389116	1589859
郑东新区	56586	62745	253305	228853	223692	248150	356074
航空港实验区	721623	1792848	2729093	3717456	4397300	4752931	4944955

附表 20　　2011—2017 年郑州市分县（市）区第三产业总产值　　单位：万元

区域	2011 年	2012 年	2013 年	2014 年	2015 年	2016 年	2017 年
全市	19739672	22744605	25843683	31427022	35564498	41606820	49594557
中原区	1414225	1565221	1766367	2029700	2264329	2588525	3017082
二七区	2528803	2859265	3178244	3454845	3777240	4237554	4845443
管城区	1284939	1644664	1784854	1882650	1932822	2263881	2722475
金水区	5593737	6175810	6859760	7734419	8496864	9489378	10906396
上街区	207521	233057	263937	391249	430408	503777	559062
惠济区	335900	380747	417163	473108	543835	708970	908900
中牟县	825497	918325	776824	1183971	1406129	1648491	1907150
巩义市	1196025	1439567	1623407	1991119	2272300	2592408	3001497
荥阳市	1011487	1145598	1303590	1603250	1910919	2263682	2583992
新密市	1211698	1489067	1697305	2321933	2694919	3123592	3600438
新郑市	1012902	1202434	1372041	2090794	2500739	2966261	3331324
登封市	956909	1069605	1216405	1688573	1983470	2338209	2762438
经开区	239069	441785	552663	1042665	1189644	1523828	1739584
高新区	405560	473110	533007	894654	1042125	1249373	1479548
郑东新区	975099	1423326	1849564	2051687	2477251	3191654	4403899
航空港实验区	145287	251864	394118	585814	1001643	1411492	1950817

附表 21　　2011—2017 年郑州市分县（市）区第三产业总产值比重表　　%

区域	2011 年	2012 年	2013 年	2014 年	2015 年	2016 年	2017 年
全市	100.00	100.00	100.00	100.00	100.00	100.00	100.00
中原区	7.16	6.88	6.83	6.46	6.37	6.22	6.08
二七区	12.81	12.57	12.30	10.99	10.62	10.18	9.77
管城区	6.51	7.23	6.91	5.99	5.43	5.44	5.49
金水区	28.34	27.15	26.54	24.61	23.89	22.81	21.99
上街区	1.05	1.02	1.02	1.24	1.21	1.21	1.13
惠济区	1.70	1.67	1.61	1.51	1.53	1.70	1.83
中牟县	4.18	4.04	3.01	3.77	3.95	3.96	3.85
巩义市	6.06	6.33	6.28	6.34	6.39	6.23	6.05
荥阳市	5.12	5.04	5.04	5.10	5.37	5.44	5.21
新密市	6.14	6.55	6.57	7.39	7.58	7.51	7.26
新郑市	5.13	5.29	5.31	6.65	7.03	7.13	6.72
登封市	4.85	4.70	4.71	5.37	5.58	5.62	5.57
经开区	1.21	1.94	2.14	3.32	3.35	3.66	3.51
高新区	2.05	2.08	2.06	2.85	2.93	3.00	2.98
郑东新区	4.94	6.26	7.16	6.53	6.97	7.67	8.88
航空港实验区	0.74	1.11	1.53	1.86	2.82	3.39	3.93

附表 22　2011—2017 年郑州市分县（市）区法人单位从业人数　单位：人

区域	2011 年	2012 年	2013 年	2014 年	2015 年	2016 年	2017 年
全市	2813461	2917005	3465038	3886572	4320208	4639166	4594651
中原区	290698	296347	306131	307124	302677	296144	285726
二七区	200555	197851	212695	233440	365805	479255	466809
管城区	140543	143088	167632	181777	209000	250275	263906
金水区	692792	702198	591160	690731	718238	799882	763002
上街区	58281	57309	50736	47576	48601	52771	46368
惠济区	93827	96030	108657	115156	125871	129303	122324
中牟县	148284	93042	111456	149965	163091	178700	163294
巩义市	187046	193133	235424	238558	257740	266756	269545
荥阳市	148216	160732	226130	233917	253670	277601	272725
新密市	230566	225160	201940	243657	260426	263717	266331
新郑市	151814	177874	241549	248657	261546	249997	241858
登封市	179652	182962	205848	227076	246274	249158	237473
经开区	90651	117816	147930	193656	214538	226054	229136
高新区	97835	103959	136922	142105	156453	176980	201206
郑东新区	72205	133891	214677	310522	391351	410358	396288
航空港实验区	30496	35613	306151	322655	344927	332215	368660

附表 23　2011—2017 年郑州市分县（市）区教育支出　单位：万元

区域	2011 年	2012 年	2013 年	2014 年	2015 年	2016 年	2017 年
全市	919539	1240176	1330655	1244086	1476043	1555258	1759635
中原区	30311	49742	39783	36119	44025	63684	64236
二七区	34719	50800	36761	36109	45152	57612	74442
管城区	28240	36199	32676	32770	39836	41496	45857
金水区	55564	67985	69261	70474	62086	90590	128743
上街区	16888	19927	22969	25275	27712	26157	27921
惠济区	22171	27784	23872	23459	28545	34160	46744
中牟县	60903	90504	89182	88506	74807	102374	130746
巩义市	67834	81952	90683	64656	66165	86261	98878
荥阳市	51374	59592	64634	61335	60085	91182	88544
新密市	56948	70565	76683	63455	61183	76093	87297
新郑市	67006	73288	78186	89144	74550	106127	131795
登封市	65089	66165	74905	70081	58939	93174	108467
经开区	12005	16127	17017	36430	19524	42257	44049
高新区	20318	33676	22850	26430	18446	39015	45472
郑东新区	35564	65264	49992	37619	63388	94046	123935
航空港实验区	6445	24787	26864	12692	18139	34063	39516

附表 24 **2011—2017 年郑州市分县（市）区医疗卫生与计划生育支出**

单位：万元

区域	2011 年	2012 年	2013 年	2014 年	2015 年	2016 年	2017 年
全市	350431	460530	581832	702479	813893	865525	908763
中原区	8075	11324	14217	20248	27145	25854	28789
二七区	10907	11958	16194	24466	27045	29799	32077
管城区	8129	9678	13486	16889	23323	25385	28790
金水区	14049	24698	35798	35420	33474	37952	43662
上街区	3746	10495	10969	12661	13105	14232	10224
惠济区	9681	8322	11468	13942	14532	15239	21228
中牟县	25325	43063	52094	64546	62709	64988	62106
巩义市	28875	45042	69414	82857	92814	101399	94847
荥阳市	22813	30265	36485	69638	73294	85489	86344
新密市	25709	36731	41969	56553	62079	69858	68359
新郑市	26872	38025	42099	46525	62710	75596	80361
登封市	25491	33145	30538	38585	45121	49005	57684
经开区	1239	1560	2126	5946	8027	7603	9502
高新区	3883	4197	4863	6444	7940	10441	11238
郑东新区	998	3969	5577	12461	16423	19823	23824
航空港实验区	355	1981	4053	8392	20434	23935	25428

附表 25 **2011—2017 年郑州市分县（市）区社会保障和就业支出**

单位：万元

区域	2011 年	2012 年	2013 年	2014 年	2015 年	2016 年	2017 年
全市	491668	557360	663696	624200	778406	859040	945717
中原区	16204	17870	18104	17933	23570	32719	26192
二七区	21703	26283	22298	22446	31343	39368	46416
管城区	13609	12054	15235	12111	17519	18853	24538
金水区	21632	24440	28627	29132	26857	46445	42696
上街区	7877	9092	9402	10583	12254	14530	17156
惠济区	10553	7739	9184	9478	9918	14992	21255
中牟县	25743	25167	30362	35451	43347	34974	29626
巩义市	23182	33808	34954	40447	51558	56599	73537
荥阳市	25683	30462	33329	24280	27265	36321	55590
新密市	27457	40507	44492	36028	51839	57749	60251
新郑市	26575	34303	36345	30908	31787	44414	55954
登封市	27274	29188	35221	36708	41135	41564	42387
经开区	851	1128	1550	2327	2609	3717	4413
高新区	3728	4041	5139	5784	7327	7664	9873
郑东新区	3195	10425	7852	14988	18523	17093	22083
航空港实验区	2666	3202	4071	11167	13242	12885	19810

附表 26　　2011—2017 年郑州市分县（市）区科学技术支出　　单位：万元

区域	2011 年	2012 年	2013 年	2014 年	2015 年	2016 年	2017 年
全市	101605	152706	172649	144942	178600	217190	339602
市本级	36185	61098	121170	92979	131368	157660	229981
中原区	2701	4651	3197	2723	2559	2101	1572
二七区	3227	8326	4597	1608	2240	2426	3813
管城区	3467	4133	4753	2864	4380	4381	5527
金水区	6908	8371	8609	11833	6992	10039	21426
上街区	1625	1781	2379	2607	2638	2701	1978
惠济区	1586	3708	450	876	616	691	2163
中牟县	3291	4248	3393	5403	4562	5831	8087
巩义市	5427	7843	8548	7543	7868	8107	36130
荥阳市	2989	3620	3459	4497	2199	7452	12180
新密市	3019	3389	3692	2094	1709	2925	4159
新郑市	4775	5188	5512	6602	8931	10307	8150
登封市	3154	2554	2890	3313	2538	2569	4436
经开区	5315	6336	7472	10095	12443	18966	24006
高新区	16978	21035	23771	24011	24531	30494	77265
郑东新区	55	4108	8657	3216	38029	21476	6033
航空港实验区	903	2317	2389	6845	3545	13186	12002

附表 27　　2012—2017 年郑州市分县（市）区规模以上工业企业 R&D 经费内部支出　　单位：万元

区域	2012 年	2013 年	2014 年	2015 年	2016 年	2017 年
全市	560813	711600	808562	894842	1002491	1033005
中原区	116385	113697	103117	95201	55263	34723
二七区	37896	38690	42500	34248	29149	40093
管城区	79541	92477	91025	108301	128277	133745
金水区	15132	19084	19781	18524	20067	5082
上街区	21139	21624	21273	18168	13966	15043
惠济区	6431	10131	13636	19161	14746	34583
中牟县	21437	26170	30444	34553	43808	52274
巩义市	40978	53070	64520	76585	89529	100574
荥阳市	15973	30568	27983	26894	33327	21817
新密市	24311	34086	39891	40330	41154	21472
新郑市	42332	50748	46042	53268	63015	54048
登封市	21689	40978	60095	71952	80517	63625
经开区	26844	47136	77295	113831	138243	169387
高新区	76745	109280	133033	128459	134785	149894
郑东新区	5102	7332	15709	16990	21934	30856
航空港实验区	8879	16532	22219	38376	94711	105790

附表 28　　2011—2017 年郑州市分县（市）区规模以上工业企业新产品销售收入

单位：万元

区域	2012 年	2013 年	2014 年	2015 年	2016 年	2017 年
全市	5761533	23963402	27900985	32902439	33300670	37470566
中原区	784534	488960	340795	292680	229059	45668
二七区	215315	227389	236395	234143	238031	312935
管城区	1202011	1484080	1605914	1942237	2336823.4	2076984
金水区	194104	209083	204090	211927	238388	42040
上街区	31034	125134	53146	63684	68773	85365
惠济区	36650	57488	40198	110431	115100	361249
中牟县	480915	588040	693322	717039	439965	591799
巩义市	314303	411547	364522	285288	780748	775453
荥阳市	297130	301657	355748	351507	208470	134213
新密市	120394	117136	175131	100886	103887	112246
新郑市	161962	168901	192841	216144	225455	253920
登封市	146636	226573	203040	196622	268671	242872
经开区	267823	895936	1513802	1265935	1585445	2629242
高新区	856706	1446108	1538452	1421713	1205432	1769432
郑东新区	616233	123266	31583	80885	727369	218151
航空港实验区	35785	17092107	20352007	25411317	24529054	27818997

附表 29　　2011—2017 年郑州市分县（市）区实际使用外资

单位：万美元

区域	2011 年	2012 年	2013 年	2014 年	2015 年	2016 年	2017 年
全市	310000	342898	332178	363002	382661	403305	404969
中原区	14090	18448	31541	12646	17375	21136	21241
二七区	16269	18347	20495	23185	22790	20300	20400
管城区	15408	16803	11746	8348	9881	13542	13615
金水区	27220	31317	23468	27268	29039	30823	31003
上街区	6130	7010	7788	9198	8261	8860	8900
惠济区	16842	19139	10855	12878	10765	16090	16090
中牟县	10785	12286	4650	5235	5351	5630	5687
巩义市	16013	19238	21800	27774	30090	32205	32300
荥阳市	11219	12250	11141	14752	15565	16500	16568
新密市	13402	15393	17268	20009	19895	21130	21223
新郑市	17710	19378	20124	21140	18370	19841	19930
登封市	14399	12370	9945	6902	1955	10728	10835
经开区	34557	58112	42806	48069	52578	55138	55140
高新区	20056	26318	20762	25489	27537	29087	29105
郑东新区	29900	29943	35789	42141	62709	48929	48932
航空港实验区	46000	26546	42000	57968	50500	53366	54000

参考文献

[1] 苗长虹．中国城市群发育与中原城市群发展研究［M］．北京：中国社会科学出版社，2007.

[2] 梅宪宾．中原城市群发展战略研究［M］．北京：中国社会科学出版社，2009.

[3] 李英杰．中原经济区发展报告（2014）［M］．北京：社会科学文献出版社，2014.

[4] 程工．中原城市群区域经济一体化研究［M］．北京：知识产权出版社，2007.

[5] 河南日报报业集团．国务院关于支持河南省加快建设中原经济区的指导意见［M］．开封：河南大学出版社，2011.

[6] 姚士谋．中国城市群［M］．合肥：中国科学技术大学出版社，2001.

[7] 张京祥．城镇群体空间组合［M］．南京：东南大学出版社，2000.

[8] 刘鹏．城市群区域城际轨道交通与城市公交衔接系统模型研究［M］．桂林：广西师范大学出版社，2014.

[9] 谢映霞，李帅杰．让城市回归自然［M］．北京：中国物资出版社，2011.

[10] 祁巍锋，王德利，宋吉涛．低碳城市的空间规划策略研究［M］．杭州：浙江大学出版社，2015.

[11] 彭翀，顾朝林．城市化进程下中国城市群空间运行及其机理［M］．南京：东南大学出版社，2011.

[12] 骆玲，曹洪．高速铁路的区域经济效应［M］．成都：西南交通大学出版社，2012.

[13] 李庚香．文化强省与中原崛起战略［M］．郑州：河南文艺出版社，2010.

[14] 尹世洪，麻智辉．中部城市群构建与发展研究［M］．南昌：江西人民出版社，2011.

[15] 杨光．区域经济与中原城市群发展［M］．郑州：河南人民出版社，2009.

[16] 苗长虹．空间集聚、关系建构与区域发展［M］．北京：中华书局，2011.

[17] 郝丽君．郑州绿色生态网络的发展与建构［M］．北京：地质出版社．2019.

[18] 洛林·LaB·施瓦茨．绿道规划·设计·开发［M］．北京：中国建筑工业出版社，2009.

[19] 郝丽君．城市生态空间构建与规划：以郑州绿道为例［M］．北京：地质出版社．2019.

[20] 俞孔坚．土人设计著．城市绿道规划设计［M］．南京：凤凰科学技术出版社．2015.

[21] 李金峰．流空间视角下中原城市群城市物流网络结构分析［J］．河南科学，2019，37（12）：2041－2048.

[22] 金东．提升中原城市群开放水平研究［J］．黄河科技学院学报，2019，21（6）：74－79.

[23] 丁志伟，简子菡，李凌子，等．中原城市群研究进展：基于1987—2017年中国知网文献的计量分析［J］．地域研究与开发，2020，39（1）：51－58.

[24] 丁志伟，黄迺茗，谢慧钰，等．中原城市群镇域经济空间格局及其影响因素［J］．

经济地理，2019，39（11）：60－68.
［25］ 刘建华，李伟．基于修正引力模型的中原城市群创新空间联系研究［J］．地域研究与开发，2019，38（5）：63－68，90.
［26］ 张宏乔，万年庆．多要素流视角的中原城市群流空间网络研究［J］．城市学刊，2020，41（1）：77－82.
［27］ 杨兰桥．提高中原城市群协调发展能力研究［J］．黄河科技学院学报，2019，21（4）：73－77.
［28］ 吴晓迪．中原城市群发展现状分析［J］．全国流通经济，2019（16）：121－122.
［29］ 周倩．中原城市群空间演化研究：基于2000、2018年截面分析［J］．中州大学学报，2019，36（5）：41－45.
［30］ 田丽娜．基于新型城镇化战略下中原城市群崛起策略研究［J］．创新科技，2019，19（6）：32－37.
［31］ 张蕊．中原城市群产业转移策略［J］．合作经济与科技，2019（4）：10－11.
［32］ 孙晓雅．中原城市群崛起要做好“格局”文章［J］．人民论坛，2019（6）：84－85.
［33］ 周韬．中原城市群产业升级及其空间效应研究［J］．生产力研究，2019（4）：98－102.
［34］ 杨建涛．中原城市群建设背景下河南省空间结构重组研究［J］．国土与自然资源研究，2019（2）：3－6.
［35］ 冯云廷，张永芳．中原城市群经济重心与产业重心演变特征分析［J］．管理学刊，2018，31（6）：10－20.
［36］ 卢兆宇．基于信息流的中原城市群网络空间特征及演化分析［J］．房地产导刊，2019（18）：253－254.
［37］ 简子菡，李凌子，丁志伟，等．中原城市群县域绿色化水平的空间格局特征［J］．河南科学，2018，36（11）：1807－1815.
［38］ 谷溢．中原城市群核心区一体化防灾研究［J］．中外建筑，2019（3）：78－80.
［39］ 张宏乔．基于信息流的中原城市群城市网络空间特征及演化分析［J］．地域研究与开发，2019，38（1）：60－64，70.
［40］ 安俞静，刘静玉，李宁，等．中原城市群铁路网络可达性及经济联系格局［J］．长江流域资源与环境，2018，27（9）：1947－1957.
［41］ 宋永鹏，张宇，元媛，等．中原城市群核心区城市用地扩张的生态环境效应［J］．河南大学学报（自然科学版），2019，49（1）：13－25.
［42］ 徐可．高铁对中原城市群人口流动与分布的影响［J］．特区经济，2019（9）：50－52.
［43］ 于长立，于海龙，吴楠楠，等．中原城市群空间经济联系结构及其演变特征［J］．许昌学院学报，2019，38（2）：21－24.
［44］ 罗萌．GIS技术下中原城市群空间结构研究［J］．建材与装饰，2018（37）：159.
［45］ 安俞静，刘静玉，乔墩墩．中原城市群城市空间联系网络格局分析：基于综合交通信息流［J］．地理科学，2019，39（12）：1929－1937.
［46］ 张宏乔．基于信息流的中原城市群城市网络空间特征及演化分析［J］．地域研究与开发，2019，38（1）：60－64，70.
［47］ 王宁宁，陈锐，赵宇．基于网络分析的城市信息空间与经济空间的综合研究［J］．地理与地理信息科学，2018，34（4）：60－68.
［48］ 杨滔．基于空间句法的多尺度城市空间网络形态研究［D］．北京：清华大

学，2017.
[49] 潘竟虎，戴维丽．基于网络分析的城市影响区和城市群空间范围识别［J］. 地理科学进展，2017，36（6）：667－676.
[50] 陈伟，刘卫东，柯文前，等．基于公路客流的中国城市网络结构与空间组织模式［J］. 地理学报，2017，72（2）：224－241.
[51] 张宏乔．流空间视角下的城市网络特征分析：以中原城市群为例［J］. 资源开发与市场，2016，32（10）：1218－1222.
[52] 王纪武，郑浩宇．网络空间概念、属性、作用与城市规划响应：兼述国外相关研究［J］. 城市发展研究，2016，23（9）：40－46.
[53] 赵渺希，黎智枫，钟烨，等．中国城市群多中心网络的拓扑结构［J］. 地理科学进展，2016，35（3）：376－388.
[54] 张远景，俞滨洋．城市生态网络空间评价及其格局优化［J］. 生态学报，2016，36（21）：6969－6984.
[55] 方大春，孙明月．高铁时代下长三角城市群空间结构重构：基于社会网络分析［J］. 经济地理，2015，35（10）：50－56.
[56] 刘正兵．中原城市群空间结构效应研究［D］. 开封：河南大学，2015.
[57] 吴康，方创琳，赵渺希．中国城市网络的空间组织及其复杂性结构特征［J］. 地理研究，2015，34（4）：711－728.
[58] 刘正兵，刘静玉，何孝沛，等．中原经济区城市空间联系及其网络格局分析：基于城际客运流［J］. 经济地理，2014，34（7）：58－66.
[59] 孔铎．中原城市群文化资源的网络空间呈现：以中原城市群核九地市政府网站为例［J］. 中国名城，2014（4）：58－62.
[60] 张鹏岩，任星，陈龙，等．中原经济区城市经济网络空间特征及其复杂性分析［J］. 河南大学学报（自然科学版），2014，44（1）：60－66.
[61] 杨章贤．信息时代区域发展与城市规划响应研究［D］. 长春：东北师范大学，2011.
[62] 王培培．郑州“一带一路”核心节点城市研究［J］. 企业科技与发展，2019（11）：11－12.
[63] 吴海峰．建设郑州国家中心城市在我国经济发展中的作用［J］. 中共郑州市委党校学报，2019（5）：98－100.
[64] 王胜今，杨鸿儒．我国中原经济区人口与经济空间格局演变研究［J］. 人口学刊，2019，41（5）：35－44.
[65] 蔡慧敏．郑新“同城”协调发展研究［J］. 决策探索（下），2019（8）：13－14.
[66] 张艳．中原城市群制造业与生产性服务业协同集聚研究［J］. 价值工程，2019，38（23）：27－29.
[67] 陈昱，田伟腾，马文博．人口城镇化与土地城镇化的耦合关系及其空间差异：以中原城市群为例［J］. 生态经济，2019，35（8）：104－110.
[68] 杨兰桥．提高中原城市群协调发展能力研究［J］. 黄河科技学院学报，2019，21（4）：73－77.
[69] 田丽娜．基于新型城镇化战略下中原城市群崛起策略研究［J］. 创新科技，2019，19（6）：32－37.

[70] 吴晓迪．中原城市群发展现状分析［J］．全国流通经济，2019（16）：121－122.
[71] 李京．河南省新型城镇化测度及发展路径研究［J］．现代商业，2019（14）：85－86.
[72] 刘战国，李晓东．建设“郑州空中丝绸之路试验区”的战略思路［J］．郑州航空工业管理学院学报，2019，37（2）：1－11.
[73] 杨建涛．中原城市群建设背景下河南省空间结构重组研究［J］．国土与自然资源研究，2019（2）：3－6.
[74] 王嘉文．国家中心城市建设背景下郑州大都市区发展策略分析［J］．创新科技，2019，19（4）：48－53.
[75] 周韬．中原城市群产业升级及其空间效应研究［J］．生产力研究，2019（4）：98－102.
[76] 韩志刚，崔彩辉，苗长虹，等．基于成本距离的河南省多尺度可达性空间格局［J］．河南大学学报（自然科学版），2019，49（2）：127－136.
[77] 刘怀丕，李文哲．郑州：引领中原城市群发展［J］．宁波经济（财经视点），2019（3）：18－19.
[78] 张宏乔．基于信息流的中原城市群城市网络空间特征及演化分析［J］．地域研究与开发，2019，38（1）：60－64，70.
[79] 王德利，王岩，陈铁，等．中国城市群城镇规模分布演变特征及规律分析［J］．生态经济，2019，35（2）：95－100.
[80] 张蕊．中原城市群产业转移策略［J］．合作经济与科技，2019（4）：10－11.
[81] 宋永鹏，张宇，元媛，等．中原城市群核心区城市用地扩张的生态环境效应［J］．河南大学学报（自然科学版），2019，49（1）：13－25.
[82] 张祝平．建设国家中心城市进程中城市文化提升问题研究：以郑州市为例［J］．黄河科技学院学报，2019，21（1）：75－80.
[83] 冯云廷，张永芳．中原城市群经济重心与产业重心演变特征分析［J］．管理学刊，2018，31（6）：10－20.
[84] 白小明．中原城市群一体化发展的对策建议：基于城市间分工协作的视角［J］．科技和产业，2018，18（12）：41－44.
[85] 吴宏军．郑州建设国家中心城市的实现路径研究［J］．中共郑州市委党校学报，2018（6）：81－85.
[86] 侯燕．郑州辐射带动中原城市群发展研究：以建设郑州国家中心城市为背景［J］．中州大学学报，2018，35（6）：37－42.
[87] 王元亮．中原城市群经济空间差异研究［J］．地域研究与开发，2018，37（6）：12－17.
[88] 武珺．河南自贸区建设与郑州大都市区发展研究［J］．当代经济，2018（23）：62－63.
[89] 喻晓莹，喻新安．郑州建设国家中心城市的独特优势与主要任务［J］．区域经济评论，2018（6）：99－104.
[90] 张宏乔．中原城市群市域经济差异的时空演变特征［J］．城市学刊，2018，39（6）：51－57.
[91] 高昕．中原城市群协同发展的时空演化特征与对策研究［J］．周口师范学院学报，2018，35（6）：137－141.
[92] 牛树海．郑州与周边城市融合发展问题研究［J］．经贸实践，2018（21）：49，51.
[93] 吴国玺，刘培，王丽娜．郑许融合发展的机理与对策［J］．许昌学院学报，2018，

37 (10): 21-25.
[94] 吴青霞. "三区一群"空间下郑州产业发展面临的问题及对策研究 [J]. 时代农机, 2018, 45 (9): 66-67.
[95] 杨吉. 河南省新型城镇化问题研究 [J]. 市场论坛, 2018 (9): 33-35.
[96] 杨兰桥. 郑州建设国家中心城市的战略路径研究 [J]. 黄河科技大学学报, 2018, 20 (5): 55-61.
[97] 鲁继通. 新战略定位下中原城市群空间格局演化研究 [J]. 河南工业大学学报 (社会科学版), 2018, 14 (4): 120-128.
[98] 罗萌. GIS技术下中原城市群空间结构研究 [J]. 建材与装饰, 2018 (37): 159.
[99] 杨小林, 张亚美, 金英淑, 等. 基于竞争: 合作视角的中原城市群城市竞争力空间格局研究 [J]. 改革与开放, 2018 (15): 48-51.
[100] 申燕飞. 中原经济区网络化城市空间发展研究 [J]. 河南科技, 2018 (19): 129-135.
[101] 侯燕. 中原城市群经济格局优化建议 [J]. 农村·农业·农民 (B版), 2018 (6): 58.
[102] 封季媛. 中原城市群经济引力空间格局解读 [J]. 时代金融, 2018 (14): 110, 118.
[103] 彭俊杰. 中原城市群空间整合的发展格局与调控策略 [J]. 中共郑州市委党校学报, 2018 (2): 83-86.
[104] 谢永琴, 曹怡品. 基于 DEA-SBM 模型的中原城市群新型城镇化效率评价研究 [J]. 城市发展研究, 2018, 25 (2): 135-141.
[105] 王喜. 中原城市群产城协调发展分析 [J]. 现代商业, 2018 (3): 84-85.
[106] 王振坡, 张馨芳, 王丽艳. 中原城市群城市规模分布及演进机理研究 [J]. 区域经济评论, 2018 (1): 108-116.
[107] 史雅娟, 朱永彬, 黄金川. 中原城市群产业分工格局演变与功能定位研究 [J]. 经济地理, 2017, 37 (11): 84-91.
[108] 王楠楠, 李俊明, 段琳琼, 等. 长三角和中原城市群城市扩张时空特征及驱动力比较研究 [J]. 河南大学学报 (自然科学版), 2017, 47 (6): 681-692, 726.
[109] 刘战国, 刘艺娃. 郑州大都市圈及中原城市群结构优化研究 [J]. 郑州航空工业管理学院学报 (社会科学版), 2017, 36 (5): 108-114.
[110] 崔晨涛. 机遇带来挑战: 郑州对接"一带一路"创新城市发展的思考 [J]. 经济界, 2017 (5): 85-96.
[111] 刘梦丽, 王伟, 刘静玉, 等. 中原城市群城市引力范围界定及演变格局 [J]. 地域研究与开发, 2017, 36 (4): 49-54.
[112] 韩明珑, 张改素. 中原城市群城乡收入差距的时空分异特征及影响因素 [J]. 高师理科学刊, 2017, 37 (7): 62-68.
[113] 李小建, 杨慧敏. 中原城市群产城协调发展分析 [J]. 区域经济评论, 2017 (4): 47-54.
[114] 陈伟, 刘卫东, 柯文前, 等. 基于公路客流的中国城市网络结构与空间组织模式 (英文) [J]. Journal of Geographical Sciences, 2018, 28 (4): 477-494.
[115] 陈伟, 刘卫东. 中国城市网络结构与空间组织模式: 基于公路客流透视 [C]//中国地理学会经济地理学专业委员会. 2016 第六届海峡两岸经济地理学研讨会摘要集.

中国地理学会，2016：45.
[116] 曾鹏，张凡．十大城市群“产业—人口—空间”耦合协调度的比较［J］. 统计与决策，2017（10）：94－98.
[117] 何利．中原城市群经济引力空间格局研究［J］. 技术经济与管理研究，2017（3）：119－122.
[118] 刘丙章，高建华．中原经济区经济极化与空间格局的动态分析［J］. 河南大学学报（自然科学版），2016，46（6）：631－637，669.
[119] 曹杨，李开宇．丝绸之路五大城市群公路通达性空间格局研究［J］. 河南科学，2016，34（10）：1741－1745.
[120] 王发曾，毛达．“一带一路”战略的河南行动［J］. 地域研究与开发，2016，35（5）：25－29，59.
[121] 许留记，金慧．中原城市群服务业水平空间格局演变［J］. 河南科学，2016，34（9）：1579－1585.
[122] 李凌．伦敦都市圈对建设中原城市群的启示［J］. 财政科学，2016（9）：124－129.
[123] 河南省政府发展研究中心课题组．河南构建“1＋1＋3”区域发展新格局研究［J］. 区域经济评论，2016（5）：112－119.
[124] 黄妍妮，高波，魏守华．中国城市群空间结构分布与演变特征［J］. 经济学家，2016（9）：50－58.
[125] 刘静．河南省融入“一带一路”的比较优势分析［J］. 现代经济信息，2016（16）：454－455.
[126] 肖哲涛，郝丽君．中原城市群网络化空间格局优化研究［J］. 创新科技，2016（8）：17－21.
[127] 李玲．中原城市群一体化协调发展路径探析［J］. 城乡建设，2016（8）：64－65.
[128] 康珈瑜，丁志伟，璩榆桐．中原城市群县域城乡一体化水平的空间格局研究［J］. 河南科学，2016，34（6）：979－985.
[129] 刘明．培育壮大中原城市群研究［J］. 华北水利水电大学学报（社会科学版），2016，32（3）：71－75.
[130] 张鑫，沈清基，李豫泽．中国十大城市群差异性及空间结构特征研究［J］. 城市规划学刊，2016（3）：36－44.
[131] 尹诗．对接“一带一路”战略打造郑州经济高地中心［J］. 商，2016（17）：277－278.
[132] 刘丙章，高建华，李国梁．中原经济区复杂产业网络结构特征及演化［J］. 人文地理，2016，31（2）：99－105，112.
[133] 刘敏，张占仓．河南省新型城镇化的制约因素与推进对策［J］. 经济地理，2016，36（3）：78－82，130.
[134] 王陶涛．郑州航空港经济综合实验区与中原城市群关系研究［J］. 经济经纬，2016，33（2）：24－29.
[135] 崔晨涛，崔玉亮．新常态下河南对接“一带一路”的基本情况及政策建议［J］. 中国发展，2016，16（1）：50－55.
[136] 刘正兵，丁志伟，卜书朋，等．中原城市群城镇网络结构特征分析：基于空间引力与客运联系［J］. 人文地理，2015，30（4）：79－86.
[137] 崔木花．中原城市群9市城镇化与生态环境耦合协调关系［J］. 经济地理，2015，

35 (7): 72-78.
[138] 高辰颖. 中原经济区人口红利与经济增长问题分析 [J]. 科学社会主义, 2015 (3): 89-93.
[139] 万宇艳. 中原城市群与产业群耦合发展研究 [J]. 地域研究与开发, 2015, 34 (3): 7-11, 16.
[140] 杨子江, 张剑锋, 冯长春. 中原城市群集聚效应与最优规模演进研究 [J]. 地域研究与开发, 2015, 34 (3): 61-66, 72.
[141] 胥亚男, 李二玲, 屈艳辉, 等. 中原经济区县域经济发展空间格局及演变 [J]. 经济地理, 2015, 35 (4): 33-39.
[142] 方创琳, 毛其智, 倪鹏飞. 中国城市群科学选择与分级发展的争鸣及探索 [J]. 地理学报, 2015, 70 (4): 515-527.
[143] 苗长虹, 胡志强. 城市群空间性质的透视与中原城市群的构建 [J]. 地理科学进展, 2015, 34 (3): 271-279.
[144] 彭翀, 王静. 河南省经济空间带动性发展格局及其城镇化空间策略研究 [J]. 经济地理, 2014, 34 (9): 68-73.
[145] 黄向球, 苗长虹, 麻永建, 等. 河南省流动人口的空间格局及其对人口分布的影响 [J]. 地域研究与开发, 2014, 33 (4): 142-147.
[146] 孙雷, 续亚萍, 鲁强. 中国城市群发展研究: 基于城市群引领新型城镇化的背景 [J]. 工业技术经济, 2014, 33 (8): 35-44.
[147] 杨兰桥. 构建大中原城市群的战略思考 [J]. 区域经济评论, 2014 (4): 153-156.
[148] 潘少奇, 李亚婷, 高建华. 中原经济区经济联系网络空间格局 [J]. 地理科学进展, 2014, 33 (1): 92-101.
[149] 史雅娟, 朱永彬, 冯德显, 等. 中原城市群多中心网络式空间发展模式研究 [J]. 地理科学, 2012, 32 (12): 1430-1438.
[150] 郭志富, 张竞竞. 中原经济区主体区经济发展空间格局分析 [J]. 经济问题探索, 2012 (12): 73-78.
[151] 赵文亮, 陈文峰, 孟德友. 中原经济区经济发展水平综合评价及时空格局演变 [J]. 经济地理, 2011, 31 (10): 1585-1591.
[152] 李红, 李晓燕, 吴春国. 中原城市群高速公路通达性及空间格局变化研究 [J]. 地域研究与开发, 2011, 30 (1): 55-58.
[153] 王召东, 樊俊锋. 中外城市群发展及其对中原城市群的启示 [J]. 重庆大学学报 (社会科学版), 2007 (3): 11-16.
[154] 周一星, 胡智勇. 从航空运输看中国城市体系的空间网络结构 [J]. 地理研究, 2002 (3): 276-286.
[155] 陈浩, 陆林, 郑嫱婷. 基于旅游流的城市群旅游地旅游空间网络结构分析: 以珠江三角洲城市群为例 [J]. 地理学报, 2011, 66 (2): 257-266.
[156] 刘滨谊, 贺炜, 刘颂. 基于绿地与城市空间耦合理论的城市绿地空间评价与规划研究 [J]. 中国园林, 2012 (5): 42-46.
[157] 张超, 李俊义, 白明山. "竞合+创新" 重塑城市群发展模式 [J]. 决策探索 (上), 2018 (5): 28-29.
[158] 王东东. 中原城市群产业协同发展的路径 [J]. 决策探索 (下), 2018 (3): 9-10.

［159］ 赵峥．共建长三角基础设施体系：价值、挑战与对策［J］. 重庆理工大学学报（社会科学），2020，34（1）：1－7.

［160］ 张改素，丁志伟，赵威．中原城市群生态环境保护的技术整合研究［J］. 生态经济，2014，30（10）：170－174.

［161］ 李宁．基于交通流和信息流的城市网络空间结构对比研究［D］. 开封：河南大学，2019.

［162］ 柯文前，陈伟，杨青．基于高速公路流的区域城市网络空间组织模式：以江苏省为例［J］. 地理研究，2018，37（9）：1832－1847.

［163］ 李峥荣，徐邓耀，文玉钊．流空间视角下城市网络结构特征及组织模式分析：基于成渝城市群交通流和信息流的对比［J］. 经济论坛，2018（8）：143－149.

［164］ 于洪雁，李秋雨，梅林，等．社会网络视角下黑龙江省城市旅游经济联系的空间结构和空间发展模式研究［J］. 地理科学，2015，35（11）：1429－1436.

［165］ 宗敏丽．城市绿色基础设施网络构建与规划模式研究［J］. 上海城市规划，2015（3）：104－109.

［166］ 苗长虹．强化黄河流域高质量发展的产业和城市支撑［N］. 河南日报，2020－01－15（011）.